Karin Böllert (Hrsg.)

Soziale Arbeit als Wohlfahrtsproduktion

Karin Böllert (Hrsg.)

Soziale Arbeit als Wohlfahrtsproduktion

VS VERLAG

Bibliografische Information der Deutschen Nationalbibliothek
Die Deutsche Nationalbibliothek verzeichnet diese Publikation in der
Deutschen Nationalbibliografie; detaillierte bibliografische Daten sind im Internet über
<http://dnb.d-nb.de> abrufbar.

1. Auflage 2011

Alle Rechte vorbehalten
© VS Verlag für Sozialwissenschaften | Springer Fachmedien Wiesbaden GmbH 2011
Lektorat: Stefanie Laux

VS Verlag für Sozialwissenschaften ist eine Marke von Springer Fachmedien.
Springer Fachmedien ist Teil der Fachverlagsgruppe Springer Science+Business Media.
www.vs-verlag.de

Das Werk einschließlich aller seiner Teile ist urheberrechtlich geschützt. Jede Verwertung außerhalb der engen Grenzen des Urheberrechtsgesetzes ist ohne Zustimmung des Verlags unzulässig und strafbar. Das gilt insbesondere für Vervielfältigungen, Übersetzungen, Mikroverfilmungen und die Einspeicherung und Verarbeitung in elektronischen Systemen.

Die Wiedergabe von Gebrauchsnamen, Handelsnamen, Warenbezeichnungen usw. in diesem Werk berechtigt auch ohne besondere Kennzeichnung nicht zu der Annahme, dass solche Namen im Sinne der Warenzeichen- und Markenschutz-Gesetzgebung als frei zu betrachten wären und daher von jedermann benutzt werden dürften.

Umschlaggestaltung: KünkelLopka Medienentwicklung, Heidelberg
Gedruckt auf säurefreiem und chlorfrei gebleichtem Papier
Printed in Germany

ISBN 978-3-531-17143-2

Inhalt

Karin Böllert
Einleitung: Soziale Arbeit als Wohlfahrtsproduktion 7

Adressatenbezogene Kontexte

Martin Wazlawik
AdressatInnen der Kinderschutzdebatte 15

Nina Oelkers
Familiale Verantwortung für personenbezogene Wohlfahrtsproduktion 31

Sören Roters-Möller
Den Ruhestand gestalten lernen –
Menschen mit Behinderung in einer alternden Gesellschaft 47

Miriam Finkeldei
Psychosoziale Krisen – auch in traumatischen Kontexten ein
Handlungsfeld Sozialer Arbeit?! 71

Institutionelle Kontexte

Corinna Peter
Die Sozialpädagogische Familienhilfe im Kontext des familialen
Wandels – Eine neo-institutionalistische Betrachtung 85

Catrin Heite
Professionalität im Post-Wohlfahrtsstaat. Zur aktivierungspolitischen
Reformulierung Sozialer Arbeit 107

Silke Karsunky
Gender Mainstreaming in der Kinder- und Jugendhilfe –
Erfolg, Stillstand oder Niedergang? Ein Zwischenbericht 125

Gesellschaftliche Kontexte

Fabian Kessl/Nadine Günnewig
Soziale Arbeit und Lebensführung. Die Perspektive einer
sozialpädagogischen Empirie der Lebensführung 141

Holger Ziegler
Gerechtigkeit und Soziale Arbeit: Capabilities als Antwort
auf das Maßstabsproblem in der Sozialen Arbeit 153

Matthias Grundmann
Kinderarmut und Wohlfahrtsproduktion 167

Autorinnen und Autoren 183

Einleitung: Soziale Arbeit als Wohlfahrtsproduktion

Karin Böllert

Soziale Arbeit als Wohlfahrtsproduktion ist der Name und das Arbeitsprogramm einer Forschungsgruppe, die sich vor einiger Zeit im Arbeitsbereich Sozialpädagogik an der Westfälischen Wilhelms-Universität Münster gegründet hat.[1] Thematisch lässt sich das Programm der Forschungsgruppe wie folgt skizzieren.

Mit Blick auf die öffentlich verantwortete Wohlfahrtsproduktion werden analytisch personenunabhängige und personenbezogene Formen unterschieden. Während sich personenunabhängige Formen der Wohlfahrtsproduktion vor allem auf die Organisation des Sozialen richten – und damit auf kollektive Risiken und Bedarfe –, ist das Wohlergehen einzelner AdressatInnen – bzw. individuelle Risiken, Bedarfe und Bedürfnisse – ein wesentlicher normativer Fluchtpunkt der personenbezogenen Wohlfahrtsproduktion.

Personenunabhängige Formen der Wohlfahrtsproduktion richten sich primär auf jene politisch adressierten Standardrisiken, die durch überwiegend sozialversicherungsförmig organisierte Systeme der sozialen Sicherung regulierbar sind. Die Prozesse sozialer Regulation und Wohlfahrtsproduktion erfolgen dabei durch die Gestaltung struktureller bzw. formeller und materieller Bedingungen und Möglichkeiten von Lebenschancen. Dies geschieht vor allem auf Basis der Zugänglichkeit zu teilbaren Ressourcen, der Etablierung von Programmen und/ oder der Regulierung des Sozialen durch juridische und administrative Normsetzungen.

Personenbezogene Formen der Wohlfahrtsproduktion finden sich demgegenüber überall da, wo solche Regulationen auf Motive, Einstellungen und koproduktive Handlungsbereitschaften individueller AdressatInnen angewiesen sind. Sie setzen überall dort ein, wo es um die Beeinflussung dessen geht, wie Vorgaben aber auch Ressourcen – im Sinne potentieller Lebenschancen – in

---

1 Mitglieder der Forschungsgruppe „Soziale Arbeit als Wohlfahrtsproduktion" sind Prof.'in Dr. Karin Böllert (Sprecherin) Uni Münster, Prof. Dr. Matthias Grundmann Uni Münster, Dr. Catrin Heite Uni Münster, Prof. Dr. Fabian Kessl Uni Duisburg-Essen, Prof. Dr. Helmut Mair Uni Münster, Prof.'in Dr. Nina Oelkers Uni Vechta, Prof. Dr. Holger Ziegler Uni Bielefeld sowie Promotionsstudierende, deren Arbeiten in den thematischen Kontext der Forschungsgruppe fallen.

individuell realisierte Lebensführungen bzw. subjektive Handlungs- und Daseinsformen ‚übersetzt' werden bzw. werden können. Personenbezogene Formen der Wohlfahrtsproduktion rücken immer dann in den Mittelpunkt, wenn die Frage nach der Ordnung und Gestaltung des Sozialen nicht nur mit Blick auf die abstrakten, standard-biographisch modellierten Implikationen politischer, wirtschaftlicher und gesellschaftlicher Institutionen, sondern auch mit Blick auf die konkreten, individuellen Lebensführungen, Deutungen, Motive und Aspirationen sowie personale Kompetenzen und Wissensbestände empirischer AkteurInnen relevant werden. Gegenstand der Arbeit der Forschungsgruppe sind vor diesem Hintergrund die

- Prozesse,
- Wandlungen,
- Bedingungen,
- Normalitätsannahmen,
- Rationalitäten,
- Reichweiten,
- Wirkungen
- und Diskurse

einer Sozialen Arbeit als personenbezogener Wohlfahrtsproduktion.

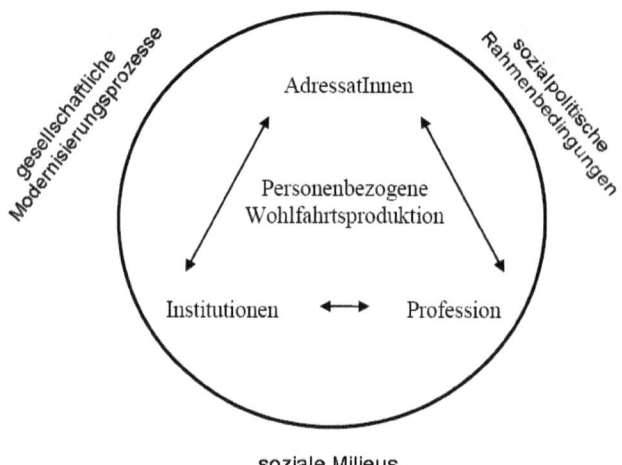

Einleitung 9

Die Analysen und Arbeiten der Forschungsgruppe nehmen über die unmittelbaren Prozesse personenbezogener Wohlfahrtsproduktion auch personenunabhängige Formen im Sinne sozialpolitischer Rahmenbedingungen in den Blick. Darüber hinaus fokussieren die Untersuchungen Prozesse des sozialen Wandels und der gesellschaftlichen Modernisierung, kulturelle und sozioökonomische Ressourcenausstattungen sowie nahräumlich-lebensweltliche und sozialstrukturelle Dimensionen des sozialen Umfeldes, die im Sinne überindividuell geteilter, kultureller, normativer und ästhetischer Lebensgestaltungspraktiken und Sinnproduktionen das soziale Milieu der AdressatInnen personenbezogener Wohlfahrtsproduktion darstellen. Diese Dimensionen werden jedoch vor allem mit Blick auf ihre strukturierende Wirkungen auf die personenbezogene Wohlfahrtsproduktion analysiert.

Die Prozesse personenbezogener Wohlfahrtsproduktion im engeren Sinne werden als spannungsreiche Figuration der Interessen, Vorstellungen, Orientierungen und Potentiale der AdressatInnen, der Institutionen und der Profession Sozialer Arbeit erforscht. In ihrer Gesamtheit geht es den Arbeiten der Forschungsgruppe damit um eine systematische Analyse der

- durch die institutionelle Regulierungen eröffneten (oder verschlossenen) Lebenschancen
- durch die von Professionellen und AdressatInnen je realisierten (Ko-) Produktionen
- personbezogenen Wohlfahrt sowie deren kulturell, sozial, ökonomisch und politisch strukturierte Bedingungsmöglichkeiten.

Im Mittelpunkt der aktuellen Forschungsarbeiten stehen sowohl adressatenbezogene und institutionelle Kontexte als auch gesellschaftliche Bedingungen der personenbezogenen Wohlfahrtsproduktion, die in den einzelnen Forschungsarbeiten jeweils mit einer spezifischen Schwerpunktsetzung und in Verschränkung mit weiteren Dimensionen der personenbezogenen Wohlfahrtsproduktion bearbeitet werden.

Vor diesem Hintergrund setzt sich der Beitrag von *Martin Wazlawik* kritisch mit der aktuellen Kinderschutzdebatte auseinander, die nicht nur dokumentiert, sondern darüber hinausgehend in ihren Folgen für Eltern, Kinder und Jugendliche sowie die Kinder- und Jugendhilfe als die jeweiligen Adressaten und Adressatinnen politischer Initiativen und Aktivitäten analysiert wird. Eltern als AdressatInnen der Wohlfahrtsproduktion stehen auch im Zentrum der Auseinandersetzungen von *Nina Oelkers*. Familiale Verantwortung für eine personenbezogene Wohlfahrtsproduktion wird dabei im Kontext eines post-wohlfahrtsstaatlichen Steuerungsstaates immer vehementer eingefordert mit erheblichen Konsequenzen für das Verhältnis Staat-Individuum-Familie, aber auch für die koproduktive Erbringung von personenbezogener Wohlfahrt durch Familien und Soziale Arbeit, die sich immer stärker einem ambivalenten Handlungsauftrag der Verantwortungsaktivierung gegenüber sieht.

Einer bislang völlig vernachlässigten AdressatInnengruppe der personenbezogenen Wohlfahrtsproduktion widmet sich *Sören Roters-Möller*. Zum ersten Mal in der Geschichte der deutschen Behindertenhilfe erreicht eine immer größer werdende Gruppe von Menschen mit Behinderung das Rentenalter. Daraus ergeben sich nicht unerhebliche Herausforderungen für die (stationäre) Behindertenhilfe, die u.a. in dem bundesweiten Projekt „Den Ruhestand gestalten lernen" erstmalig systematisch und unter Beteiligung der AdressatInnen erforscht worden sind.

Eine weitere Forschungslücke schließt *Miriam Finkeldei*, die sich auf die Suche nach adäquaten Hilfsangeboten für Menschen begibt, die eine psychosoziale Krise erleben. Damit knüpft sie an das Hauptanliegen moderner Krisenhilfekonzeptionen an, ordnet diese in Form der Krisenintervention als essentielles Handlungsfeld der Sozialen Arbeit ein und erforscht diese Verortung an dem spezifischen Handlungsfeld der Krisenhilfe im Kontext von prä- und perinatalem Tod.

Bezogen auf die institutionellen Kontexte einer Sozialen Arbeit als Wohlfahrtsproduktion stellt zunächst *Corinna Peter* die Frage nach dem Einfluss des familialen Wandels auf die Angebote der Kinder- und Jugendhilfe und dies exemplarisch bezogen auf die Sozialpädagogische Familienhilfe. Zentral ist dabei eine neue Perspektive, auf deren Grundlage diese Fragestellung dann weiterführend erforscht werden kann. Der organisationstheoretische Ansatz des soziologischen Neo-Institutionalismus beinhaltet dabei die Möglichkeit einen neuartigen Blick auf die sozialpädagogische Praxis und den Einfluss gesellschaftlich-kultureller Elemente und Regeln zu begründen.

Dass die sozialpädagogische Praxis konstitutiver Bestandteil der wohlfahrtsstaatlichen Bearbeitung sozialer Ungleichheiten und die Soziale Arbeit Akteur der Wohlfahrtsproduktion ist, ist der Ausgangspunkt der Überlegungen von *Catrin Heite*. Die Form und das Ausmaß der jeweiligen Wohlfahrtsproduktion durch Soziale Arbeit sind dabei beeinflusst von veränderlichen sozialpolitischen Rahmenbedingungen und den historisch je spezifischen Bearbeitungsweisen des Sozialen. Damit gehen dann auch jeweils veränderte Vorstellungen und Bestimmungen der sozialpädagogischen Professionalität einher. Im Fokus der Analyse von Catrin Heite steht vor diesem Hintergrund die Auseinandersetzung mit den Gestaltungsoptionen einer sozialpädagogischen Professionalität angesichts sozialpolitischer Transformationsprozesse und einer aktivierungspolitischen Reformulierung Sozialer Arbeit.

Einleitung

Auch wenn von Seiten der Bundesregierung im Kontext veränderter politischer Programmatiken der Wohlfahrtsproduktion ein Abgesang auf die Strategie des Gender Mainstreamings angestimmt wird, kann *Silke Karsunky* zeigen, dass ein Blick auf den bislang erreichten Umsetzungsstand von Gender Mainstreaming einen verfrühten Abschied obsolet erscheinen lässt. Für das Handlungsfeld der Kinder- und Jugendhilfe soll hierzu eine empirische Bestandsaufnahme entwickelt werden, die zu einer Versachlichung und Verfachlichung einer kritischen Auseinandersetzung mit dem Strategiekonzept des Gender-Mainstreaming beitragen kann.

Die gesellschaftlichen Kontexte einer Sozialen Arbeit als Wohlfahrtsproduktion werden von *Fabian Kessl* und *Nadine Günnewig* operationalisiert als post-wohlfahrtsstaatliches Arrangement, das die bisherige Bezugsgröße der Sozialen Arbeit – die soziale Integration – verändert oder ersetzt. Die Frage danach, was an die Stelle eines klassischen wohlfahrtsstaatlichen Integrationsanspruches tritt, wird durch eine empirische Rekonstruktion dessen, wie die Akteure der Sozialen Arbeit mit dieser Situation umgehen, zu beantworten versucht. Die Perspektive einer sozialpädagogischen Empirie der Lebensführung veranschaulicht diejenigen Bezugsgrößen, die der aktiven Unterstützung und geplanten Beeinflussung subjektiver Lebenspraxen ihre Richtung geben.

Einen anderen Weg der Untersuchung des Einflusses veränderter post-wohlfahrtsstaatlicher Arrangements auf die Soziale Arbeit schlägt *Holger Ziegler* ein, indem er zentrale Fragen von Gerechtigkeitsurteilen so auf die Soziale Arbeit bezieht, dass die Frage nach der sozialen Gerechtigkeit konstitutiv für eine Soziale Arbeit als Wohlfahrtsproduktion ist und durch die Bezugnahme auf den Capabilities Approach für die Soziale Arbeit unweigerlich mit Fragen nach dem Wohlergehen bzw. nach einem gelingenden Leben verknüpft ist. Als evaluativer Rahmen besteht die Grundidee des Capabilities Approach nämlich darin, die wohlfahrtsproduktive Qualität der Sozialen Arbeit an ihrem Beitrag zur Erhöhung der Entfaltungsmöglichkeiten ihrer Adressatinnen und Adressaten zu bemessen.

In diesem Zusammenhang beschäftigt sich *Matthias Grundmann* mit einer wachsenden AdressatInnengruppe der Sozialen Arbeit – den Kindern aus Armutsmilieu. Angesichts der auch von ihm konstituierten wohlfahrtsstaatlichen Wandlungsprozesse hin zu einem aktivierenden Sozialstaat, gilt es zu analysieren, inwieweit es einem solchen Sozialstaat noch gelingt, die Wohlfahrt breiter Bevölkerungsschichten und hier insbesondere die der besonders bedürftigen Kinder in Armutsmilieus zu gewährleisten. Dabei werden jene Deprivationszirkel nachgezeichnet, die zu einer folgenreichen Einschränkung von Verwirklichungschancen in bestimmten Armutsmilieus führen. Schließlich werden auch jene Möglichkeiten thematisiert, über die die Soziale Arbeit verfügt, die Lebensführung der Betroffenen zu unterstützen und die fatalen Konsequenzen des Aufwachsens in Armut in positive Handlungsstrategien zu überführen.

Mit dem vorliegenden Band stellen Mitglieder der Forschungsgruppe erstmalig die Ergebnisse ihres Arbeitsprozesses vor. Wir erhoffen uns konstruktive Kritiken und kollegiale Rückmeldungen.

Adressatenbezogene Kontexte

AdressatInnen der Kinderschutzdebatte

Martin Wazlawik

Kinderschutz hat Konjunktur! Medien, Politik und (Fach-)Öffentlichkeit widmen diesem Thema zunehmend Aufmerksamkeit und medial aufbereitete Todesfälle bei Kindern und Fälle massiver Kindeswohlgefährdung haben zu einer neuen Qualität der öffentlichen und politischen Debatte geführt. ‚Kindeswohl' ist zu einem zentralen und profilierungsfähigen Begriff in der aktuellen (Fach-) Debatte geworden. Dies äußert sich nicht zuletzt in einer Vielzahl von politischen Initiativen und gesetzlichen Neuerungen im Kontext des Kinderschutzes. Durch eine möglichst lückenlose staatliche Kontrolle und präzise, teilweise methodisch ausformulierte Gesetzesvorgaben soll das staatliche Wächteramt effektiv ausgeübt werden und damit der Schutz von Kindern vor Gefährdungen für ihr Wohl sichergestellt werden.

Vor allen Dingen medial werden einzelne, dramatisch verlaufene Fälle von Kindeswohlgefährdung rezipiert, zumeist verbunden mit der Frage nach dem Fehlverhalten und/oder dem ‚Versagen' von einzelnen Personen oder Institutionen (vgl. die Berichterstattung zu den Fällen Kevin, Lea-Sophie u.a.). Die Kinder- und Jugendhilfe, besonders das Jugendamt ist dabei oft, sei es explizit oder implizit dem Vorwurf ausgesetzt, durch Nachlässigkeit, vermeintliche „Komplizenschaft mit den Tätern" (vgl. Oelkers 2009: 139) oder Inkompetenz den Schutz der Kinder und damit das Kindeswohl zu gefährden (vgl. BMJ 2008). Meist ist damit auch ein Ruf nach (strafrechtlicher) Verantwortungsübernahme verbunden.

Dabei ist fraglich, ob die medial suggerierte und „gefühlte" Zunahme dramatisch verlaufener Fälle von Kindeswohlgefährdung sich mit den begrenzt vorhandenen empirischen Daten unterlegen lässt. Unabhängig von der Entwicklung der empirischen Fallzahlen lässt sich ein Ruf nach mehr ‚Überwachung' und ‚Kontrolle' von „Risikofamilien" (vgl. Oelkers 2009, Hensen/Schone 2009) und früherer und entschlossenerer Intervention von Seiten der Kinder- und Jugendhilfe konstatieren.

Dieser Beitrag möchte die aktuelle Kinderschutzdebatte nachzeichnen und aus einer akteursbezogenen Perspektive Folgen und Ausblicke der aktuellen Debatten und Entwicklungen aufzeigen.

Zum Begriff des Kindeswohls

Der Begriff des Kindeswohls ist der zentrale Ausgangspunkt aller Überlegungen und Debatten im Kontext des Kinderschutzes. Dabei ist ‚das Kindeswohl' sowohl als politische und pädagogische Zielmaßgabe (vgl. §1 SGB VIII[1]) als auch als rechtliche Grundlage im Verhältnis zwischen Eltern, Kindern und staatlichem Wächteramt der maßgebliche Begriff.

Kindeswohl ist dabei ein unbestimmter Rechtsbegriff, welcher nicht allgemein positiv beschrieben werden kann, sondern ausschließlich in einer negativen Beschreibung die Grundlage für die Begrenzung und Einschränkung des Elternrechts bildet (vgl. §1666 BGB). Über diese begriffliche Konstruktion nimmt der Staat seine grundgesetzlich verankerte Schutzfunktion, sein Wächteramt gegenüber Kindern und Jugendlichen wahr. Die Nicht-Möglichkeit einer positiven Beschreibung ergibt sich aus der Schwierigkeit einer absoluten und allgemein objektiven Auffassung von Kindeswohl. Die Beschreibung, was dem Wohl des Kindes dient, ist immer kulturell, historisch, biographisch, ethnisch oder religiös geprägt, ein Resultat der eigenen Sozialisation der Fachkräfte und stets im Kontext aktueller gesellschaftlicher Prozesse zu betrachten.

Die Feststellung einer Kindeswohlgefährdung ist nicht zu verallgemeinern, sondern ist ausschließlich im Einzelfall, auf Grundlage einer fachlichen Einschätzung zu konstatieren (vgl. Urban 2004: 33). Münder/Mutke/Schone formulieren in dem Zusammenhang: „Kindeswohlgefährdung ist kein dichotom zu klassifizierendes Phänomen (Gefährdung besteht/Gefährdung besteht nicht)", sondern sie beschreiben Kindeswohlgefährdung als ein Kontinuum zwischen diesen beiden Polen, auf dem jeweils im Einzelfall die Eingriffsschwelle festgelegt werden muss (Münder/Mutke/Schone 2000: 358). Die Feststellung einer möglichen Kindeswohlgefährdung ist dabei keine reine Beschreibung eines Sachverhalts, sondern beinhaltet immer auch eine Bewertung von Lebensbedingungen und eine Prognose über einen möglichen weiteren Verlauf. Der Bundesgerichtshof definiert Gefährdung in dem Zusammenhang als „eine gegenwärtige in einem solchen Maße vorhandene Gefahr, dass sich bei der weiteren Entwicklung eine erhebliche Schädigung mit ziemlicher Sicherheit voraussehen lässt" (BGH FamRZ 1956: 350).

---

1 Durch die Auftragsbeschreibung der Kinder- und Jugendhilfe in § 1 KJHG, der Betonung des Elternrechts durch wortgleiche Verwendung des Art. 6 Abs. 2 GG in § 1 Abs. 2 KJHG und der formulierten Aufgabe des Schutzes von Kindern- und Jugendlichen für ihr Wohl (§ 1 Abs. 3 Satz 2 KJHG) spiegelt sich hier das aufgezeigte Spektrum des staatlichen Kinder- und Jugendschutzes und der Eltern- und Kinderrechte wider. Der Systematik des KJHG folgend kann dieser Paragraph als handlungsleitende Generalnorm, als umfassende, allen anderen Leistungen und Aufgaben dieses Gesetzes immanente Aufgabe angesehen werden.

Der Handlungsauftrag der staatlichen Gemeinschaft, sprich ihrer staatlichen Institutionen, ergibt sich aus dem ‚staatlichen Wächteramt', welches sich aus der grundgesetzlichen Regelung des elterlichen Rechts auf Erziehung und Pflege und seiner Überwachung durch die staatliche Gemeinschaft ergibt (vgl. Artikel 6 Absatz 2 GG). Dieser stellt den Begriff des Kindeswohls in den Mittelpunkt des Spannungsverhältnisses zwischen Eltern, Kindern und dem Staat.

Das Elternrecht, welches sich mit der „verfassungsrechtlichen Beziehung zwischen den Eltern und dem Staat hinsichtlich des Verhältnisses Eltern – Kind – Staat beschäftigt, garantiert den Eltern gegenüber dem Staat den Vorrang als Erziehungsträger" (Münder/Mutke/Schone 2000: 17). Intendiert wird in diesem Grundgesetzartikel, dass das Elternrecht, im Unterschied zu anderen Grundrechten, kein alleiniges Recht im Interesse der Eltern ist, sondern „vielmehr ein sogenanntes fremdnütziges Recht im Interesse der Kinder selbst". (BVerfGE 24, 119, 144) Deutlich wird hierin, dass der Gesetzgeber davon ausgeht, dass niemandem das Wohl des Kindes mehr am Herzen liegt als den Eltern (vgl. Münder 2006; Münder/Tammen 2002; Münder/Mutke/Schone 2000). Weiterhin will der Gesetzgeber damit ausdrücken, dass es nicht nur das Recht der Eltern auf Erziehung gibt, sondern, da es sich um ein „fremdnütziges" Recht handelt, auch hiermit verbunden eine Pflicht zur Erziehung. „Diese Rechte sind also nicht Selbstzweck. Sie dienen der Verwirklichung des Wohles schutzbedürftiger Personen. Nur soweit ihre Ausübung diesen Zweck im Auge behält, ist sie rechtmäßig" (Hesselberger 1996: 68, zitiert nach: Münder/Mutke/Schone 2000: 18).

Kinder und Jugendliche sind hierbei Grundrechtsträger mit eigenständigen Persönlichkeitsrechten. Schmid/Meysen betonen in dem Zusammenhang die „Irrelevanz des Alters" im Zusammenhang mit ihrem grundgesetzlich gesicherten Schutzbereich (vgl. Schmid/Meysen 2006: 2-2). „Aus der Grundrechtsträgerschaft der Kinder wird abgeleitet, dass die Erziehungsverantwortung der Eltern an die Interessen des Kindes (dem so genannten Wohl des Kindes) gebunden sein muss" (Oelkers 2009: 140). Über diese ‚pflichtgebundene Ausführung' „wacht die staatliche Gemeinschaft" (Art 6 II 2 GG), insbesondere Jugendämter und Familiengerichte und stellen dadurch den Anspruch der Kinder und Jugendlichen auf ein Eingreifen des Staates, wenn ihr Wohl konkret gefährdet ist, sicher.

Gesetzliche Neuerungen und (fach-) Politische Initiativen

In den letzten Jahren lässt sich ein regelrechter Boom an politischen Initiativen und Gesetzesvorhaben beobachten, die ausdrücklich dem Kinderschutz gewidmet sind. Im Kinder- und Jugendhilferecht ist in diesem Zusammenhang maßgeblich die KICK-Novelle 2005 zu nennen, die u.a. mit der Einführung des § 8a SGB VIII den Schutz von Kindern und Jugendlichen präzisiert. Neben einer deutlichen Konkretisierung des Schutzauftrags der öffentlichen Kinder- und Jugendhilfe an prominenter Stelle im SGB VIII soll der Kinderschutz gestärkt und der Jugendhilfe „ein verbessertes Instrumentarium" an die Hand gegeben werden. (vgl. Deutscher Bundestag 2005: 16885 D). Das geschieht durch die ausdrückliche Verpflichtung auch der freien Träger der Kinder- und Jugendhilfe zur Wahrnehmung des Schutzauftrags, durch verbindliche Vorgaben zur Abfolge einer „Einschätzung des Gefährdungsrisikos", durch die Verpflichtung zur Einbeziehung einer „insoweit erfahrenen Fachkraft" und durch das Gebot zur Kooperation mit anderen Institutionen wie dem Gesundheitswesen oder der Polizei.

Aus dem Befund heraus, dass in den meisten dramatisch verlaufenen Fällen Kleinkinder oder Säuglinge von Misshandlungen und Vernachlässigungen betroffen waren, entwickelten sich Programme und Angebote aus dem Bereich der „Frühen Hilfen" (vgl. Fendrich/Pothmann 2009; KomDat 2006). Im Rahmen des neu geschaffenen „Nationalen Zentrums Frühe Hilfen" werden die unterschiedlichen Angebote aus dem Bereich der „Frühen Hilfen" vernetzt, dokumentiert, erforscht und gefördert. Neben frühen und präventiven Hilfsangeboten für Eltern sind „Soziale Frühwarnsysteme" Teil der aktuellen Kinderschutzdebatte. Durch systematische Erfassung von „Risikofamilien" und die Vernetzung der verschiedenen Hilfesysteme soll ein möglichst früher Zugang zu den Familien erreicht werden und der Schutz von gefährdeten Kindern frühzeitig sichergestellt werden. Als ein vieldiskutiertes Element im Rahmen der „Frühen Hilfen" sind die neu geschaffenen Regelungen zur verpflichtenden Teilnahme an den freiwilligen Vorsorgeuntersuchungen für Kinder und Jugendliche zu betrachten. Durch verbindliche Einladungssysteme und Meldevorgaben haben die Länder Regelungen geschaffen, die den Besuch der Vorsorgeuntersuchungen sicherstellen sollen, mit dem Ziel im Rahmen dieser Vorsorgeuntersuchungen Misshandlungen und Gefährdungen für Kinder zu erkennen.

Bei einem gemeinsamen „Kinderschutzgipfel" der Bundeskanzlerin und der Ministerpräsidenten am 19.12.2007 wurde darüber hinaus u.a. beschlossen, gesetzliche Regelungen zur verbesserten Zusammenarbeit und Vernetzung zwischen Jugendämtern und Familiengerichten auf den Weg zu bringen. Umgesetzt wurde dies im „Gesetz zur Erleichterung familiengerichtlicher Maßnahmen bei Gefährdung des Kindeswohls". Neben einer Neufassung des § 1666 BGB, in der die „Tatbestandsvoraussetzungen" für den Entzug der elterlichen Sorge entfallen und eine Gefährdung des Kindeswohls der alleinige Maßstab für das Tätigwerden des Familiengerichtes ist, der Benennung eines Maßnahmenkatalogs zur Abwendung einer Kindeswohlgefährdung (vgl. §1666 Abs. 3 BGB), welche das Familiengericht anordnen kann, wurde eine sogenannte „Erörterung der Kindeswohlgefährdung" vor dem Familiengericht eingeführt, zu dem das Familiengericht die Eltern bereits bei einer drohenden Gefährdung des Kindeswohls verpflichten kann.

Eine der aktuellsten gesetzlichen Initiativen ist die Einführung eines „Bundeskinderschutzgesetzes". Bereits in der vergangenen 16. Legislaturperiode des Deutschen Bundestages legte die damalige Ministerin von der Leyen im Jahr 2009 einen Gesetzesentwurf vor, der nach heftiger Ablehnung durch die meisten Fachverbände und Experten schließlich auch innerhalb der damals regierenden Großen Koalition aus CDU/SPD scheiterte. Dieser Entwurf eines „Bundeskinderschutzgesetzes" sollte außerhalb der bisher bestehenden Rechtssystematik stehen. Damit sollte die Bedeutung des staatlichen Kinderschutzes hervorgehoben werden und bundeseinheitliche Regelungen zum Kinderschutz geschaffen werden. Inhalte des Gesetzentwurfs waren neben einer Zieldeklaration staatlichen Kinderschutzes, Regelungen zur Weitergabe von Informationen und Hinweisen auf mögliche Kindeswohlgefährdungen durch teilweise Aufhebung der Schweigepflicht nach § 203 StGB und die Einbeziehung anderer Berufsgruppen. Ebenfalls Bestandteil des Gesetzes war die Ausweitung des Schutzauftrages auf alle Personen „die beruflich mit der Ausbildung, Erziehung oder Betreuung von Kindern und Jugendlichen (...) betraut sind" (vgl. BT-Dr. 59/09: 2). Verbunden mit dem „Bundeskinderschutzgesetz" sollte eine Novellierung des SGB VIII einhergehen. Strittigster Punkt dabei war sicherlich die Verpflichtung des Jugendamtes bei Hinweisen auf eine mögliche Kindeswohlgefährdung „sich (...) einen unmittelbaren Eindruck von dem Kind und in der Regel auch von seiner persönlichen Umgebung zu verschaffen" (vgl. BT-Dr. 59/09: 4). Damit sollte ein einzelner fachlich-methodischer Schritt im Kontext einer Kindeswohlgefährdung als Regel vorgeschrieben werden, welcher zum einen bereits jetzt von den Jugendämtern durchgeführt wird und zum anderen nicht in jedem Fall zeitlich unmittelbar zielführend ist (vgl. DJI 2009: 16).

Im Koalitionsvertrag der aktuellen CDU/FDP Koalition ist die Absicht aufgenommen, in dieser Legislaturperiode einen neuen Gesetzesentwurf einzubringen, welcher „einen aktiven und wirksamen Kinderschutz" (CDU/FDP Koalitionsvertrag: Z.3067 f) sicherstellt. Den ersten Überlegungen des zuständigen Ministeriums nach soll das Gesetz aus einer Säule ‚Prävention' und da „ auch bei bestem Brandschutz nicht auf die Feuerwehr verzichtet werden kann" (BMFSFJ 2010) aus einer Säule ‚Intervention' bestehen. Im Rahmen von präventiven Maßgaben sollen „Frühe Hilfen" als ein eigenständiger Leistungstatbestand eingeführt werden, Angebote von Hebammen und Familienhebammen für werdende Eltern in belasteten Lebenssituationen geschaffen und die Zusammenarbeit im Kinderschutz institutionalisiert werden. Im Bereich der Intervention soll neben datenschutzrechtlichen Regelungen zur Informationsweitergabe und Maßgaben zur Vermeidung des „Jugendamts-Hopping" der „staatlichen Schutzauftrag bei Kindeswohlgefährdung qualifiziert werden. Durch klare Vorgaben zu Handlungsbefugnissen und -pflichten werden wir mehr Handlungs- und Rechtssicherheit für die mit dem Kinderschutz befassten Professionen schaffen" (BMFSFJ 2010).

Bei der Betrachtung der aktuellen gesetzgeberischen Vorhaben und politischen Initiativen lassen sich neben einer generalpräventiven Orientierung deutliche Elemente einer verstärkten Kontrolle und Überwachung von identifizierten Familien in belasteten Lebenslagen erkennen.

In der Betrachtung der Adressaten der Kinderschutzdebatte sollen die einzelnen Akteure – Eltern, Kinder und Jugendliche und die Kinder- und Jugendhilfe als Teil des staatlichen Wächteramtes – in den Blick genommen werden.

Eltern als Adressaten der Kinderschutzdebatte – zwischen Risiko und Autonomie

Das Verhältnis zwischen Eltern und dem Staat, die Balance zwischen elterlichen Rechten und Pflichten und staatlicher Eingriffverpflichtung unterliegt vor allem in den letzten zwei Jahrzehnten Schwankungen zwischen dem Rückzug staatlicher Institutionen aus der Familie und vermehrter direktiver Intervention, Kontrolle und Überwachung familiärer Systeme, in denen Kinder mutmaßlich gefährdet sind (vgl. Oelkers 2009: 140f). So löste das Kinder- und Jugendhilfegesetz Anfang der 1990er Jahre mit einer stark präventiven und dienstleistungsorientierteren Ausrichtung das JWG ab. Der Schutz von Kindern und Jugendlichen sollte im Rahmen des KJHG durch präventive Unterstützung und Hilfsangebote an die Eltern sichergestellt werden. Durch breit gefächerte Leistungen im KJHG sollte „der Vorrang staatlicher Hilfen gegenüber staatlichem Eingriff in die familiäre Autonomie" (Oelkers 2009: 142) sichergestellt werden. Ähnliche Entwicklungen und Maßgaben finden sich auch im neuen Kindschaftsrecht von 1998. Aktuelle gesetzliche Maßnahmen, staatliche Programme und (fach-) öffentliche Diskussionen lassen jedoch den Schluss zu, dass Kontrolle für zumindest einen Teil der Familien verstärkte Aufmerksamkeit erfährt. Es deuten sich „zunehmend Tendenzen an, von zwei ‚Sorten' Eltern auszugehen: Die große Gruppe der Eltern, die auch in potentiell belastenden Situationen (…) ihrer elterlichen Verantwortung für das Wohlergehen der Kinder gerecht werden – hier wird auf die Autonomie der Eltern gesetzt (…)- und die vom Umfang her unbestimmbare, aber politische nicht mehr zu vernachlässigende Gruppe der ‚gefährlichen' Eltern, die ihre Kinder vernachlässigen und misshandeln." (Oelkers 2009:142). Diese sogenannten Risikoeltern, welche Träger erheblicher Risikofaktoren sind, stammen mehrheitlich, so zumindest die medial und in Teilen der Fachöffentlichkeit vermittelten Meinung, aus der 'Unterschicht'[2]. Mit der Ermittlung von Gruppen ‚risikobelasteter Eltern' im Rahmen von Sozialen Frühwarnsystemen und Frühen Hilfen und der damit verbundenen Zuschreibung von Risikofaktoren wie Armut, Arbeitslosigkeit, frühe Elternschaft, ‚verantwortungsloser Lebensführung' (z.B. Drogenkonsum) oder psychischen und/oder sozialen Problemen soll die Zielgruppe für jeweils ‚maßgeschneiderte', generalpräventive Programme möglichst früh identifiziert werden, die Eltern für einen verantwortungsvollen Umgang mit ihren Kindern aktiviert werden und die mit der Zuschreibung verbundenen angenommene potentielle Gefährdung des Kindeswohls abgewendet werden. Eltern, welche als ‚Risikoeltern' identifiziert werden und somit verantwortlich[3] für die (teilweise nur prognostizierte[4]) Kindeswohlgefährdung gemacht werden, sollen in Kursen und Präventionsangeboten in ihren ‚Erziehungskompetenzen' gestärkt werden und ihnen soll die ‚richtige Haltung' als Eltern vermittelt werden (vgl. Kutscher 2008: 39). „In den Vordergrund rückt hier statistisch begründet die generelle Vermeidung von Gefährdungen bei Risikogruppen, es geht nicht um den Einzelfall oder Unterstützung aller entsprechend ihrer Bedarfe" (Kutscher 2008:38).

Hier zeigt sich, im Gegensatz zum zunächst generellen Vertrauen des Grundgesetzes in die Erziehungsfähigkeit aller Eltern, ein staatliches Misstrauen gegenüber Elterngruppen, die auf teilweise begrenzt valide Art und Weise identifiziert werden. Über die individuelle Zuschreibung von Verantwortlichkeit legitimiert sich auch die vermeintlich erhöhte Notwendigkeit der Kontrolle der Familien, welche sich im Kontext der Kinderschutzdebatte vielfältig zeigt.

Die Inblicknahme der strukturellen Lebenslagen, in denen Familien leben, geschieht aus einer identifizierenden und damit verbundenen stigmatisierenden Sichtweise, nicht aus einem Interesse und einem Engagement zur strukturellen Verbesserung der Lebenslagen. „Sofern also Verhaltensänderungen antrainiert werden sollen, ohne dass sich lebenslagenbezogene Ressourcenkontexte ändern, werden Probleme im Aufziehen von Kindern implizit als individuelle Schuld thematisiert" (Kutscher 2008: 40).

---

2 So formulieren der Kriminologe Christian Pfeiffer und der Soziologe Klaus Hurrelmann in einem Interview mit der Tageszeitung taz: „Vernachlässigung und Misshandlung sind fast ausschließlich ein Phänomen der Unterschicht" (taz 2006). Zur Debatte um die „neue Unterschicht" vgl. z.B. Kessl/Reutlinger/Ziegler 2007
3 Zur Thematik „Aktivierung von Elternverantwortung" sei auf den Beitrag von Nina Oelkers in diesem Band verwiesen.
4 Ermittelt werden sollen ‚Risikoeltern` im Idealfall bereits während der Schwangerschaft, in einem Stadium also, in dem eine Kindeswohlgefährdung zum Teil nur mittels unterschiedlicher Einschätzverfahren oder allein aufgrund der Zugehörigkeit zu einer bestimmten Risikogruppe prognostiziert werden kann.

Sowohl aus einer sozialpädagogischen als auch aus einer rechtlichen Betrachtung heraus muss insbesondere die kontinuierliche und verdachtsunabhängige Sammlung von Informationen, beispielweise mittels standardisierter Screeningverfahren als kritisch betrachtet werden. Zum einen setzt aus juristischer Perspektive das Beschaffen von Informationen über Eltern einen begründeten Verdacht voraus. Ob bereits die bloße Zugehörigkeit zu einer ‚Risikogruppe', z.b. die Gruppe der ‚armen' Familien, dies rechtfertigt, sei zumindest verfassungsrechtlich angezweifelt. „Ausgreifende generalisierende Informationsbeschaffungsregelungen zur Effektuierung des staatlichen Wächteramtes bewegen sich auf einem schmalen Grat und drohen in eine Verletzung der elterlichen Erziehungsverantwortung abzustürzen" (Jestädt 2008: 17). Aus einer sozialpädagogischen Sicht bleibt zu fragen, ob nicht zum einen verdachtsunabhängige Verfahren, welche defizitorientiert nach Risikofaktoren suchen, die Akzeptanz für Hilfen bei den Klienten erheblich mindern und zum anderen strukturell, ob es nicht eine Schimäre, eine „gesellschaftliche Allmachtsphantasie" (Marquardt 2008: 56) bleibt, durch frühzeitige Identifikation und daraus folgender Kontrolle Familien präventiv so zu begegnen, dass der Schutz der in den Familien lebenden Kinder dadurch gewährleistet wird.

Kinderhilfe! Jugendhilfe?

Mit Blick auf die Kinder und Jugendlichen als AdressatInnen der Kinderschutzdebatte und des staatlichen Schutzauftrages zeigt sich, dass zumeist Säuglinge und kleinere Kinder in der Debatte als Zielgruppe des staatlichen Kinderschutzes in den Blick genommen werden. Der Fokus liegt fast ausschließlich auf der Zielgruppe der Kinder von 0 bis ca. 6 Jahren. Ältere Kinder und vor allen Dingen Jugendliche kommen in der Kinderschutzdebatte bisher kaum vor – eine Lücke, die nicht zuletzt in dem aktuellen 13. Kinder- und Jugendbericht markiert worden ist. Wenn Jugendliche in der öffentliche Debatte wahrgenommen werden, dann eher im Kontext von Jugendkriminalität, Suchtproblematiken und plakativ als Täter massiver Körperverletzungsdelikte, was in der Regel eine politische Diskussion um rigidere Strafen und disziplinierende Maßnahmen nach sich zieht (vgl. Brumlik 2008).

Wie viele Kinder tatsächlich misshandelt oder vernachlässigt und das Wohl wie vieler Kinder tatsächlich gefährdet ist, lässt sich nicht empirisch exakt erfassen, das Dunkelfeld und die damit verbundenen die Schätzungen variieren erheblich (vgl. BJK 2007). Die Fälle mit tödlichem Ausgang werden mit ungefähr 50 in 2006 angegeben (vgl. Unicef 2003; vgl. Fendrich/Pothmann 2009). Diese Zahl ist in den letzten Jahren deutlich gesunken. Angestiegen sind die gemeldeten

Fälle von Kindesmisshandlung und Vernachlässigung beim Jugendamt. Ebenfalls ansteigend sind die installierten Hilfen zur Erziehung, die Inobhutnahmen und die Sorgerechtsentzüge. Ob sich daraus allerdings eine tatsächliche Verschärfung der Problemlagen konstatieren lässt, darf bezweifelt werden. Vielmehr scheint dies ein Ausdruck eines gesteigerten Anzeigeverhaltens, der medialen Diskussion, der gesetzlichen Neuerungen und vielleicht ein Element der vielfach geforderten „Kultur des Hinschauens" zu sein (vgl. Fendrich/Pothmann 2009; BJK 2007; Akj Stat 2006; Akj Stat 2009; Rauschenbach/Pothmann 2008).

Staatliche Aktivitäten und insbesondere Präventionsprogramme konzentrieren und beschränken sich in der Regel auf die Gruppe der Säuglinge und Kleinkinder. Diese sind aufgrund ihres Alters schutzbedürftig und sollen vor den Gefahren, die von ihren Eltern ausgehen geschützt werden. Die besondere Inblicknahme von Säuglingen und Kleinkindern unter einem Jahr resultiert nicht zuletzt aus der erhöhten Wahrscheinlichkeit für diese Kinder Opfer von Misshandlung und Vernachlässigung zu werden. So wurden 2006 laut polizeilicher Todesursachenstatistik 3,3 Tötungen von unter 1-jährigen Säuglingen pro 100.000 der altersgleichen Bevölkerung erfasst. Bei den 1- bis unter 5-Jährigen lag dieser Anteil bei 0,4 pro 100.000, bei den 5- bis unter 10-Jährigen bei 0,2 pro 100.000 der altersgleichen Bevölkerung. (vgl. Fendrich/Pothmann 2009:162)

Die verstärkte Sensibilisierung der Träger der öffentlichen und freien Jugendhilfe für mögliche Kindeswohlgefährdungen in der Altersgruppe der 0- bis 6-Jährigen lässt sich auch empirisch anhand der aktuellen Daten zur Gewährung von Hilfen zur Erziehung aufgrund einer Gefährdung des Kindeswohls belegen. Während der Anteil der 0- bis 6-Jährigen an den Hilfen zur Erziehung im Kontext einer möglichen Kindeswohlgefährdung bei 41,7 % liegt (ohne Kindeswohlgefährdung 20,8%), beträgt der Anteil der 15- bis 27-Jährigen lediglich 14,2 % (29,5 % ohne drohende Gefährdung) (vgl. Akj Stat 2009: 3). Diese Zahlen belegen deutlich die verstärkte Sensibilität der Dienste und Einrichtungen für den Schutz von Säuglingen und Kleinkindern vor Gefährdungen für ihr Wohl.

Aus der Betrachtung dieser Zahlen mag man kritisch fragen, ob es nicht tatsächlich sinnvoll ist, die Kinderschutzaktivitäten auf Säuglinge und kleinere Kinder zu fokusieren. Diese haben allein aufgrund ihres Alters keine Möglichkeiten sich selbst aus potentiellen Gefahren zu befreien oder auf diese aufmerksam zu machen. Und so ist generell zu begrüßen, den Schutz von Säuglingen und Kleinkindern zu intensivieren und mögliche Lücken in der Kooperation von Einrichtungen und Diensten zu schließen. Allerdings endet dieser Schutzauftrag nicht mit dem 8., 10. oder 14. Geburtstag. Das staatliche Wächteramt und der sich daraus ergebende Schutzauftrag beziehen sich auf alle Kinder und Jugendlichen und selbstverständlich haben Jugendliche die gleichen Rechte auf ein gelingendes, unversehrtes Aufwachsen und die Entfaltung ihrer Persönlichkeit wie

Kinder. Momentan zeigt sich eine besondere Konzentration auch der finanziellen Mittel auf den Bereich der Kinder. Bei gleichbleibendem oder sogar sinkendem Jugendhilfeetat zeigt sich eine Verschiebung hin zu Angeboten und Maßnahmen für Kinder, während Angebote der allgemeinen Förderung, gerade in der Jugendarbeit erheblich zurückgehen (vgl. Smessaert/Münder 2008; Böllert 2009). Dies ist äußerst kritisch zu betrachten, zum einen im Hinblick auf den in § 1 SGB VIII verankerten Auftrag zur Förderung und Unterstützung junger Menschen und zum anderen konkret in der Betrachtung der Lebenslagen Jugendlicher, beispielsweise mit Blick auf den Anteil von Kindern und Jugendlichen die in Armut leben oder von Armut gefährdet sind (vgl. Smessaert/Münder 2008: 35). Aus diesem Grund gilt es auch den Schutz von Jugendlichen vor Gefährdungen fachlich auszugestalten, organisational zu verankern und strukturell auszustatten – eine Anforderung, deren Einlösung nicht voraussetzungslos ist und deren wirksame Umsetzung nicht erschöpfend durch die bloße Übertragung von erprobten Kinderschutzmaßnahmen auf das Jugendalter zu leisten ist.

Die Kinder- und Jugendhilfe als Adressatin der Kinderschutzdebatte

Die Kinder- und Jugendhilfe, das Jugendamt und damit auch die Soziale Arbeit stehen als Adressaten der Kinderschutzdebatte im Mittelpunkt einer aufgeregten politischen und teilweise auch fachpolitischen Diskussion, die geprägt ist von Ambivalenzen zwischen Formen des Misstrauen in die Profession und Handlungsweisen der Sozialen Arbeit und einer damit verbundenen stärkeren Formalisierung, sowie dem Ausbau und der Verstärkung phänotypisch sozialpädagogischer Programme, zwischen eigener (rechtlicher) Absicherung und der begrenzten strukturellen Ausstattung, zwischen Hilfe und Kontrolle.

Formen des Misstrauens in die Profession und die Handlungsweisen Sozialer Arbeit äußern sich in einer zunehmenden Verpflichtung auf Handlungsabfolgen, auf konkrete methodische Vorgaben[5] und auf (vermeintlich) wirkungsorientierte Standards[6]. Durch diese präzisen Maßnahmen soll verhindert werden, dass z.B. sich „das Jugendamt von den Eltern abwimmeln lässt" (vgl. BMJ 2008). Klare Empfehlungen und Handlungsanleitungen sollen den Schutz von Kindern sicherstellen (vgl. Empfehlungen des Deutschen Städtetages 2009). Inwiefern es sich dabei um eine tatsächliche Verbesserung des Schutzes von Kindern handelt

---

5 Vgl. z.B. die geplante Verpflichtung zum Hausbesuch im Entwurf eines Bundeskinderschutzgesetzes.
6 Nicht jeder „Einschätzbogen" zur Abklärung einer Kindeswohlgefährdung ist an ‚wirkungsorientierten' Standards orientiert. Zur Diskussion um wirkungsorientierte Verfahren in der Kinder- und Jugendhilfe vgl. Schrödter/Ziegler 2006.

oder nicht in erster Linie um die Absicherung der einzelnen Mitarbeiter und des Jugendamtes darf zumindest angezweifelt werden. Bei aller Verpflichtung auf Standards und standardisierte Abfolgen bleibt die Frage, inwiefern übermäßige Strukturiertheit des Umgangs mit Kindeswohlgefährdung dem Kinderschutz im Sinne eines transparenten und fehlervermeidenden Vorgehens gut tut und ab wann Strukturiertheit den Blick auf den individuellen Fall verstellt und es durch die Abarbeitung von Handlungsleitfäden und Checklisten eher zu einer „Fallblindheit" kommt und eigenes professionelles Deuten und Handeln in den Hintergrund rückt (vgl. Wolff 2007). Die wenigen empirischen Studien zum professionellen Umgang mit Hilfe und Kontrolle und Aushandlungsprozessen in Fällen von Kindeswohlgefährdung verweisen in diesem Kontext auf die herausgehobene Bedeutung des individuellen Professionellen für einen gelungenen Hilfeprozess (vgl. Urban 2003, Rietmann 2004).

Die Kinderschutzdebatte berührt eines der zentralen sozialpädagogischen Paradigmen, die Gleichzeitigkeit von „Hilfe und Kontrolle". Diesem kommt im Bereich des Kinderschutzes eine besondere Stellung zu. Die Wahrnehmung sozialpädagogischer Kontrolle beschreibt dabei den „gesellschaftlichen Blick" auf die Beziehung zwischen Eltern und ihren Kindern, die Wahrnehmung eines Teils des staatlichen Wächteramtes, wenn Eltern nicht in der Lage oder nicht willens sind, ihre Kinder vor Gefahren für das Kindeswohl zu schützen (vgl. Schone 2008: 9). Dabei gelangen zwangsläufig auch die Lebenssituationen von Kindern, Jugendlichen und Familien mit in den Blick sozialpädagogischer Kontrolle. Die Schaffung von förderlichen Lebensbedingungen für Kinder- und Jugendliche, verbunden mit dem „Leistungscharakter" des SGB VIII dienen dabei als legitimatorische Grundlage des Kontrollauftrages. Sozialpädagogische Kontrolltätigkeit ist kein Selbstzweck, sondern „dient dem Ziel der fachlichen Hypothesenbildung" (Schone 2008:13), als Grundlage für ein passendes Hilfsangebot an die Familien.

Basis für einen gelingenden Kinderschutz und die Notwendigkeit sozialpädagogischer Kontrolltätigkeit ist das Vorhandensein eines ausreichenden und differenzierten Hilfeangebots. „Sozialpädagogische Kontrolle ohne die Möglichkeit des Leistungsangebots verkäme zur reinen Repression" (Schone 2008:15). Zudem verliert sozialpädagogische Kontrolle ohne ausreichende Möglichkeiten der Abwendung einer Gefährdung ihr Ziel, einer möglichen Kindeswohlgefährdung mit passenden Hilfen zu begegnen, aus den Augen.

Die Betrachtung von dramatisch verlaufenen Kinderschutzfällen lässt die Sichtweise zu, dass das oben beschriebene Verhältnis von Hilfe und Kontrolle von politischen Entscheidungen inhaltlich und strukturell gerahmt und beeinflusst wird. Der Abschlussbericht des Untersuchungsausschusses der Bremischen Bürgerschaft zum „Fall Kevin" beschreibt dies beispielhaft: „Der Ausschuss kommt darüber hinaus zu dem Ergebnis, dass politischer und verwaltungsinterner Spardruck stark auf den Bereich der Jugendhilfe gewirkt hat und dass es unzureichende Haushaltsansätze gab. Es kann nicht ausgeschlossen werden, dass Ermessensentscheidungen über Hilfen zugunsten hilfsbedürftiger Kinder und Jugendlicher negativ beeinflusst wurden. Das Klima im Amt für Soziale Dienste war stark durch die unzureichenden Haushaltsansätze und erheblichen Sparerwartungen geprägt." (Bremische Bürgerschaft: 315). Und auch der Expertenkommission zum Kinderschutz in Nordrhein-Westfalen „sind Beispiele bekannt, in denen es zu einem Missverhältnis zwischen dem tatsächlichen Bedarf an Hilfeleistungen gerade in präventiver Hinsicht und den tatsächlichen personellen Möglichkeiten kommt. Das führt oft dazu, dass die in den Hilfen liegenden Förderungsmöglichkeiten nicht oder zu spät genutzt werden" (Expertenkommission Kinderschutz in Nordrhein-Westfalen 2010: 26f). Die „mühsam zu haltende Balance zwischen dem sozialpädagogischen Dienstleistungsauftrag und dem Schutzauftrag" (Schone 2008: 74) scheint sowohl auf einer fachpolitischen, als auch auf einer handlungspraktischen Ebene ins Wanken geraten zu sein, verbunden mit der Gefahr einer Aufspaltung des für die Soziale Arbeit konstitutiven doppelten Mandates in eine „Hilfe für die Integrierten und Kontrolle für die Ausgeschlossenen" (Chassé/von Wensierski 1999: 11)

Kinderschutz – mehr als (präventive) Kontrolle von Eltern!

Kinderschutz steht im Zentrum einer politisch und medial aufgeladenen Debatte. In dieser scheinen sich zwei verschiedenen Gruppen von Eltern herauszubilden, welche im Rahmen des staatlichen Wächteramtes unterschiedlich in den Blick genommen werden. Insbesondere ‚belastete Eltern' werden in den Blick genommen und als „Risiko" identifiziert, dem mit speziellen Präventionsmaßnahmen begegnet werden soll (vgl. Oelkers 2009:142f; Kutscher 2008: 38). Konjunktur haben in der momentanen Fachdebatte Schutzmaßnahmen und Angebote für Säuglinge und kleine Kinder, ein gelingender Schutz von Jugendlichen und passende Handlungskonzepte werden kaum rezipiert.

Dabei wird die Debatte um einen besseren Schutz von Kindern, „Aktivierung von Elternverantwortung" (Oelkers 2009:146) und verstärkt kontrollierende Elemente in der sozialpädagogischen Arbeit nicht als eine rein fachlich-methodische Debatte geführt. Die aktuelle Kinderschutzdebatte steht im Kontext einer Neujustierung des Verhältnisses von Staat und Gesellschaft und einer damit verbundenen „Neukonzeption des Wohlfahrtsstaat" (Oelkers 2009:146). Die Konzentration auf „Risikofamilien" der „neuen Unterschicht", die Verpflichtung auf zwingende Kontrolle der identifizierten „Risikofamilien" durch die Soziale

Arbeit und der dadurch erhoffte zielgerichtetere und effizientere Einsatz ökonomischer Ressourcen bilden dabei Elemente eines wohlfahrtstaatlichen Transformationsprozesses, Merkmale einer „Neuregulierung des Sozialen" (Ziegler 2009:264). Die Kinderschutzdebatte bietet dabei ein massenmedial taugliches und gesellschaftlich akzeptiertes Feld der Inszenierung 'neuer' sozialpolitischer Paradigmen.

In diesem Zusammenhang scheint, intendiert oder als Nebenfolge, die grundgesetzliche Schwelle der Kindeswohlgefährdung aufzuweichen (vgl. Merchel 2008: 13). Durch die Unmöglichkeit einer allgemeingültigen, positiven Beschreibung des Begriffes des Kindeswohls, wird die Eingriffsschwelle des Staates erst bei einer ‚negativen Beschreibung', bei einer „Gefährdung des Kindeswohls" erreicht. Bis zu diesem Punkt sind Eltern in der Wahl ihres Erziehungsstils und ihrer Lebensvorstellungen frei, auch wenn sie nicht pädagogisch wünschenswert und sinnvoll erscheinen. Der Staat kann lediglich um eine andere Ausgestaltung der Erziehung werben und Hilfsangebote anbieten, solange das Wohl des Kindes nicht gefährdet ist. „Die Differenzierung zwischen einer Orientierung am Kindeswohl, die als Modus der Hilfe und Unterstützung selbstverständlich alle Handlungsformen prägen soll, und den notwendigerweise interventionistischen Überlegungen droht im Bewusstsein der Akteure (auch innerhalb der Jugendhilfe) (…) verloren zu gehen" (Merchel 2008:13). Eine verstärkte und ausschließlichere Orientierung an dem Konstrukt der Kindeswohlgefährdung birgt die Gefahr, grundgesetzlich legitimierte Freiheiten in der Lebensführung von Familien einzuschränken und die Hilfeakzeptanz und den Zugang zu ihnen weiter zu erschweren. Suggeriert wird in der Kinderschutzdebatte, dass eine frühzeitige und passgenaue Prävention den Schutz von Kindern sicherstellen kann. Im besten und wünschenswerten Fall können Präventionsprogramme das Ausmaß und die Zahlen von Kindeswohlgefährdungen vermindern. (vgl. Merchel 2008: 16) „Eine Politik, die auch nur ansatzweise in der Öffentlichkeit den Eindruck hervorruft, dass mit einer Intensivierung von Prävention keine nennenswerten Probleme mehr aufträten, ist unrealistisch und verantwortungslos" (Bundesjugendkuratorium 2007:11).

Der staatliche Auftrag für den Schutz und das Wohlergehen von Kindern und Jugendlichen (vgl. Art 6 GG Abs.1) erschöpft sich jedoch nicht der reinen Abwehr von Gefährdungen. Er beinhaltet weiterhin, für die Bedingungen und Umstände des Aufwachsens und somit die Lebenslagen von Kindern und Jugendlichen Gewährleistung und Verantwortung zu übernehmen[7] und im Sinne einer Ausgestaltung des §1, Abs. 3 SGB VIII „positive Lebensbedingungen für

---

7 Jean d´heur (1991) beschreibt diese als Herstellung von „Ermöglichungsbedingungen zur effektiven Wahrnehmung des Elternrechtes"

junge Menschen und ihre Familien sowie eine kinder- und familienfreundliche zu erhalten und zu schaffen". Dies beinhaltet sowohl den Auftrag allgemein positive Lebensbedingungen, also unabhängig einer Identifikation als „Risikogruppe", zu schaffen, als auch Kinder und Jugendliche, mit ihren jeweils unterschiedlichen Bedürfnissen und Anforderungen als Zielgruppe des staatlichen Schutz- und Gestaltungsauftrages gleichermaßen in den Blick zu nehmen.

Dafür angemessene und ausreichende Ressourcen zur Verfügung zu stellen und diese im Verständnis einer Kinder- und Jugendhilfe als „Menschwerdungshilfe" (Oelkers/Schrödter 2008 in Anlehnung an Martha Nussbaum) einzusetzen, wäre Aufgabe weiterer staatlicher Aktivitäten im Bereich des Kinderschutzes – insbesondere eines neuen „Bundeskinderschutzgesetzes".

Literatur

Arbeitsstelle Kinder- & Jugendhilfestatistik 2006: Kommentierte Daten der Kinder- und Jugendhilfe. Sonderausgabe: Kevin, Bremen und die Folgen 2006, Dortmund

Arbeitsstelle Kinder-& Jugendhilfestatistik 2009: Kommentierte Daten der Kinder- und Jugendhilfe. Ausgabe 2/09, Dortmund

Bremische Bürgerschaft (Hrsg.) 2007: Bericht des Untersuchungsausschusses zur Aufklärung von mutmaßlichen Vernachlässigungen der Amtsvormundschaft und Kindeswohlsicherung durch das Amt für Soziale Dienste, Drucksache 16/1381

BMFSFJ 2010: Pressemitteilung zum Expertengespräch Bundeskinderschutzgesetz. Berlin (Online: http://www.bmfsfj.de/BMFSFJ/Presse/pressemittelungen,did=133726.html Zugriff: 29.01.10)

BMJ 2008: Bundestag verabschiedet Gesetz zum besseren Schutz von Kindern. Berlin (http://www.bmj.de/enid/103919a787f9f8d57fe0d1b3f4835d98,2e62ee706d635f696
4092d0935313333093a0979656172092d0932303038093a096d6f6e7468092d09303
4093a095f7472636964092d0935313333/Pressestelle/Pressemitteilungen_58.html, Zugriff: 29.01.10)

Böllert, Karin 2009: Vom Verschwinden der Jugendhilfe – Analysen und wissenschaftliche Erkenntnisse. In: AGJ 2009: Reader Jugendhilfe, Berlin, Eigenverlag S. 275- 286

Brumlik, Micha (Hrsg.) 2008: Ab nach Sibirien? Wie gefährlich ist unsere Jugend? Weinheim und Basel: Beltz.

Bundesjugendkuratorium 2007: Schutz vor Kindeswohlgefährdung. Anmerkungen zur aktuellen Debatte, München
(Online: http://www.bundesjugendkuratorium.de/pdf/2007-2009/bjk_2007_stellungnahme_schutz_vor_kindeswohlgefaehrdung.pdf Zugriff: 26.5.2008)

Chassé, Karl August/von Wensierski, Hans-Jürgen 1999: Praxisfelder der Sozialen Arbeit – eine Einleitung. In: Dies. (Hrsg.) Praxisfelder der Sozialen Arbeit. Eine Einführung. Weinheim und München, S. 7-16

Deutscher Bundestag 2005: Plenardebatte zur Einführung der KICK-Novelle. Berlin (Online: http://www.aus-portal.de/2_3LesungBTPlPr15_179(1).pdf Zugriff: 30.01.10)
Deutscher Bundestag 2009: Entwurf eines Gesetzes zur Verbesserung des Kinderschutzes. Bundestags-Drucksache 59/09. Berlin
Deutsches Jugendinstitut 2009: Stellungnahme des Deutschen Jugendinstituts zum BkiSchG. München (Online: http://www.dji.de/dasdji/stellungnahmen/2009/2009-05-20_Kinderschutz.pdf Zugriff: 28.05.09)
Deutscher Städtetag 2009: Empfehlungen zur Festlegung fachlicher Verfahrensstandards in den Jugendämtern bei Gefährdung des Kindeswohls. Berlin (Online: http://www.staedtetag.de/imperia/md/content/pressedien/2009/7.pdf Zugriff: 28.08.09
Expertenkommission „Kinderschutz in Nordrhein-Westfalen 2010": Bericht und Empfehlungen, Düsseldorf (Online: http://www.mgffi.nrw.de/presse/pressemitteilungen/pm2010/pm20100127b/Bericht_Expertenkommission_Kinderschutz.pdf Zugriff: 28.01.10)
Fendrich, Sandra/Pothmann, Matthias 2009: Gefährdungslagen für Kleinkinder in der Familie und die Handlungsmöglichkeiten der Kinder- und Jugendhilfe im Spiegel der Statistik. In: Beckmann, Christof et al 2009: Neue Familialität als Herausforderung der Jugendhilfe, Neue Praxis Sonderheft 9, Lahnstein S.160-170
Hensen, Gregor/Schone, Reinhold 2009: Familie als Risiko? Zur funktionalen Kategorisierung von ‚Risikofamilien' in der Jugendhilfe. In: Beckmann, Christof et al 2009: Neue Familialität als Herausforderung der Jugendhilfe, Neue Praxis Sonderheft 9, Lahnstein S.149-159
Jean d'heur, Bernd 1991: Der Kindeswohlbegriff aus verfassungsrechtlicher Sicht. Ein Rechtsgutachten. Im Auftrag der Arbeitsgemeinschaft für Kinder und Jugendhilfe. Bonn.
Jestädt, Mattias 2008: Staatlicher Kinderschutz unter dem Grundgesetz – Aktuelle Kinderschutzmaßnahmen auf dem Prüfstand. In: Lipp, Volker et al. 2008: Kindesschutz bei Kindeswohlgefährdung – neue Wege und Mittel? Göttingen, Universitätsverlag, S.5-19
Kessl, Fabian/Reutlinger, Christian/Ziegler, Holger 2007: Erziehung zur Armut? Soziale Arbeit und die 'neue' Unterschicht, Wiesbaden, VS-Verlag
Kutscher Nadia 2008: Prävention unter Druck. In: Sozial Extra, 32. Jahrgang, Heft 1/2, S. 38-41
Marquardt, Peter 2008: Fördern – Fordern – Kontrollieren. Anmerkungen zu Ambivalenzen der aktuellen Kinderschutzdebatte. In: AGJ (Hrsg.) 2008: Forum Jugendhilfe, Heft 4/2008, Berlin, S. 55-61
Merchel, Joachim: „Frühe Hilfen" und „Prävention". Zu den Nebenfolgen öffentlicher Debatten zum Kinderschutz. In: Widersprüche, 28. Jahrgang, Heft 109, S.11-24
Münder, Johannes 2006: Frankfurter Kommentar zum SGB VIII: Kinder und Jugendhilfe, Weinheim und München, Juventa
Münder, Johannes/Tammen, Britta 2002: Einführung in das Kinder- und Jugendhilfegesetz (KJHG), Münster, Votum
Münder, Johannes/Mutke, Barbara/Schone Reinhard 2000: Kindeswohl zwischen Jugendhilfe und Justiz – Professionelles Handeln in Kindeswohlverfahren, Münster, Votum
Oelkers, Nina/Schrödter, Mark 2008: Kindeswohl und Kindeswille. Zum Wohlergehen

von Kindern aus der Perspektive des Capability Approach. In: Otto, Hans-Uwe/Ziegler, Holger 2008: Capabilities – Handlungsbefähigung und Verwirklichungschancen in der Erziehungswissenschaft, Wiesbaden, VS-Verlag, S. 143-164

Oelkers, Nina 2009: Aktivierung von Elternverantwortung im Kontext der Kindeswohldebatte. In: Beckmann, Christof et al 2009: Neue Familialität als Herausforderung der Jugendhilfe, Neue Praxis Sonderheft 9, Lahnstein S.139-148

Rauschenbach, Thomas/Pothmann, Jens 2008: Im Lichte von ‚KICK', im Schatten von ‚Kevin'. In: AKJStat: KomDat, Ausgabe 03/08, Dortmund

Rietmann, Stephan 2004: Aushandlungsrationalitäten bei Kindeswohlgefährdungen. Entscheidungsrationalitäten fachlich – öffentlicher Intervention, Dissertation an der philosophischen Fakultät der WWU Münster (Online: http://deposit.d-nb.de/cgi-bin/dokserv?idn=974005835&dok_var=d1&dok_ext=pdf&filename=974005835.pdf Zugriff: 07.02.08)

Schmid, Heike/Meysen, Thomas 2006: Was ist unter Kindeswohlgefährdung zu verstehen? In: Kindler, Heinz et al. (Hrsg.) 2006: Handbuch Kindeswohlgefährdung nach § 1666 BGB uns Allgemeiner Sozialer Dienst (ASD), München, Deutsches Jugendinstitut e.V., Kapitel 2

Schone, Reinhold 2008: Kontrolle als Element von Fachlichkeit in den sozialpädagogischen Diensten der kinder- und Jugendhilfe. Expertise im Auftrag der AGJ, Berlin, AGJ-Eigenverlag

Smeesaert, Angela/Münder, Johannes 2008: Von der Kinder- und Jugendhilfe zur Kinder-Fürsorge und Kinder Betreuung? In: Widersprüche, 28. Jahrgang, Heft 109, S.25-38

Taz/Schult, Daniel/Schmitt, Cosima 2006: Republik Rabenland. Ansicht einer argen Kinderstube, 28.10.2006

Urban, Ulrike 2003: Professionelles Handeln zwischen Hilfe und Kontrolle – Sozialpädagogische Entscheidungsfindung in der Hilfeplanung, Weinheim und München, Juventa

Wolff, Rainer 2007: Demokratische Kinderschutzarbeit – zwischen Risiko und Gefahr. Köln (Online: http://www.kinderschutz-zentren.org/pdf/info_wolf_demokratische-kinderschutzarbeit.pdf (Zugriff: 16.12.2009)

Ziegler, Holger 2009: Neugestaltung des Sozialen – Wie soziale Zusammenhänge für die Zukunftgestaltet und reguliert werden (sollten) In: Bundesarbeitsgemeinschaft der Kinderschutzzentren 2009: Die Jugend(hilfe) von heute – Helfen mit Risiko, Köln, Eigenverlag

Familiale Verantwortung für personenbezogene Wohlfahrtsproduktion

Nina Oelkers

Personenbezogene Wohlfahrtsproduktion und deren Bedingungsmöglichkeiten

Wohlfahrtsstaatliche Arrangements entfalten nach Kaufmann ihre Wirkungen dadurch, dass sie die (sozialen) Bedingungen der Wohlfahrtsproduktion gewährleisten und zugleich bestimmte private Lebens- und Familienformen stabilisieren, die gesellschaftlich benötigtes Humanvermögen (re-)produzieren. Wohlfahrtsarrangements, als Wohlfahrtsproduktion regulierende Ordnungssysteme greifen folglich in die Lebenszusammenhänge des Einzelnen ein, indem Ressourcen und Güter umverteilt und damit Lebenschancen eröffnet oder verschlossen werden (vgl. Kaufmann 2002). Dabei kann das Zusammenspiel von Markt, Staat und Familie als konstituierend für die (nationale) Ausgestaltung von Wohlfahrtsarrangements beschrieben werden (vgl. Esping-Andersen 1999: 35). „Wohlfahrtsproduktion ist somit ein gleichzeitig auf mehreren Ebenen soziologisch rekonstruierbarer Prozeß, der gleichzeitig den Staat, die Erwerbswirtschaft, den Wohlfahrtssektor und die Privathaushalte involviert" (Kaufmann 2002: 232). Soziale Arbeit fungiert als Vermittlerin oder Scharnier zwischen dem formellen Sektor (Staat und Markt) und dem informellen Sektor der Wohlfahrtsproduktion, zu dem insbesondere die Familie gezählt wird[1] (hinzu kommen z.b. Bürgerengagement, Nachbarschafts- und Selbsthilfegruppen etc.). Familien (bzw. einzelne Familienmitglieder) genießen (je nach Wohlfahrtsarrangement) als Wohlfahrtsproduzenten eine besondere sozialstaatliche und sozialpolitische Aufmerksamkeit: Es geht um die zentrale Frage der familialen Zuständigkeit für die Bewältigung sozialer Probleme. In der Betrachtung Sozialer Arbeit als Teil des Wohlfahrtsarrangements verbindet sich die Fokussierung von Herstellungsprozessen

---

[1] In Form von Kinder- und Jugendhilfe kann Soziale Arbeit vermittelnd zwischen Staat/ Politik und Eltern mit ihren Kindern eintreten. Private bzw. familiale und öffentliche Verantwortung für personenbezogene Wohlfahrtsproduktion im Kontext von Familie treffen in Form von Jugendhilfeleistungen exemplarisch aufeinander.

und Erbringungskontexten von Wohlfahrt mit der Analyse der wohlfahrtsstaatlichen Rahmenbedingungen dieser Prozesse und Kontexte.

Die Forschungsgruppe „Soziale Arbeit als Wohlfahrtsproduktion" stellt die personenbezogenen Formen öffentlich verantworteter Wohlfahrtsproduktion in den Mittelpunkt, die sich von den personenunabhängigen analytisch unterscheiden lassen. Personenbezogene Formen der Wohlfahrtsproduktion, richten sich auf das Wohlergehen einzelner AdressatInnen sowie die Bearbeitung individueller Risiken, Bedarfe und Bedürfnisse, während personenunabhängige Wohlfahrtsproduktion vor allem die Organisation des Sozialen, also die Bearbeitung kollektiver Risiken und Bedarfe, fokussiert (vgl. Böllert et al. 2008). Im Kontext Sozialer Arbeit finden sich Formen personenbezogener Wohlfahrtsproduktion überall dort, wo sich professionelles Handeln auf die Veränderung von Motiven und Einstellungen richtet und auf die koproduktive Handlungsbereitschaft individueller AdressatInnen angewiesen ist (vgl. ebd.). Sie findet an den Orten statt, an denen (nichtmaterielle) Transferleistungen in individuell realisierte Lebensführungen bzw. subjektive Handlungs- und Daseinsformen ‚übersetzt' werden bzw. werden können und damit auch (potentielle) Lebenschancen beeinflussen (vgl. ebd.). Zentraler Ausgangspunkt sind die „konkreten, individuellen Lebensführungen, Deutungen, Motive und Aspirationen sowie personale Kompetenzen und Wissensbestände empirischer AkteurInnen" (ebd.).

Die Ausgestaltungsmöglichkeiten der Wohlfahrtsproduktion sind eingebettet in (national) spezifische Wohlfahrtsarrangements und werden durch diese bedingt. Die Analyse der Bedingungsmöglichkeiten einer personenbezogenen Wohlfahrtsproduktion muss folglich die Transformationsprozesse des Wohlfahrtsarrangements als konstitutives Element mit in den Blick nehmen. Im aktuellen sozialpolitischen Diskurs wird angesichts globaler Modernisierungserfordernisse von einer prinzipiellen Funktionsstörung des wohlfahrtsstaatlichen Arrangements ausgegangen (vgl. Maaser 2006, Oelkers 2009). Der Wohlfahrtsstaat – und mit ihm die Regulierung staatlicher Wohlfahrtsproduktion – unterliegt einer Transformation, innerhalb derer er seine aktiven Leistungen zunehmend zurücknimmt. Strategien der Aktivierung sowie die Übertragung von Verantwortung (Responsibilisierung) gewinnen gegenüber rechtlich verbrieften Leistungen an Bedeutung. Der Staat übernimmt zwar die Rahmen- und Gewährleistungsverantwortung und sorgt für die Erbringung öffentlicher Aufgaben, erfüllt sie jedoch nicht mehr unbedingt selbst. Dies bedeutet, dass sich die öffentliche Verantwortung darauf richtet, die Rahmenbedingungen für die Erbringung von Leistungen und die Erfüllung von Aufgaben im privaten Kontext zu steuern. Das sozialpolitische Ziel lautet Aktivierung von privater bzw. zivilgesellschaftlicher Verantwortung für die Wohlfahrtsproduktion. Die jeweilige Dichte und Tiefe öffentlicher Wohlfahrtsproduktion (der Grad der Unterstützung) wird zunehmend von der privaten Produktionsbereitschaft des Einzelnen abhängig gemacht und durch diese legitimiert. An dieser Stelle tritt die Bedeutung Sozialer Arbeit als ‚Scharnier' zwischen Staat und Familie hervor, um die es im Folgenden gehen wird. Ziel dieses Beitrags ist es, die (veränderte) Aufteilung der Verantwortung für Wohlfahrtsproduktion in das Blickfeld zu rücken und dabei die Funktion von Familien als Wohlfahrtsproduzenten in den Mittelpunkt zu stellen. Im Kontext familialer personenbezogener Wohlfahrtsproduktion nimmt Soziale Arbeit eine besondere Rolle ein, die als geteilte Verantwortung und koproduktive Erbringung personenbezogener Wohlfahrt thematisiert wird.

Verantwortung für Wohlfahrtsproduktion: Individuum – Staat – Familie

Die Frage nach der Verantwortung für Wohlfahrtsproduktion stellt sich vor dem Hintergrund der skizzierten Transformationsprozesse des Wohlfahrtsarrangements neu. Legt man die gängige Unterscheidung von Markt und Staat zugrunde, lässt sich die Frage nach der Verantwortung für Wohlfahrtsproduktion (vorerst) aus zwei Richtungen beantworten. Ausgehend von marktförmigen Steuerungsprozessen (oder einer funktionalistischen Perspektive) wird die Verantwortung für Wohlfahrtsproduktion dem konkurrierend und marktrational agierenden Individuum zugeschrieben. Dieses definiert eigene Wohlfahrtskriterien, tritt als (konkurrierendeR) NachfragerIn auf und muss sich dementsprechend das jeweilige Ergebnis kausal zurechnen lassen (vgl. Kaufmann 2002: 199). Der individuell erreichte Nutzen, im Sinne einer personenbezogenen Wohlfahrtsproduktion, dient aus dieser Perspektive auch der allgemeinen Wohlfahrtsproduktion. Die Verteilung von Gütern und Ressourcen wird über Angebot- und Nachfragemechanismen und damit marktförmig gesteuert.

Im Gegensatz dazu wird, im Sinne eines stark steuernden, *sozialen Interventionsstaates* (oder aus einer etatistischen Perspektive), dem Staat die Verantwortung für die Produktion von Wohlfahrt und die Sicherung der Teilhabe der BürgerInnen an den vorhandenen Ressourcen zugesprochen[2]. Ein solcher Staat interveniert bei vorab definierten Problemlagen und folgt damit auch normativen Zielsetzungen (vgl. Alber 2006: 5). Er greift dann folgerichtig normierend und fürsorglich in die Lebensführung des Individuums ein. Merkmale eines solchen

---

2 Soziale Verantwortung des Staates zeigt sich hier in der Gründung, Finanzierung und Steuerung von Dienstleistungssystemen. ‚Leistungen' sind dann in einem umfassenden Sinne zu verstehen und reichen von materieller Unterstützung bis zu Erziehung, Betreuung und Beratung. Sozialpolitik kann aus dieser Perspektive als Intervention in die Lebensverhältnisse natürlicher Personen verstanden werden, die in wesentlichen Teilen als öffentlich organisierte personenbezogene Dienstleistungsarbeit im Kontext von Sozialer Arbeit stattfindet.

Wohlfahrtsarrangements sind ein expliziter politischer Gestaltungswille bezogen auf gesellschaftliche Verhältnisse, der Glaube an die Steuerbarkeit politisch-gesellschaftlicher Entwicklungsprozesse sowie eine Kollektivierung von Verantwortung und Risikoabsicherung in einer bürokratisch-administrativ organisierten Form sozialer Solidarität. Mittels rationaler Planung wird eine ‚Wohlfahrtsoptimierung' angestrebt, wobei der Staat als verantwortliches Handlungszentrum gesellschaftliche Entwicklungsprozesse über hierarchische Eingriffe und Politikprogramme steuert.

Bei der Frage nach der Verantwortung für Wohlfahrtsproduktion lohnt es den üblicherweise auf ‚Markt' und ‚Staat' gerichteten Fokus zu erweitern: Wird die Familie „als dritter Wohlfahrtsproduzent neben Markt und Staat" (Alber 2006: 6) mit einbezogen, gerät in den Blick, inwieweit Familien bzw. Familienmitglieder als für die Wohlfahrtsproduktion verantwortlich betrachtet werden, bevor staatliche Leistungen (subsidiär) zum Tragen kommen (vgl. Esping-Andersen 1990: 27). Analysen, die die Familie als ‚dritten Wohlfahrtsproduzenten' neben Staat und Markt in den Mittelpunkt stellen, fragen demzufolge eher nach dem Zusammenspiel von Familie, Staat und Marktwirtschaft bzw. nach den ihnen jeweils zugewiesenen Aufgaben im Sinne eines mehr oder weniger ausgeprägten *Familialismus*[3] (vgl. Alber 2006: 5). Im Rahmen dieses familialistisch-subsidiarischen Konzeptes greift der Staat erst ein, wenn die Unterstützung durch die Familie versagt hat. Das Individuum wird damit in Abhängigkeit von seiner Familienstruktur unterstützt. Zusätzlich begünstigt der Familialismus eine (geschlechts)spezifische Arbeitsteilung innerhalb der Familie, da diesem Wohlfahrtsarrangement bestimmte normative wie empirische Normalitätsannahmen zu Grunde liegen: Insbesondere die „der dauerhaften Erwerbstätigkeit der Männer bei lediglich sporadischer Erwerbstätigkeit der Frauen, der Selbstverständlichkeit des Eheschlusses und der Familiengründung für beide Geschlechter sowie einer innerfamilialen Arbeitsteilung im Sinne des Modells der Hausfrauenehe" (Kaufmann 1997: 60). Die soziale Einheit ‚Familie' erfährt also in familialistischen Wohlfahrtskonzepten eine besondere Beachtung als Wohlfahrtsproduzent. Die Transformation des Zusammenspiels von Familie und Staat bezüglich der Wohlfahrtsproduktion lässt sich am bundesdeutschen Wohlfahrtsarrangement nachzeichnen.

---

[3] Der Begriff ‚Familialismus' beschreibt dabei das Ausmaß, in dem Wohlfahrtsstaaten von Familienmitgliedern erwarten, füreinander durch Unterstützungen aller Art (z.B. Geld und Dienste) einzustehen (vgl. Esping-Andersen 1996).

Wohlfahrtsproduktion im bundesdeutschen Wohlfahrtsstaat

Als ‚Wohlfahrtsstaat' wird im Allgemeinen ein Staatstypus verstanden, „der die Verantwortung der Gewährleistung menschenwürdiger Lebensbedingungen für alle ihm Angehörenden in expliziter Form übernimmt" (Kaufmann 1988: 65). Dies meint mehr als konkrete soziale Absicherung von Lebensbedingungen und nachträgliche Kompensation sozialer Risiken: Es geht auch um die Gestaltung zukünftiger Lebensbedingungen sowie die Gewährleistung von Partizipationschancen, welche ein demokratischer Staat zu seiner Legitimation vorhalten muss. Der demokratisch legitimierte und kapitalistisch fundierte Wohlfahrtsstaat ist sowohl als Produkt einer modernen, funktional differenzierten Gesellschaftsordnung als auch gleichzeitig als deren Entwicklungsvoraussetzung zu betrachten (vgl. Lessenich 2008).

Das Wohlfahrtsarrangement, in dem der Staat als eindeutig verantwortliches Handlungszentrum über hierarchische Eingriffe und Politikprogramme sozialpolitisch zu steuern versucht, beziehungsweise mithilfe seiner Verwaltung die Ressourcenverteilung und gesellschaftliche Koordination weitgehend organisiert (sozialer Interventionsstaat), steht im Zusammenhang mit einer als ‚keynesianisch' zu bezeichnenden Politik einer ‚fordistischen' Gesellschaftsformation[4]. Das hier fokussierte Wohlfahrtsarrangement – der bundesdeutsche Wohlfahrtsstaat – ist ein historisch institutionalisierter, spezifischer Ausdruck des Sozialen[5], welcher sich vor allem dadurch auszeichnet, „eine bürokratisch-administrativ organisierte Form einer risikominimierenden sozialen Solidarität etabliert zu haben, die begrifflich und strategisch über das Moment der individuellen Verantwortung gestellt wird und sich mehr oder weniger gleichberechtigt gegenüber der Ökonomie artikuliert" (Otto/Ziegler 2004: 135 in Anlehnung an Donzelot 1994). Indem die kollektive Solidarität über die individuelle Verantwortung gestellt wird, basieren die wohlfahrtsstaatlichen Sicherungsstrukturen auf einer standardisierten Form „erzwungener Solidarität" (Ewald 1991).

Etwa seit Mitte der 1990er Jahre stehen die sozialpolitischen Leistungssysteme zunehmend in der Diskussion. Unter beständigem Verweis auf die angespannte (welt)wirtschaftliche Lage wird vor allem der Abbau bzw. (qualitative)

---

4 „Ein entscheidendes Moment des ‚fordistischen' Regulierungszusammenhangs bildete die Herausbildung des modernen Sozialstaats. Angesichts der Verallgemeinerung der ‚Lohnarbeitsrisiken' und der Schwächung traditionaler sozialer Zusammenhänge (Verwandtschaftsbeziehungen, Subsistenzproduktion, selbstorganisiert-vereinsförmige Formen kollektiver Sicherung) wurde die ‚Regulierung der Arbeitskraft' zu einer immer ausschließlicher staatsbürokratisch organisierten Angelegenheit" (Buci-Glucksmann/ Therborn 1982 zitiert nach Hirsch/ Roth 1986: 66).
5 ‚Das Soziale' zeigt sich als politisches Konstrukt menschlichen Zusammenlebens, welches nicht zeitlos und unhintergehbar ist, sondern sich als veränderlich erweist (vgl. Donzelot 1979; Deleuze 1979).

Umbau von Leistungen gefordert. Hierzu sollen die Strukturprinzipien des Systems der sozialen Sicherung umfassend überarbeitet werden. Diese Forderungen nach umfassenden sozialpolitischen Einschnitten werden damit begründet, „dass eine Fortschreibung sozialpolitischer Leistungen angesichts von anhaltender Arbeitslosigkeit, dem demographischen Wandel, geringer wirtschaftlicher Wachstumsraten, Finanzierungsproblemen der öffentlichen Haushalte und der Sozialversicherungsträger sowie der hohen Belastung von Wirtschaft, Arbeitnehmerinnen und Arbeitnehmern durch Steuern und Abgaben zunehmend kontraproduktiv sei" (BMFSFJ 2002: 59 Elfter Kinder- und Jugendbericht 2002). Für die Soziale Arbeit beschreiben Olk, Otto und Backhaus-Maul (2003) die Veränderungen der vergangenen Jahre als Versuche, „die Produktivität öffentlich gewährleisteter Sozialer Arbeit durch Restrukturierungsprozesse des komplexen Zusammenspiels unterschiedlicher Instanzen der Wohlfahrtsproduktion unter jeweils spezifischen gesellschaftlichen Rahmenbedingungen zu optimieren" (ebd.: XXIII).

Es ist zu beobachten, dass an die Stelle eines so ausgerichteten Wohlfahrtsarrangements ein Modell tritt, welches als ‚post-wohlfahrtsstaatlicher[6] Steuerungsstaat' (vgl. Oelkers 2009: 71; zur Post-Wohlfahrtsstaatlichkeit insges. s. auch Kessl/Otto 2009) bezeichnet werden kann. Post-Wohlfahrtsstaatlichkeit meint in diesem Zusammenhang nicht die Wohlfahrtsproduktion ohne Staat und auch nicht das Ende der Wohlfahrtsproduktion an sich, sondern eine sich unscharf abzeichnende Neujustierung von Verantwortung für Wohlfahrtsproduktion, die sich abhebt von einem sozialdemokratisch-keynesianischen Wohlfahrtsarrangement, in dem ‚der Staat' – eingebettet in eine ‚fordistische' Gesellschaftsformation – hoheitlich oder leistend sozialpolitisch intervenierte. Dagegen verlagern sich staatliche Interventionsformen zunehmend von ‚Geldtransferleistungen', beziehungsweise ökonomischen Interventionen, zu ‚Wissenstransferleistungen', beziehungsweise pädagogischen Interventionsformen, wie zum Beispiel Beratung (vgl. Kaufmann 1988, 1995). Dies spiegelt sich auch wider in der Aufwertung Sozialer Arbeit als „unterstützungskompetente Profession" (Dollinger 2006: 8), die jene Strategien zur Hand hat, die der Förderung von Eigenverantwortung, sozialem Engagement, Eigeninitiative und Selbstvorsorge dienen. Eigeninitiative und Eigenverantwortung der Individuen haben in diesem Kontext einen hohen Stellenwert und werden zum Ausgangspunkt der Wohlfahrtsproduktion. Allerdings ist damit kein marktradikaler Rückzug der staatlichen Apparate aus der Gestaltung der Wohlfahrtsproduktion gemeint. Vielmehr geht es um veränderte Formen der Regulation von Wohlfahrtsproduktion und eine Infragestellung bislang gültiger Denk-, Handlungs-, und Problematisierungslogiken des

---

6 Diese Transformation wurde, mit Blick auf die Soziale Arbeit, auch als post-sozialstaatliche Formierung (vgl. Ziegler 2008) und als neosoziale Programmatik (vgl. Kessl/Otto 2002) beschrieben.

Wohlfahrtsarrangements. Die Rede von einer post-wohlfahrtsstaatlichen Konstellation steht also nicht im Widerspruch zu der Tatsache, dass es weiterhin Vorstellungen von Wohlfahrt, Gemeinwohl, Wohlergehen und einer ‚guten Gesellschaft' gibt, die politisch definiert und mehr oder weniger systematisch verfolgt bzw. ‚produziert' werden (vgl. Ziegler 2008). Es stellt sich die Frage, welche ‚Rolle' der Familie als ‚wohlfahrtsproduzierenden Stätte' in einem (postwohlfahrtsstaatlich) transformierten Wohlfahrtsarrangement zugeschrieben wird. Ausgehend von der Diagnose einer Re-Familialisierung zeichnet sich deutlich ab, dass es um eine stärkere (Wieder)Einbindung von Familien(mitgliedern) in die personenbezogene Wohlfahrtsproduktion geht, beispielsweise bei Leistungen gegenüber Kinder, Jugendlichen, älteren und pflegebedürftigen Menschen.

Familien als Wohlfahrtsproduzenten

Familie wird zunehmend als ‚Herstellungsleistung' thematisiert (vgl. BMFSFJ: Siebter Familienbericht 2006). Dies meint mindestens zweierlei: Erstens die Leistungen, die Familien beispielsweise im Kontext von Wahlfahrtsproduktion erbringen, und zweitens die immer voraussetzungsvoller werdenden Aktivitäten und Leistungen, die Frauen, Männer, Kinder, Jugendliche und ältere Menschen erbringen, um in einem familialen Arrangement zusammen zu leben (vgl. Schier/Jurczyk 2007). Die (wohlfahrtsproduzierenden) Leistungen von Familie sind inzwischen über die Umrechnungen von Zeitbudgetdaten in wirtschaftliche Bezugsgrößen eindrucksvoll sichtbar geworden: „Die Umrechnung in Werte des Bruttosozialproduktes zeigt, dass die Wertschöpfung der privaten Haushalte 2001 in etwa derjenigen des Produzierenden Gewerbes (ohne Baugewerbe) sowie des Bereichs Handel, Gastgewerbe und Verkehr zusammen entspricht" (Schier/Jurczyk 2007 in Anlehnung an Schäfer 2004). Der Zeitaufwand für Leistungen im Privathaushalt liegt dabei deutlich über dem für Erwerbsarbeit. Wenn allerdings von *Familie als Herstellungsleistung*[7] oder von *‚Doing Family'* die Rede ist, wird mehr als diese familial erbrachten Leistungen gemeint. Es geht um die sozialhistorische und konzeptuelle Botschaft, dass sich Familie aufgrund gesellschaftlichen Wandels von einer selbstverständlichen, quasi naturgegebenen

---

7 „Familie als Herstellungsleistung fokussiert zum einen auf die Prozesse, in denen im alltäglichen und biographischen Handeln Familie als gemeinschaftliches Ganzes permanent neu hergestellt wird („Doing Family"), zum anderen auf die konkreten Praktiken und Gestaltungsleistungen der Familienmitglieder, um Familie im Alltag lebbar zu machen. Der Tätigkeits- oder Arbeitscharakter von Familie, der eigene Ressourcen bindet, wird damit [...] sichtbar, ohne jedoch hierdurch die emotionale Bedeutung von Familie zu schmälern. Konzeptuell bedeutet die Rede von Familie als Herstellungsleistung eine stärkere Fokussierung des Handlungsparadigmas gegenüber dem institutionellen Paradigma" (Schier/Jurczyk 2007).

Ressource zu einer zunehmend voraussetzungsvollen Herstellungsleistung der Familienmitglieder entwickelt hat (Schier/Jurczyk 2007). Familie ist nicht etwas fraglos Gegebenes, sondern eine Herstellungsleistung ihrer Mitglieder. Die ‚Herstellungskosten' für Familie haben sich erhöht, wie beispielsweise die steigenden Trennungs- und Scheidungszahlen vermuten lassen. Familie als Herstellungskontext für Wohlfahrtsproduktion scheint selbst ‚unterstützungsbedürftig' geworden zu sein. Es ist folglich davon auszugehen, dass sich die Produktionsbedingungen für Wohlfahrt *und* Familie mit der Transformation des Wohlfahrtsarrangements verändert haben.

Bei der Betrachtung des Zusammenhangs zwischen Familie und (Wohlfahrts)Staat wird deutlich, dass gerade im fordistischen *golden age* des Wohlfahrtskapitalismus eine starke (normative) Orientierung an der traditionellen Kernfamilie und der Erfüllung elementarer Reproduktionsfunktionen unter den Bedingungen des abhängigen Lohnarbeiterdaseins als Normalexistenz vorhanden war. Trotzdem sind in dieser gesellschaftlichen Phase der Etablierung wohlfahrtsstaatlicher Leistungen Prozesse einer so genannten ‚Defamilialisierung' oder auch ‚Dekommunitarisierung' auszumachen, verstanden als „Abbau familialer und gemeinschaftlicher Abhängigkeiten und Zwänge" (Ullrich 2005: 109). Die Verantwortung für die Produktion von Wohlfahrt wurde in diesem Arrangement zumindest tendenziell von der Familienstruktur abgekoppelt. Im Kontext von post-wohlfahrtsstaatlichen Transformationsprozessen kann dagegen von einer *Re-Familialisierung* (vgl. Oelkers/Richter 2009, 2010) und sogar einer post-wohlfahrtsstaatlichen *Neuordnung des Familialen* (vgl. Oelkers/Richter 2010) ausgegangen werden, denn Familien (bzw. einzelne Familienmitglieder) genießen gegenwärtig als Wohlfahrtsproduzenten (wieder) eine verstärkte sozialstaatliche und sozialpolitische Aufmerksamkeit im Wohlfahrtsarrangement, genauer die familiale Zuständigkeit für die Bewältigung sozialer Probleme. Diese „(un)heimliche Renaissance von Familie im 21. Jahrhundert" (Lange/Alt 2009) steht im Zusammenhang mit einem verstärkten politischen Rückgriff auf Familien, der sich als Re-Familialisierung von Verantwortung fassen lässt, d.h. soziale Risiken werden in die Privatheit von Familien verschoben und vermehrt individualisiert (Oelkers/Richter 2010: 35). Gesellschaftliche Anforderungen werden somit an das Private und damit an informelle Netzwerke (vgl. Rosenbaum/Timm 2008) delegiert. Unausgesprochen wird das Programm einer zunehmenden Kompensation sozialer Risiken (wie bspw. Arbeitslosigkeit, Krankheit etc.) durch Familien (re)formuliert, während auf rechtlichen Ansprüchen basierende Sozialstrukturen eingeschränkt werden.

Herausforderungen, die mit der strukturellen Vielfalt familialer Lebensarrangements einhergehen, werden dem Einzelnen überantwortet. Denn im Zuge der Pluralisierung real gelebter Familienkonstellationen und Lebensführungen

Familiale Verantwortung für personenbezogene Wohlfahrtsproduktion

zeigen sich sehr verschiedene familiale Konstellationen (z.B. alleinerziehende Eltern, nichteheliche Lebensgemeinschaften mit Kind(ern), ‚Patchworkfamilien', homosexuelle Elternpaare etc.), denen eine unterschiedliche Leistungsfähigkeit hinsichtlich der Wohlfahrtsproduktion zugeschrieben wird. Die angesprochene Pluralisierung und Differenzierung familialer Arrangements geht jedoch keinesfalls mit einem Bedeutungsverlust der Familie als wohlfahrtsproduzierendem Ort einher. Denn „in dem Maße, wie die Individualisierung von Biografien und Lebensführungsmustern, die Auflösung von geschlechtertypisch auferlegter Arbeitsteilung und die Verflüssigung der Formen von Erwerbsarbeit die industriegesellschaftlichen Grundlagen der Familie entstabilisieren, tritt die sozialstaatliche Dienstleistungsfunktion der Familie noch deutlicher hervor" (Hamburger 2008: 40).

Auch wenn Familie nach wie vor als ‚Erfolgsmodell' gelten kann[8], werden ‚Auflösungserscheinungen' und ‚Erosionsschäden' an der (Ideal)Familie konstatiert (vgl. DJI-Online 12/2009). Ursachen dafür werden zum einen im Schwinden struktureller Grenzziehungen zwischen Beruf und Familie gesehen, in deren Folge auch traditionelle Geschlechterrollen von Frauen und Männern brüchig werden. Zum anderen würden die Ansprüche an Familien steigen (z.B. als Orte der (Humankapital)Bildung und der Wohlfahrtsproduktion). Neben der Auflösung von Grenzen und Rollen sowie dem steigenden Anspruch, sind es schließlich „die schwindenden Ressourcen, die aufgrund wachsender sozialer Ungleichheiten zu unterschiedlichen Ausstattungen mit Kompetenzen im Umgang mit den neuen Herausforderungen für Familien führen" (DJI-Online 12/2009).

Dabei zeigt sich, dass die gegenwärtige Verschiebung sozialer Risiken ins Private gerade die – vornehmlich durch Frauen geleistete – Care-Arbeit[9] (z.B. Pflege, Erziehung, Haushalt) betrifft: „Privatisierung von Care-Arbeit heißt sowohl Refamilialisierung wie auch Vermarktlichung bzw. Kommodifizierung" (Sauer 2008: 243), also die zunehmende Forderung, Leistungen entweder familial zu erbringen oder privat ‚einzukaufen'. Von Re-Familialisierungsprozessen sind daher insbesondere sozialstrukturell benachteiligte Familien betroffen, denen bspw. aufgrund mangelnder Kaufkraft der Zugang zu privatwirtschaftlich organisierten Betreuungs- und Pflegediensten weitestgehend verschlossen bleibt.

---

8 „Familie ist und bleibt vorerst das einzige Interaktionssystem, in dem es der Gattung Mensch einigermaßen erfolgreich gelungen ist, die vielschichtigen Prozesse des gemeinschaftlichen Zusammenlebens, der Paarbildung und Fortpflanzung, der sozialen, emotionalen und materiellen Selbstversorgung, der sozialen Sicherheit, Verlässlichkeit und der basalen Solidarität, der wechselseitigen Anteilnahme und Unterstützung, der Anerkennung sowie der emotionalen Zuwendung in ein und demselben Beziehungsgefüge zu bewältigen" (Rauschenbach in DJI-Online 12/2009).
9 „Die soziale Verantwortung für die kommenden ebenso wie die Reproduktion gegenwärtiger Generationen bleibt an das weibliche Geschlecht gebunden, wenn auch mit Unterschieden in Bezug auf die Klassenposition und den ethnischen Hintergrund von Frauen" (Sauer 2008: 243).

Die politische ‚Unterstützung' jener familial zu erbringenden Leistungen bzw. die Responsibilisierung von Familienmitgliedern spiegelt sich beispielsweise in den Debatten um „Zeit für Pflege", wenn es darum geht die Erbringung von Pflegeleistungen kostenneutral für den Staat über Arbeitszeitmodelle zu regeln[10].

Es lässt sich zusammenfassen, dass die Ausgestaltung von Familie weitgehend von anderen Lebensbereichen und deren Entwicklungen (so auch von der Ökonomie) abhängig ist und somit in faktischer Abhängigkeit von den sich krisenhaft verändernden gesellschaftlichen Verhältnissen steht. Der Umbau wohlfahrtsstaatlicher Unterstützungssysteme geht einher mit der (wieder) verstärkten Einforderung informeller Hilfeformen – und beides findet zeitgleich mit einer gesellschaftlich erzeugten Destabilisierung und Enttraditionalisierung informeller und familialer Netzwerke statt. Die Leistungen, die Familien hinsichtlich der Wohlfahrtsproduktion erbringen, lassen sich dabei weder ausreichend über Traditionsnormen steuern, noch sind sie über den informellen Sektor der Leistungserbringung abzusichern (vgl. Hamburger 2008: 42). Die Beziehung zwischen Familienmitgliedern scheint der ‚natürliche' Ort liebesgeleiteten Gebens zu sein, aber „Liebesgaben können [...] nicht erwartet werden. Sie sind höchst individualisiert und kontingent" (Ostner 2007: 239). Ebenso wenig können familiale Leistungen als ‚liebesgeleitete Gaben' erwartet oder gar gesteuert werden. Die Notwendigkeit gesellschaftlich oder politisch organisierter Hilfen tritt insbesondere für Familien immer deutlicher hervor. Folglich ist davon auszugehen, dass aktuelle wohlfahrtsstaatliche Verschiebungen Familie als Ort der Reproduktion, Sozialisation, Humanvermögensbildung, Regeneration und Solidarisierung (vgl. Kaufmann 1997:103ff.) in zweifacher Weise betreffen: Es findet ein Um- und Rückbau der öffentlich verantworteten und erbrachten Leistungen statt, während gleichzeitig die (sozialen) Risiken zunehmen.

Koproduktive Erbringung personenbezogener Wohlfahrt: Soziale Arbeit und Familie

Soziale Arbeit tritt als vermittelnde Instanz zwischen personenunabhängige Formen der Wohlfahrtsproduktion im formellen Sektor einerseits und Familie bzw. einzelne Familienmitglieder als ‚private' ProduzentInnen von Wohlfahrt im

---

10 „Vieles können wir durch Arbeitszeitmodelle regeln. So kann jemand, der einen Angehörigen pflegt, nur 50 Prozent arbeiten, aber 70 Prozent seines Gehaltes bekommen, damit er davon einigermaßen leben kann. Wenn er wieder zu hundert Prozent arbeitet, weil die Pflegezeit vorbei ist, verdient er zwanzig Prozent weniger, bis das zusätzlich bezahlte Geld zurückgeflossen ist. So muss der Staat kein Geld zuschießen" (Interview mit Kristina Köhler in der Frankfurter Allgemeinen Sonntagszeitung 25.01.2010).

Familiale Verantwortung für personenbezogene Wohlfahrtsproduktion   41

informellen Sektor andererseits. Hilfeleistungen bei lebensalterspezifischen Bedarfslagen innerhalb des familialen Arrangements (z.B. Pflege, Versorgung, Betreuung, Erziehung, Sozialisation, Bildung, Begleitung etc.) werden von Familienmitgliedern, in der Regel Frauen, erbracht, bevor staatliche Leistungen und Unterstützung (subsidiär) zum Tragen kommen. Denn „[u]nser Wohlfahrtsstaat baut nach wie vor auf einem traditionellen Geschlechterverhältnis, d.h. der Fürsorglichkeit von Müttern auf" (Jurczyk in DJI-Online 12/2009). Insofern werden die zeitweiligen „Auslagerungen von Sorgeleistungen in andere gesellschaftliche Bereiche" (ebd.) auch als ein Ausdruck ungelöster Probleme im Geschlechterverhältnis betrachtet, die keinem neuen Gesamtkonzept des Zusammenhangs von Geschlechtergerechtigkeit und Familienorientierung folgen würden (vgl. ebd.).

In den Fällen, in denen die Leistungen der Familie bzw. einzelner Familienmitglieder nicht ausreichen, oder die ProduzentInnen von Wohlfahrt ihrerseits Unterstützung benötigen, tritt Soziale Arbeit (informierend, vermittelnd, beratend, unterstützend, helfend, begleitend, kontrollierend, fürsorgend etc. in Form von Kinder- und Jugendhilfe, Altenhilfe etc.) hinzu. Im Prozess der (Ko)Produktion personenbezogener Wohlfahrt durch Soziale Arbeit *und* Familie sind öffentliche und private Verantwortung ineinander verwoben. Nichtmaterielle Transferleistungen Sozialer Arbeit (Wissenstransfers) werden idealiter in individuell realisierte Lebensführungen bzw. subjektive Handlungs- und Daseinsformen ‚übersetzt'. Der Erfolg der koproduktiven Erbringung von Wohlfahrt hängt allerdings entscheidend von den Fähigkeiten, Möglichkeiten, Interessen und der Mitwirkungsbereitschaft der ‚privaten' ProduzentInnen einerseits, und dem Gebrauchswert, der Nutzbarkeit, der Kompatibilität und der (Problem-)Angemessenheit der (Unterstützungs)Leistung im Erbringungskontext Sozialer Arbeit andererseits ab. So gilt für Jurczyk weniger die Familie als ‚reparaturbedürftig', sondern vielmehr „die gesellschaftlichen Institutionen [.], die sie umgeben und die an der Ko-Produktion von Wohlfahrt und Fürsorge beteiligt sind. Insbesondere mangelt es [...] an einem gelingenden Zusammenspiel der Institutionen im Interesse des privaten Lebens" (Jurczyk: 2007). Familien würden dann zu Problemfamilien, wenn die Koproduktion von Wohlfahrt unter strukturell problematischen Bedingungen nicht gelänge, aber damit eben auch nicht als individuelles Versagen zuschreibbar sei.

Allerdings richten sich personenbezogene Formen der Wohlfahrtsproduktion nicht ausschließlich an individuell geäußerten Bedarfen und Bedürfnissen aus: Es geht nicht nur um die unmittelbaren Interessen und Bedürfnisse der AdressatInnen (also hier Familien und Familienmitgliedern), immer werden zusätzlich *von Dritten erwartete Normalzustände und -verläufe* mit bestätigt. Denn die gesellschaftliche Bedeutung von personenbezogener Wohlfahrtsproduktion ist auch die Bewachung und Reproduktion von *Normalzuständen* beziehungsweise *Normalverläufen* – wie auch immer diese zu begründen seien (vgl.Oelkers, Gaßmöller, Feldhaus 2010). Es ist zwar fraglich, was als normal gelten kann, wenn die – normativ ehemals eindeutige, wenn auch empirisch nie umfassend realisierte – Vorstellung von Normalität bezüglich familialer Arrangements nicht mehr haltbar ist, aber dass es um Normalvorstellungen beispielsweise bezüglich der Pflege, Versorgung, Betreuung, Erziehung, Sozialisation und Bildung von Kindern geht, steht außer Frage. Fragen des privaten Lebens werden dabei zunehmend zum Gegenstand öffentlicher Diskurse, medialer Inszenierungen und politischer Steuerungsversuche (vgl. Jurczyk/Oechsle 2008). Der ‚richtige' Umgang mit Kindern sowie elterliche Erziehungskompetenzen und -verantwortung werden beispielsweise aktuell vor dem Hintergrund extremer Fälle von Kindesmisshandlung in der aufgeregten Öffentlichkeit diskutiert (vgl. Oelkers 2009a). Dies geschieht, ohne zu thematisieren, ob diesen Familien ein individuelles Versagen überhaupt zuschreibbar ist.

Geteilte Verantwortung?

Die Frage nach der Verantwortung für personenbezogene Wohlfahrtsproduktion lässt sich nicht ohne Weiteres beantworten. Zumal zunächst zu klären ist, ob es um die moralische Grundkategorie ‚Verantwortung' (responsibility) oder um ‚Verantwortlichkeit' (accountability) geht. Denn während mit dem Begriff der Verantwortung eine Handlung einer Person (bzw. einer Gruppe) moralisch zugerechnet wird[11] (Wer hat wie gehandelt?), verweist der Begriff der Verantwortlichkeit darauf, in welchem Maße eine Person für eine Handlung zur Rechenschaft gezogen werden kann und soll (Inwieweit kann die Person etwas dafür?).

Es lässt sich festhalten, dass der Verantwortungsbegriff innerhalb des skizzierten Kontextes dem Zweck dient, „die Gesellschaftsmitglieder zu aktivem und engagiertem Verhalten zu bewegen und sie notfalls – falls dies nicht geschieht – für ihr sozialschädliches Handeln mit entsprechenden Sanktionen zur Rechenschaft zu ziehen" (Heidbrink 2006: 26). Damit wird deutlich, dass es in der Regel nicht um die Frage geht, ob jemand verantwortlich *ist*, sondern darum, Menschen zur Verantwortung *zu ziehen*, sodass der Zuschreibungsprozess der „Verantwortlichung" (Heidbrink 2003: 22) oder „Responsibilisierung" hier ins Zentrum rückt. Die Zuschreibung von Verantwortung erfolgt dabei ohne Rücksicht

---

11 Dies lässt sich als die notwendige Kehrseite von Handlungsautonomie verstehen (vgl. Baumann 2000).

darauf, ob der Einzelne sich zu dieser Verantwortung bekennt oder nicht (vgl. Kaufmann 1992: 42).

Im Prozess der postwohlfahrtsstaatlichen Neujustierung von staatlich-öffentlicher und familial-privater Verantwortung kommt der Sozialen Arbeit eine zentrale Funktion im Kontext personenbezogener Wohlfahrtsproduktion zu, denn sie ist qua Auftrag auch auf die Herstellung von Wohlfahrt innerhalb familialer und (anderer) sozial nahräumlicher Netzwerke des informellen Sektors der Wohlfahrtsproduktion gerichtet. Die Aufgabe einer solchen ‚Verantwortungsaktivierung' im familialen Arrangement stellt einen ambivalenten Handlungsauftrag für die Soziale Arbeit dar, denn die Gestaltung familialer Lebenslagen ist in der Regel nicht (ausschließlich) individuell zu verantworten, sondern in massivem Umfang gesellschaftlich bedingt. Daraus resultiert für die Soziale Arbeit die Gefahr, einer „Pädagogisierung sozialer Bedarfs- und Problemlagen" (Galuske 2008: 11) Vorschub zu leisten.

Wenn Soziale Arbeit ihrer Scharnierfunktion zwischen dem formellen und dem informellen Sektor der Wohlfahrtsproduktion im Sinne einer mindestens zweiseitigen Vermittlung gerecht werden will, ist es notwendig, neben den responsibilisierenden nichtmateriellen Transferleistungen und sozialpädagogischen Interventionen auch dafür einzustehen, dass Verantwortung nicht voraussetzungslos ist: Die Übernahme von Verantwortung ist vielmehr an materielle und personenbezogene Voraussetzungen geknüpft, die sozialstrukturell ungleich verteilt sind. Auf der einen Seite sind die Gesellschaft sowie ‚Staat' und ‚Markt' fraglos auf eine möglichst erfolgreiche personenbezogene Wohlfahrtsproduktion innerhalb familialer Arrangements angewiesen. Auf der anderen Seite besteht die Notwendigkeit gesellschaftlich oder politisch organisierter Hilfen für Familien vielleicht mehr den je.

Literatur

Alber, Florian (2006): Wohlfahrtsregime und Einstellungen zur Wohlfahrtsproduktion – Ein Vergleich elf westlicher Länder. Potsdamer Beiträge zur Sozialforschung, Nr. 25.
Baumann, Peter (2000): Die Autonomie der Person. Paderborn.
BMFSFJ (Bundesministerium für Familie, Senioren, Frauen und Jugend) (2002): Elfter Kinder- und Jugendbericht. Bericht über die Lebenssituation junger Menschen und die Leistungen der Kinder- und Jugendhilfe in Deutschland. Berlin.
BMFSFJ (Bundesministerium für Familie, Senioren, Frauen und Jugend) (2006): Siebter Familienbericht. Familie zwischen Flexibilität und Verlässlichkeit – Perspektiven für eine lebenslaufbezogene Familienpolitik. Berlin.
Böllert, Karin/Bock, Karin/Grundmann, Matthias/Heite, Catrin/Mair, Helmut/Oelkers,

Nina/Ziegler, Holger (2008): Forschungsgruppe „Personenbezogene Wohlfahrtsproduktion". [Positionspapier].
Buci-Glucksmann, Christine/Therborn, Göran (1982): Der sozialdemokratische Staat. Die "Keynesianisierung" der Gesellschaft. Hamburg.
Deleuze, Gilles (1979): Der Aufstieg des Sozialen. In: Donzelot, Jacques (Hg.): Die Ordnung der Familie. Frankfurt a. M.
DJI-Online (2009): Doing Family – den Alltag von Familien ernst nehmen. In: Thema 2009/12. Deutsches Jugendinstitut (DJI) [13. März 2010]
Dollinger, Bernd (2006): Zur Einleitung: Perspektiven aktivierender Sozialpädagogik. In: Dollinger, Bernd/Raithel, Jürgen (Hg.): Aktivierende Sozialpädagogik. Wiesbaden, S. 7-22.
Donzelot, Jacques (1979): Die Ordnung der Familie. Frankfurt a. M.
Donzelot, Jacques (1994): Die Förderung des Sozialen, in: Donzelot, Jacques/Meuret, Denis/Miller, Peter (Hg.), Zur Genealogie der Regulation. Mainz.
Esping-Andersen, Gøsta (1990): The Three Worlds of Welfare Capitalism, Cambridge
Esping-Andersen, Gøsta (1996): Welfare States without Work: the Impasse of Labour Shedding and Familialism in Continental European Social Policy. In: Esping-Andersen, Gøsta (Hg.): Welfare States in Transition. London. S. 66-87.
Esping-Andersen, Gøsta (1999): Social Foundations of Postindustrial Economies. Oxford.
Ewald, Francois. (1991): Der Vorsorgestaat. Frankfurt a. M.
Frankfurter Allgemeine Sonntagszeitung (1/2010): Interview mit Kristina Köhler vom 25.1.2010. Frankfurt.
Galuske, Michael (2008): Fürsorgliche Aktivierung – Anmerkungen zu Gegenwart und Zukunft Sozialer Arbeit im aktivierenden Staat. In: Bütow, Birgit/Chassé, Karl August/Hirt, Rainer (Hg.): Soziale Arbeit nach dem Sozialpädagogischen Jahrhundert. Positionsbestimmungen Sozialer Arbeit im Post-Wohlfahrtsstaat. Opladen/Farmington Hills, S. 9-28.
Hamburger, Franz (2008): Einführung in die Sozialpädagogik. 2. überarb. Auflage. Stuttgart.
Heidbrink, Ludger (2003): Kritik der Verantwortung. Zu den Grenzen verantwortlichen Handelns in komplexen Kontexten. Weilerswist.
Heidbrink, Ludger (2006): Verantwortung in der Zivilgesellschaft. In: Heidbrink, Ludger/Hirsch, Alfred (Hg.): Verantwortung in der Zivilgesellschaft. Frankfurt a. M./New York. S. 13-35.
Hirsch, Joachim/Roth, Roland (1986): Das neue Gesicht des Kapitalismus. Vom Fordismus zum Postfordismus. Hamburg.
Jurczyk, Karin (2007): Doing Family – Familie als Herstellungsleistung (Interview). DJI Online [1. September 2007]
Jurczyk, Karin/Oechsle, Mechthild (2008): Das Private neu denken – Erosionen, Ambivalenzen, Leistungen. In: Jurczyk, Karin/Oechsle, Mechthild (Hg.): Das Private neu denken. Münster. S. 8-47.
Kaufmann, Franz-Xaver (1988): Steuerung wohlfahrtsstaatlicher Abläufe durch Recht. In: Grimm, Dieter/Maihofer, Werner (Hg.): Gesetzgebungstheorie und Rechtspolitik. Jahrbuch für Rechtssoziologie und Rechtstheorie 13. Opladen, S. 65-108.
Kaufmann, Franz-Xaver (1992): Der Ruf nach Verantwortung. Freiburg/Basel/Wien.

Kaufmann, Franz-Xaver (1997): Herausforderungen des Sozialstaates. Frankfurt a. M.
Kaufmann, Franz-Xaver (2002): Sozialpolitik und Sozialstaat: Soziologische Analysen. Opladen.
Kessl, Fabian/Otto, Hans-Uwe (2002): Aktivierende Soziale Arbeit. Anmerkungen zu neosozialen Programmierungen Sozialer Arbeit. In: Neue Praxis, 5/2002, S. 444-457.
Kessl, Fabian/Otto, Hans-Uwe (2004): Soziale Arbeit. In: Krüger, Heinz-Hermann/Grunert, Cathleen (Hrsg.): Wörterbuch Erziehungswissenschaft. Wiesbaden. S. 446-452.
Kessl, Fabian/Otto, Hans-Uwe (2009): Soziale Arbeit ohne Wohlfahrtsstaat?; in: Kessl, Fabian/Otto, Hans-Uwe (Hg.): Soziale Arbeit ohne Wohlfahrtsstaat? Zeitdiagnosen, Problematisierungen und Perspektiven, Weinheim, München, S. 7-21.
Lange, Andreas/Alt, Christian (2009): Die (un)heimliche Renaissance von Familie im 21. Jahrhundert; in: Beckmann, Christof/Otto, Hans-Uwe/Richter, Martina/Schrödter, Mark (Hg.): Neue Familialität als Herausforderung der Jugendhilfe. Neue Praxis Sonderheft 9, 31- 38.
Lessenich, Stephan (2008): Die Neuerfindung des Sozialen. Bielefeld.
Maaser, Wolfgang (2006a): Aktivierung der Verantwortung: Vom Wohlfahrtsstaat zur Wohlfahrtsgesellschaft. In: L. Heidbrink/A. Hirsch (Hg.): Verantwortung in der Zivilgesellschaft. Frankfurt a. M./New York. S. 61-84.
Oelkers, Nina (2009): Aktivierung von Elternverantwortung im Kontext der Kindeswohldebatte. In: neue praxis, Sonderheft 9. S. 125-134.
Oelkers, Nina (2009a): Aktivierung von Elternverantwortung im Kontext der Kindeswohldebatte. In: neue praxis, Sonderheft 9. S. 125-134.
Oelkers, Nina/Gaßmöller, Annika/Feldhaus, Nadine (2010): Soziale Arbeit mit Eltern: Normalisierung durch Disziplinierung? Sozial Extra 3/4 10, S. 24-27.
Oelkers, Nina/Richter, Martina (2009): Re-Familialisierung im Kontext post-wohlfahrtsstaatlicher Transformationsprozesse und Konsequenzen für die Soziale Arbeit. In: Kurswechsel 3/2009, S. 35–46.
Oelkers, Nina/Richter, Martina (2010): Die post-wohlfahrtsstaatliche Neuordnung des Familialen. In: Böllert, Karin/Oelkers, Nina (Hg.): Frauenpolitik in Familienhand? Neue Verhältnisse in Konkurrenz, Autonomie oder Kooperation. Wiesbaden, S. 15-23.
Olk, Thomas/Otto, Hans-Uwe/Backhaus-Maul, Holger (2003): Soziale Arbeit als Dienstleistung. Zur analytischen und empirischen Leistungsfähigkeit eines theoretischen Konzepts. In: Olk, Thomas/Otto, Hans-Uwe (Hg.): Soziale Arbeit als Dienstleistung. Grundlegung, Entwürfe und Modelle. München/Unterschleißheim, S. IX-LXXII.
Ostner, Ilona (2007): Pflichten von Eltern und Kindern im Wohlfahrtsstaat – Aktuelle Trends und vergleichende Perspektiven. In: Marten, Carina/Scheuregger, Daniel (Hg.): Reziprozität und Wohlfahrtsstaat. Opladen/Farmington Hills. S. 225-242.
Otto, Hans-Uwe/Ziegler, Holger (2004): Sozialraum und sozialer Ausschluss. Die analytische Ordnung neo-liberaler Integrationsrationalitäten in der Sozialen Arbeit (Teil 1). Neue Praxis, 34. Jg.-, Heft 2, S. 117-135.

DJI-Online: (2009) Doing Family – den Alltag von Familien ernst nehmen. In: DJI Online/Stand: 03.12.2009

Rosenbaum, Heidi/Timm, Elisabth (2008): Private Netzwerke im Wohlfahrtsstaat. Familie, Verwandtschaft und soziale Sicherheit im Deutschland des 20. Jahrhunderts, Konstanz.

Sauer, Birgit (2008): Formwandel politischer Institutionen im Kontext neoliberaler Globalisierung und die Relevanz der Kategorie Geschlecht. In: Casale, Rita/Rendtorff, Barbara (Hg.): Was kommt nach der Genderforschung? Zur Zukunft der feministischen Theoriebildung. Bielefeld, S. 237-254.

Schäfer, Dieter (2004): Unbezahlte Arbeit und Haushaltsproduktion im Zeitvergleich. In: Statistisches Bundesamt (Hg.), Alltag in Deutschland. Analysen zur Zeitverwendung, Wiesbaden 2004, S. 247-273.

Schier, Michaela/Jurczyk, Karin (2007): „Familie als Herstellungsleistung" in Zeiten der Entgrenzung. In: Aus Politik und Zeitgeschichte, Nr. 34. Bundeszentrale für politische Bildung, 20. August 2007, [13.03.2010].

Ullrich, Carsten G. (2005): Soziologie des Wohlfahrtsstaates. Frankfurt a. M., New York.

Ziegler, Holger (2008): Sozialpädagogik nach dem Neo-Liberalismus: Skizzen einer postsozialstaatlichen Formierung Sozialer Arbeit. In: Bütow, Birgit/Chassé, Karl August/Hirt, Rainer (Hg.): Soziale Arbeit nach dem Sozialpädagogischen Jahrhundert. Positionsbestimmungen Sozialer Arbeit im Post-Wohlfahrtsstaat. Opladen/Farmington Hills, S. 1-18.

Den Ruhestand gestalten lernen – Menschen mit Behinderung in einer alternden Gesellschaft

Sören Roters-Möller

Menschen mit einer lebenslangen Behinderung werden alt – zum einen war ihre Lebenserwartung noch nie so hoch wie heute, zum anderen hatte aufgrund der Euthanasieverbrechen im „Dritten Reich" bislang noch keine Generation von Menschen mit Behinderung in Deutschland die Chance, alt zu werden. Das bedeutet: Zum ersten Mal in der Geschichte der deutschen Behindertenhilfe erreicht eine größer werdende Gruppe von Menschen mit Behinderung das Rentenalter. Der folgende Beitrag greift diese erfreuliche Tatsache auf, skizziert die damit einhergehenden Herausforderungen für die (stationäre) Behindertenhilfe und fasst die Forschungsergebnisse des bundesweiten Projektes „Den Ruhestand gestalten lernen" zusammen.

Herausforderungen des demografischen Wandels

Mit dem Schlagwort des „demografischen Wandels" wird zunehmend bewusst: Wir alle – Menschen mit und ohne Behinderung – leben in einer alternden Gesellschaft. Damit werden in der Regel vier parallele Prozesse umschrieben:

- Erstens hat die Zahl der neugeborenen Kinder in den letzten Jahren beständig abgenommen.
- Zweitens wird die durchschnittliche Lebenserwartung immer höher.
- Drittens hat sich die Ruhestandphase, d.h. die Lebenszeitspanne zwischen (altersbedingtem) Ausscheiden aus dem Erwerbsleben und dem Lebensende kontinuierlich ausgeweitet.
- Viertens nimmt parallel mit dem Älterwerden der Anteil der Personen zu, die altersbedingt chronische gesundheitliche Beeinträchtigungen oder eine Behinderung haben[1].

---

1 Vgl. Mair/Roters-Möller 2006, 211ff.

Alle diese Entwicklungen betreffen – direkt oder indirekt – auch Menschen mit einer (lebens)langen Behinderung. Sie stellen für die betroffenen Menschen selbst, für ihre Begleiter und die Einrichtungen und Dienste der Behindertenhilfe eine Herausforderung dar. Diese Herausforderung wirft die Frage auf, wie groß diese neue Zielgruppe ist und sein wird. Diese *quantitative Dimension* des Themas – also ein verlässlicher Überblick über die Altersstruktur von Menschen mit Behinderung – stößt schnell an ihre Grenzen: Die vorliegenden Datensätze wie beispielsweise die Schwerbehindertenstatistik, die Pflegestatistik, die Kennzahlen der überörtlichen Sozialhilfeträger zu den Leistungen nach dem 5. bis 9. Kapitel SGB XII sowie Mikrozensus stellen zum einen lediglich einen Ausschnitt der Realität dar und weisen zum anderen Schnittmengen auf, die sich nicht genau beziffern lassen. Lediglich für diejenigen Menschen mit Behinderung, die derzeit in Werkstätten für Menschen mit Behinderung arbeiten und in stationären Wohnformen leben, lassen sich annähernd verlässliche Zahlen bestimmen[2].

Die Ungewissheit über die (fernere) Lebenserwartung führt jedoch auch hier dazu, dass die Anzahl der Personen, die das Ruhestandsalter erreichen, lediglich über Hochrechnungen beziffert werden kann. Ziemlich gesichert ist, dass zu den gegenwärtig etwa 10.000–20.000 Menschen mit lebenslanger Behinderung im Ruhestand(salter) in 10–20 Jahren pro Jahr über 7.000 Beschäftigte aus den WfbM hinzukommen werden[3]. Da nach vorliegenden Lebenserwartungsprognosen in anderen westlichen Ländern davon auszugehen ist, dass die „fernere Lebenserwartung" von Menschen mit langjährigen Behinderungen, die das 65. Lebensjahr erreicht haben, im Durchschnitt 10 Jahre oder mehr beträgt, werden in ungefähr 30 Jahren weit über 70.000 Menschen mit langjährigen Behinderungen im Ruhestand sein. Selbst wenn man über die Genauigkeit solcher Hochrechnungen streiten mag – eines ist allen klar: Es gibt eine stark wachsende Gruppe von Menschen mit Behinderungen, die in den Ruhestand wechseln wird bzw. angesichts ihres Alters die Option haben sollte, dies zu tun.

(Nicht nur) aufgrund der zahlenmäßigen Zunahme wird die *qualitative Dimension* des Themas an Bedeutung gewinnen: Viele Wohneinrichtungen sind schlichtweg (noch) nicht darauf ausgerichtet, eine adäquate ganztägige Begleitung sicherzustellen – oder aber andere, neue Alternativen zu eröffnen. Diese Situation ist zumeist ein Resultat des ausdifferenzierten Unterstützungssystems: da die Hilfen in den Lebensbereichen Wohnen, Arbeit und Freizeit (überwiegend) komplementär angeboten werden, entsteht durch den Wegfall der Arbeit

---

2 Vgl. z.B. Con-sens 2003, Bundesarbeitsgemeinschaft der überörtlichen Träger der Sozialhilfe 2005.
3 Con-sens 2003; BAG 2000; zu ähnlichen Schätzungen gelangt man durch Hochrechnungen auf der Basis des Mikrozensus (2003) und des Berichts der Bundesregierung über die Lage behinderter Menschen [...] (2004).

eine neuartige Lücke im Versorgungssystem. Die meisten bisherigen „Lösungen" der stationären Behindertenhilfe intendieren daher eine Fortführung bzw. Verlängerung „tagesstrukturierender Maßnahmen", um diese Lücke zu schließen: entweder in Form einer (Weiter)Beschäftigung in WfbM, teilweise in besonderen Seniorengruppen, oder in Form von alternativen tagesstrukturierenden Angeboten innerhalb oder außerhalb der Wohneinrichtungen. Diese Entwicklung scheint – auch wenn sie möglicherweise den gewohnten Lebensmustern und Bedürfnissen vieler älterer Menschen mit Behinderung entspricht – primär institutionellen und administrativen Zwängen und Rahmenbedingungen geschuldet zu sein. Die Kontinuität bzw. Verlängerung bislang bewährter Versorgungsformen in Form einer festen Tagesstruktur stellt jedoch keine langfristige Perspektive für die Gestaltung des Ruhestandes dar, denn sie rückt eine eingehende Klärung der je spezifischen individuellen Bedürfnisse des einzelnen Menschen mit Behinderung in den Hintergrund und wirkt einer wirklich selbstbestimmten und den eigenen Vorstellungen entsprechenden Planung und Gestaltung des Ruhestands entgegen.

Eine selbstbestimmte Gestaltung des Ruhestands von Menschen mit Behinderung wird weitere und andere Lösungen erfordern. Hierzu müssen die Konsequenzen und Herausforderungen der demografischen Entwicklung einerseits und der individuellen Bedürfnisse älterer Menschen mit Behinderung andererseits für die Institutionen und die Angebotslandschaft der Behindertenhilfe reflektiert und eine Neustrukturierung des Versorgungssystems und der Angebotslandschaft in Angriff genommen werden. Ein Auftakt dazu fand in Form des abgeschlossenen Projekts „Den Ruhestand gestalten lernen" statt. Dort wurde die Suche nach Lösungen mit dem Fokus „guter Praxis" auf zwei Ebenen gestaltet:

- Zum einen stand im Mittelpunkt, wie die Betroffenen selbst ihren Ruhestand gestalten möchten, welche Bedürfnisse und Wünsche sie hegen und welche Pläne sie schmieden (möchten). Hierzu wurden bundesweit 7 Tagungen mit insgesamt 100 Menschen mit Behinderung durchgeführt[4].
- Zum anderen sollte ermittelt werden, welche guten Praxiserfahrungen die Mitarbeiter der Behindertenhilfe gemacht haben und welche (Unterstützungs)Angebote sich zur Vorbereitung und zur Gestaltung eines selbstbestimmten Ruhestands bewährt haben. Hierzu wurden bundesweit 7 Workshops mit insgesamt 150 Mitarbeitern durchgeführt, die Menschen mit Behinderung im Ruhestand begleiten.

---

4 Die Ergebnisse sind ausführlich im Abschlussbericht des Projektes dargestellt (vgl. „Den Ruhestand gestalten lernen"). Dieser Beitrag fokussiert die Ergebnisse der Mitarbeiterworkshops, führt aber im Anschluss beide Perspektiven in „Modellen guter Praxis" zusammen.

Intention der Workshops – wie auch des Projektes insgesamt – war es nicht, eine „best practice" herauszufiltern, sondern die Vielfalt unterschiedlicher bewährter Vorgehensweisen aus Sicht der Mitarbeiter der Behindertenhilfe zur Sprache zu bringen. Wie angesichts der Spannbreite an Projektteilnehmern, Verbandszugehörigkeit und Regionsspezifik zu erwarten war, sind die Einschätzungen darüber, was geeignete Wege der Begleitung und Gestaltung des Ruhestands sind oder sein könnten, bunt und vielfältig:

Gute Praxis der Begleitung von älteren Menschen mit Behinderung

Auf die Frage, was gute Praxiserfahrungen in der Begleitung älterer Menschen mit Behinderung sind, gibt es aus der Perspektive der Mitarbeiter vielfältige Antworten, die im Projekt als Elemente guter Praxis zusammengefasst sind:

1. Als gute Praxis wird zum einen eingeschätzt, die *Wünsche und Bedürfnisse der Menschen mit Behinderung zu ermitteln* und als zentrale Grundlage der Gestaltung des Ruhestands – und den damit verbundenen Angeboten – zu betrachten. Denn selbstverständlich muss sich eine zeitgemäße Begleitung von Menschen mit Behinderung an den Bedürfnissen des Einzelnen orientieren. Dies gilt erst recht für die Gestaltung des Ruhestandes, denn spätestens im Ruhestand gibt es keine äußeren Vorgaben, was unbedingt angestrebt, erlernt, erreicht werden müsste – außer, dass der einzelne selbst bestimmt, wie er lebt und was seine Maßstäbe für ein gutes Leben sind. Diese Einschätzung wird überwiegend auch von den Mitarbeitern, die am Projekt teilgenommen haben, geteilt. Dennoch: Damit eine Orientierung an den Bedürfnissen in der Praxis wirklich umgesetzt werden kann und dies vor allem für die betroffenen Menschen mit Behinderung auch als Bereicherung wahrgenommen wird, sollten folgende 2 Aspekte in der praktischen Arbeit – insbesondere bei der Begleitung im Ruhestand – fortlaufend reflektiert werden:

   - Zum einen sollte überprüft werden, inwieweit es – angesichts von Hospitalisierungserfahrungen und eingeschränkten Kommunikationsmöglichkeiten – wirklich gelungen ist, die Wünsche und Bedürfnisse des Menschen mit Behinderung zu erfahren. Oder anders formuliert: Ist wirklich alles versucht worden, um hinter die vorschnellen Zufriedenheitsbekundungen einer Generation vorzudringen, der das Äußern von Wünschen lange Zeit vorenthalten wurde?

- Zum anderen sollte auch reflektiert werden, inwieweit innerhalb der jeweiligen Bedingungen innerhalb der Einrichtungen tatsächlich die Möglichkeit einer Begleitung und Unterstützung besteht, die auf den individuellen Bedürfnissen und Wünschen des einzelnen Menschen mit Behinderung beruht. Oder anders formuliert: Wer Bedürfnisse erfragt, sollte auch entsprechende Antworten geben bzw. Handlungsoptionen eröffnen können.

Mit einer Orientierung am Bedarf des Einzelnen muss somit auch ein Einstellungswandel der Mitarbeiter und eine kontinuierliche Veränderung und Verbesserung der institutionellen und strukturellen Rahmenbedingungen verknüpft werden, damit adäquat auf die sich wandelnden Bedürfnisse reagiert werden kann.

2. Als gute Praxis wird zum anderen eingeschätzt, den Menschen mit Behinderung auf die *Veränderungen vorzubereiten*, die mit dem Übergang in den Ruhestand einhergehen und *die neue Lebensphase* (i.d.R. im Rahmen der individuellen Hilfeplanung) zu *planen*. Eine individuelle Vorbereitung auf den Ruhestand und die damit verbundenen Veränderungen für den einzelnen Menschen mit Behinderung stellt sicherlich eine der Hauptaufgaben der Begleitung in den Ruhestand dar. Wichtige Kriterien werden einerseits der im Einzelfall richtige Zeitpunkt der Vorbereitung und andererseits der individuelle Zugang zum einzelnen Menschen sein. Mit ihm ist in einem ggf. länger währenden Prozess zu klären und zu vereinbaren, was seine Ziele für den Ruhestand sind. Neben den Fragen „Wann" und „Wie" wird jedoch auch bedeutend sein, bei der Planung der neuen Lebensphase echte Handlungs- und Gestaltungsoptionen und somit Wahlmöglichkeiten zu eröffnen.

3. Als weitere bewährte Vorgehensweise wird die *Gestaltung von flexiblen, gleitenden Übergängen* vom Erwerbsleben in den Ruhestand genannt. Die Möglichkeit, Veränderungen flexibler zu gestalten und seinen Arbeitsplatz nicht von heute auf morgen verlassen zu müssen, stellt für viele Menschen mit Behinderung sicherlich eine Erleichterung bei ihrem Weg aus der Arbeitswelt dar. Gute Beispiele aus der Praxis zeigen, dass Teilzeitarbeitsplätze und Seniorengruppen im Rahmen der WfbM geeignete Zwischenschritte sein können.

Es darf jedoch nicht übersehen werden: Gleitende Übergänge stellen keine Patentlösung für alle Menschen mit Behinderung dar. Bei manchen Menschen kann das „butterweiche Abfedern" möglicherweise die Lernerfahrung des Zurechtfindens in einer neuen Situation verhindern bzw. behindern. Hinzu kommt: das (gut gemeinte) „Abfedern" unterstellt und suggeriert dem Menschen mit Behinderung, dass mit dem Ruhestand eine ausschließlich negative Veränderung auf ihn zukommt. Wie in den Befragungen der Menschen mit Behinderung jedoch deutlich wurde, geht es manchen Menschen mit Behinderung gar „nicht schnell genug", denn sie freuen sich auf ihren Ruhestand. Gleitende Übergänge sollten daher nur nach einer Einzelfallentscheidung in Betracht gezogen werden, um nicht „self-fullfilling prophecy" einer negativen Veränderung zu werden.

4. Als (methodische) Hilfe bei der Ermittlung von Wünschen und der Planung des Ruhestandes wird *Biografiearbeit* und Unterstützung in Form einer biografischen Begleitung als bewährte Vorgehensweise eingeschätzt. Eine biografische Begleitung bzw. Biografiearbeit bietet sich aus zwei Gründen als wichtiges Element beim Übergang in den Ruhestand an:

- Zum einen ist eine Thematisierung des biografischen Werdegangs – das bestätigen (nicht nur) die Erfahrungen der Projektteilnehmer – eine erfolgversprechende Möglichkeit, um die Wünsche und Bedürfnisse der angehenden Ruheständler zu erfahren und vor allen Dingen ihre Vorstellungen und Prämissen hinsichtlich eines gelungenen, zufrieden stellenden letzten Lebensabschnitts zur Sprache zu bringen.
- Zum anderen versteht sich das Anknüpfen an biografische Erzählungen (auch) als punktuelle Begleitung in Phasen biografischer Übergänge und dient somit der (Neu)orientierung in veränderten Lebensbedingungen.

Dennoch: auch Biografiearbeit darf nicht als „Patentlösung" angesehen werden, denn – wie nicht nur die Teilnehmer des Projektes betonen – wichtiger als die Methode und ihr möglicher Nutzen muss sein, die Grenzen der Menschen mit Behinderung zu achten: die Verweigerung der Beschäftigung mit der eigenen Lebensgeschichte – aus welchen Gründen auch immer – ist eine ernst zu nehmende Form der Selbstbestimmung und sollte daher wichtiger sein als das Interesse eines Mitarbeiters.

5. Als grundlegende Prämisse bei der Planung und Gestaltung des Ruhestandes wird *Selbstbestimmung* der Menschen mit Behinderung genannt. Dabei werden unterschiedliche Facetten von Selbstbestimmung deutlich: Zum einen wird darunter *Freiwilligkeit* verstanden, zum anderen das Eröffnen von *Wahlmöglichkeiten*. Darüber hinaus berichten die Mitarbeiter über die *Mitbestimmung* der Menschen mit Behinderung bei der Planung und Gestaltung von Angeboten. Die Realisierungsmöglichkeiten eines selbstbestimmten Ruhestandes sind eine zentrale Frage des Projektes und ganz offensichtlich auch der Mitarbeiter, die an den Workshops teilgenommen haben. Deutlich wird: Selbstbestimmung ergibt sich nicht von selbst. Wie bereits für den

Begriff der Bedürfnisorientierung konstatiert wurde, so ist auch Selbstbestimmung nur in Verbindung mit einem Einstellungswandel der Mitarbeiter und einer kontinuierlichen Veränderung und Verbesserung der Rahmenbedingungen möglich.
Der Begriff der Selbstbestimmung sollte daher Anlass einer kritischen Reflektion der Arbeits- und Lebensbedingungen sein. Im Mittelpunkt sollte dabei stehen, wie auch im Rahmen von institutionalisierten Wohnformen und Angeboten der Tages- und Freizeitgestaltung Selbstbestimmung ermöglicht werden kann und wie die Handlungsspielräume für die Menschen mit Behinderung genutzt und erweitert werden können.
Eine Sorge der Mitarbeiter ist jedoch auch berechtigt: das Schlagwort der Selbstbestimmung darf nicht als „Freibrief für Vernachlässigung" verstanden werden. Es müssen attraktive Angebote und Treffpunkte zur Tagesgestaltung, die zu Aktivitäten motivieren, zur freien Wahl stehen.

6. Für einen Teil der Mitarbeiter umfasst eine gute Begleitung im Ruhestand auch Elemente der *Förderung*, um Alterungsprozesse hinauszuzögern und den Menschen mit Behinderung den *Erhalt von (lebenspraktischen) Fähigkeiten* möglichst lange zu sichern. Angesichts des Paradigmenwechsels der Eingliederungshilfe und der Abkehr vom professionellen Fördergedanken wird die Förderung im Ruhestand stets eine Gratwanderung darstellen (müssen): Alterungsprozesse (rechtzeitig) zu erkennen und soweit wie möglich „gegenzusteuern" kann sinnvoll sein, letztendlich auch, um den Menschen mit Behinderung weiterhin Teilhabe zu ermöglichen und eine Zunahme des Unterstützungsbedarfes zu verhindern bzw. hinauszuzögern. Dies darf jedoch nicht dazu führen, bestimmte Methoden bzw. Programme zum Erhalt von Fähigkeiten als "die" Pauschallösung für alle Ruheständler oder gar als verpflichtende „Maßnahmen" zu implementieren. Eine zeitgemäße Adaption des Fördergedankens wird sich bei älteren Menschen an den individuell geäußerten Bedürfnissen, Bedarfen und Interessen orientieren müssen, je nachdem, wo sich der Mensch mit Behinderung eine Förderung wünscht. Dies sollte mindestens bedeuten, dass die Möglichkeit der Ablehnung gut gemeinter Förderungsintentionen besteht und den Menschen mit Behinderung Alternativen zur Teilnahme an „Fördergruppen" eröffnet werden.

7. Ein Teil der Mitarbeiter verweist bei der Frage nach guter Begleitung im und in den Ruhestand auf Aspekte einer *Entschleunigung*. Zum einen umfasst dies die individuelle Ebene der Unterstützung bei der Suche nach einem neuen (Lebens)Rhythmus, zum anderen beinhaltet dies Alternativen zu Fördergruppen und „Maßnahmen zur Tagesstrukturierung", die eher eine Kontinuität des bisherigen Rhythmus betonen. Bei einem Teil der Men-

schen mit Behinderung (und in spezifischen südwestdeutschen Regionen überproportional) wird deutlich, dass Arbeit für sie konstitutives Element der (Selbst)Definition als wertvolle, „schaffende" und somit anerkannte Menschen ist und mehr als alles andere als sinnstiftend erlebt wird. Auf diese positiven Begleiterscheinungen der Arbeit möchte ein Teil der Menschen mit Behinderung verständlicherweise nur ungern verzichten und rettet in Form von Beschäftigung eine gewisse Rast- und Ruhelosigkeit in ihren Ruhestand hinüber. Hintergrund der Begleitung zur Entschleunigung ist die Einschätzung, dass sich die Lebensphase Ruhestand in aller Regel von vorhergehenden Lebensphasen durch eine Verminderung von Zwängen unterscheiden sollte. Ein wesentlicher Bestandteil der Entschleunigung ist daher, den Menschen mit Behinderung zu versichern, dass es im Alter in Ordnung und gesellschaftlich anerkannt ist, zur Ruhe zu kommen und sich selbst mehr Zeit zu gönnen. Auf der anderen Seite sollte das Bedürfnis nach Anerkennung und sinnvoller Betätigung aufgegriffen und gemeinsam mit dem Menschen mit Behinderung überlegt werden, in welcher Form dies auch jenseits des Arbeitslebens möglich ist.

Kontrovers bleibt (auch) unter den Mitarbeitern die Einschätzung darüber, ob eher Konzepte der (Tages)Strukturierung oder eine „Entstrukturierung" im Sinne einer Entschleunigung geeignete Vorgehensweisen bei der Begleitung im Ruhestand sind. Weder das eine noch das andere Vorgehen kann einen alleinigen Königsweg darstellen: Sinnvoll wird sein, die Entscheidung zwischen Entschleunigung und „Weiterarbeit"" jeweils individuell und in Absprache mit dem Menschen mit Behinderung zu treffen, denn nur für den jeweiligen Einzelfall wird (immer wieder neu) zu entscheiden sein, wie viel Freiheit bzw. wie viel Nichtstun möglich ist und ab welcher Grenze eine Unterstützung zur Tagesgestaltung durch den Mitarbeiter notwendig ist.

8. Ein Teil der Mitarbeiter schildert, dass sich *zeitliche, räumliche und soziale Kontinuität* bei der Gestaltung des Ruhestandes bewährt hat, also die Fortführung des bisherigen Rhythmus aus dem Arbeitsleben, der Verbleib im gewohnten (Wohn)Umfeld und der Erhalt bestehender Sozialkontakte. Angesichts des Wandels der Rahmenbedingungen, der mit dem Eintritt in den Ruhestand verbunden ist, ist Kontinuität per se nur relativ denkbar im Sinne von „so wenig Veränderungen (auf einmal) wie möglich". Dies ist offensichtlich für einen Teil der Menschen mit Behinderung sinnvoll, wie mit der Forderung nach „gleitenden Übergängen" aus anderer Perspektive bereits deutlich wurde. Dennoch: (Nicht nur) Die kontroversen Einschätzungen im Rahmen der Workshops heben hervor, dass Kontinuität und eine weitgehend strukturierte und ritualisierte Gestaltung des Ruhestandes nur für einen Teil der Menschen mit Behinderung eine sinnvolle Vorgehensweise dar-

stellt. Menschen mit Behinderung jedoch die Veränderungen, Annehmlichkeiten und Herausforderungen des Ruhestandes generell vorzuenthalten, stellt keine „gute Praxis" dar, sondern sollte immer nur übergangsweise nach intensiver Einzelfallprüfung und in Absprache mit dem Menschen mit Behinderung geschehen. Nur wenn ein solches Vorgehen wirklich den Bedarfen und Bedürfnissen des Menschen mit Behinderung entspricht, kann Kontinuität und Struktur – auf Zeit – eine gute Begleitung auf dem Weg in den Ruhestand darstellen.

9. Als andere Form guter Praxis wird von vielen Mitarbeitern geschildert, sich mit dem Menschen mit Behinderung *auf die Phase des Übergangs zu konzentrieren* und für diese Zeit bzw. für den Weg in den Ruhestand eine *intensive Begleitung* anzubieten. (Auch) in der Behindertenhilfe setzt sich zunehmend durch, dass (sozial)pädagogische Begleitung an besonderen Schaltstellen im Leben intensiviert werden sollte, um sie schließlich mit erfolgreicher Bewältigung der Veränderungssituation zu verringern und schließlich selbst überflüssig zu machen. Zwar wird dieser Anspruch in der Begleitung von Menschen mit Behinderung zum Teil zu modifizieren bzw. zu relativieren sein, da ein Teil der Klientel fortwährend auf Unterstützung angewiesen ist, dennoch scheint der Ansatz einer punktuellen Begleitung des Übergangs in den Ruhestand vielversprechend. Neben den professionellen Begleitern wird zukünftig auch die Idee des peer-counseling eine Rolle spielen, denn mit den Pionieren des Alter(ns) – Menschen mit Behinderung im Ruhestand – stehen bald Experten zur Verfügung, die aus eigener Erfahrung wissen, wie die Phase des Ruhestands zufrieden stellend gestaltet werden kann. Sie werden möglicherweise noch besser als die in der Regel jüngeren Mitarbeiter vermitteln können, dass Ruhestand nicht zwangsläufig eine negative Veränderung darstellt.

10. Mit guter Praxis verknüpfen die meisten Mitarbeiter den Begriff der *Tagesstruktur*. Dabei wurde jedoch deutlich, dass mit dem Begriff eine Vielzahl unterschiedlicher und zum Teil konträrer Vorgehensweisen und Angebote umschrieben wird. Die jeweils mit dem Begriff verknüpfte gute Praxis wird daher anhand folgender Differenzierung nachgezeichnet:

- Für einen Teil der Mitarbeiter hat sich bewährt, dass Menschen mit Behinderung *weiterhin arbeiten bzw. beschäftigt werden* (können),
- ein anderer Teil der Mitarbeiter betont, dass Menschen mit Behinderung auch im Ruhestand auf *Vorgaben bzw. strukturierende Unterstützung bei der Tagesgestaltung* durch Mitarbeiter angewiesen sind,
- einige Mitarbeiter sehen gute Praxis vor allem in *externer Tagesstruktur*, also einer Tagesgestaltung außerhalb der Wohnung

- während andere für ältere Menschen mit Behinderung eher eine *interne Tagesstruktur* bevorzugen, also Angebote zur Tagesgestaltung innerhalb des Wohnumfeldes.
- Einige Mitarbeiter verknüpfen mit dem Begriff Tagesstruktur eher *Freizeitmöglichkeiten* oder (offene) Angebote.
- Während andere Mitarbeiter *individuelle Einzelbegleitungen* bei Aktivitäten mit dem Begriff Tagesstruktur zusammenfassen.

Die alternative Tagesgestaltung stellt ein zentrales Thema sämtlicher Überlegungen zur Gestaltung des Ruhestandes dar. Der in diesem Zusammenhang oftmals verwendete Begriff der „Tagesstruktur" entpuppte sich im Verlauf der Auswertungen als vielschichtiger Sammelbegriff zur Umschreibung des Geschehens: Angesichts der Spannbreite dessen, was die Mitarbeiter unter Tagesstruktur verstehen und je nachdem kritisieren oder als bewährte Praxis erachten, ist eine übergreifende Einschätzung von Tagesstruktur kaum möglich, zumal der Begriff oftmals dem Finanzierungsjargon entstammt und die konkrete Ausgestaltung der Leistungen und Angebote regional und einrichtungsspezifisch variiert. Dementsprechend reicht das Spektrum von ganztägigen, verpflichtenden Programmen bis hin zu Unterstützungen bei einer individuellen Tagesgestaltung. Deutlich wird in den Erfahrungen aus der Praxis jedoch auch: Tagesstrukturierende Angebote – ob extern oder intern – stellen keinen generellen Königsweg der Gestaltung des Ruhestandes dar, zumindest nicht, wenn darunter ein Automatismus verstanden wird, der an Stelle der wegfallenden WfbM-Beschäftigung ein anderes „Programm" zur Tagesgestaltung vorsieht. Vorgaben und Struktur(en) mögen für einzelne Menschen auch im Ruhestand sinnvoll und notwendig sein, jedoch nur dann, wenn sie aus einem individuellem Bedarf resultieren – eine Sichtweise hingegen, die allen Menschen mit Behinderung auch im Ruhestand noch unterstellt, sie benötigten eine „von außen" vorgegebene Struktur(ierung), erscheint uns wie auch vielen Mitarbeitern für eine selbstbestimmte Gestaltung des Ruhestandes kaum richtungsweisend. In den Diskussionen der Workshops zeigt sich, dass die Begründungen für Tagesstruktur überwiegend auf der Ebene der strukturellen Rahmenbedingungen der Einrichtungen angeführt werden und auch die Diskussion über eine interne oder externe Tagesstruktur eher unter dem Vorzeichnen organisatorischer Regelungen geführt wird. Solche eher strukturellen Begründungen für eine Tagesstrukturierung – beispielsweise als „Lückenfüller" der wegfallenden WfbM-Beschäftigung – werden nur dann langfristig aufrecht zu erhalten sein, wenn sie inhaltlich und konzeptionell begründet werden können.

Aspekte einer Tagesstrukturierung sollten daher nicht länger von den Institutionen her betrachtet werden, sondern von den individuellen Vorstellungen des einzelnen Menschen mit Behinderung her aufgegriffen werden. Dieser Richtungswechsel sollte mindestens bedeuten, bei der Gestaltung „tagesstrukturierender Angebote" auf ein größtmögliches Maß an Wahlmöglichkeiten und Mitbestimmung hinsichtlich der Angebote zu achten (dies schließt ein, mögliche Alternativen zu kennen bzw. kennen zu lernen) und den Menschen mit Behinderung die Möglichkeit zu bieten, ein solches Angebot flexibel, also lediglich punktuell bzw. sporadisch wahrzunehmen. Diese Freiwilligkeit stellt ein wesentliches Qualitätsmerkmal von Angeboten zur Tagesstrukturierung im Ruhestand dar, da in dieser Lebensphase die äußeren Anlässe einer verpflichtenden Tagesgestaltung (Arbeiten zu müssen, produktiv sein zu müssen) wegfallen sollten. Auf der anderen Seite sollte Selbstbestimmung – wenn sie ernst genommen wird – auch bedeuten, dass ein Mensch mit Behinderung sich für eine Tagesstrukturierung (in Gruppen) entscheiden kann, allerdings nur, wenn

- dieser Wunsch aus einem individuellem Bedarf resultiert (und nicht aus institutioneller Notwendigkeit),
- der Mensch mit Behinderung Alternativen hat und kennt,
- er ein solches Angebot selbst aussuchen und mitgestalten kann und
- weiterhin die Möglichkeit hat, diese Tagesstruktur abzulehnen.

D.h.: ein Mensch mit Behinderung sollte an umfassenden Programmen zur Tagesstrukturierung im Ruhestand nur dann teilnehmen (müssen), wenn er eine solche strukturierte Begleitung tatsächlich benötigt und wünscht. „Tagesstruktur" kann – losgelöst von bestimmten Bedingungen und Begründungen – weder begrifflich noch inhaltlich als grundsätzliche gute Praxis bezeichnet werden. Die (WfbM)-Beschäftigung unbestimmt zu verlängern oder an Stelle der wegfallenden WfbM-Beschäftigung ein anderes ganztägiges „Programm" zur Tagesgestaltung zu setzen kann keine Lösung sein – zumindest nicht pauschal für alle älteren Menschen mit Behinderung. Dennoch kann und soll der Begriff der Tagesstrukturierung an dieser Stelle nicht lediglich alternativlos abqualifiziert werden, denn er beinhaltet bzw. impliziert für einen Teil der Menschen mit Behinderung unabdingbare Unterstützungen und Kontakte. Da jedoch die Konzepte aus der Zeit der Erwerbstätigkeit nicht lediglich auf den Ruhestand übertragen werden können, ist eine Anpassung der Leistungen und Angebote der Tagesstruktur für den Ruhestand notwendig, denn sie müssen neuen den Anforderungen und Merkmalen der Lebensphase Alter gerecht werden. Diese (konzeptionelle)

Modifizierung kann und wird in der Praxis geschehen müssen, folgende Kriterien verstehen sich als Anstoß einer solchen Auseinandersetzung:

- Der Terminus „Tagesstruktur" sollte (nicht nur) im Ruhestand durch weichere Formulierungen ersetzt werden, z.b. durch „*Tagesgestaltung*"; zum einen, um den Aspekt der vorgebenden Struktur(ierung) nicht (als einziges Kriterium) zu betonen, zum anderen, um die mit dem Begriff „Tagesstruktur" verknüpften Assoziationen mit Konzepten der WfbM (2. Milieu etc.) zu vermeiden.
- Angebote zur Tagesgestaltung sollten sich am individuellen Bedarf des zu begleitenden Menschen orientieren (und nicht aus institutionellen Notwendigkeiten resultieren).
- Der Mensch mit Behinderung sollte selbst entscheiden, ob er den Tag innerhalb oder außerhalb seiner Wohnung/seiner Wohngruppe gestalten möchte.
- Der Mensch mit Behinderung sollte selbst entscheiden, ob er an gemeinsamen Gruppenangeboten teilnimmt oder punktuelle Einzelbegleitungen wahrnimmt.
- Der Mensch mit Behinderung sollte die Möglichkeit haben, die Begleitung/die Angebote (zeitweise) abzulehnen.
- Der Mensch mit Behinderung sollte mögliche Alternativen der eigenständigen oder gemeindeintegrierten Tagesgestaltung kennen.
- Der Mensch mit Behinderung sollte an der Auswahl/Gestaltung der Angebote beteiligt sein.

Zukünftig wird es wichtig sein, eine Engführung der Diskussion auf Tagesstruktur als scheinbar einzig relevanten Aspekt bei der Gestaltung des Ruhestandes zu vermeiden. Die öffentliche, kritische Auseinandersetzung mit Tagesstruktur eröffnet zudem die Chance, ein Bewusstsein – insbesondere der Kostenträger – dafür zu schaffen, dass eine Verlängerung strukturierender Maßnahmen den Menschen mit Behinderung das Privilegs des Alters vorenthält und daher keine adäquate Lösung für die vielfältigen Herausforderungen im Kontext des Themas Menschen mit Behinderung im Alter darstellt.

11. Viele Mitarbeiter berichten über gute Praxiserfahrungen bei der *Gestaltung und Umgestaltung von Räumen* (z.B. durch das Schaffen von Rückzugsmöglichkeiten, aber auch Begegnungsmöglichkeiten) und räumlichen Anpassungen an die bestehenden oder zu erwartenden *altersspezifischen Anforderungen* (z.B. pflegegerechte Ausstattung). Die Erfahrungen der Mitarbeiter verdeutlichen, dass neben qualifizierten Mitarbeitern und geeigneten

Konzepten zur Gestaltung des Ruhestands die Zufriedenheit der Menschen mit Behinderung vor allem von angemessenen Räumen und Räumlichkeiten abhängen wird. Als Rahmen für die dann im Einzelfall notwendige individuelle (Um-) Gestaltung von Räumen lassen sich zwei Empfehlungen aus der Praxis aufgreifen:
- Zum einen sollten innerhalb der Einrichtungen die Entwicklungen der nächsten Jahre und Jahrzehnte antizipiert werden und somit (mindestens gedanklich) die räumlichen Konsequenzen berücksichtigt werden, die aufgrund von Alterserscheinungen zu erwarten sind: insbesondere in Wohnstätten wird dies die Reflektion beinhalten müssen, ob diese gegenwärtige Wohnform auch ohne das konzeptionell verankerte „2. Milieu" in Form von Werkstätten oder Tagesstätten geeignet ist – bzw. welche Veränderungen notwendig sind. Darüber hinaus sollten bereits im Vorfeld die räumlichen Möglichkeiten und Grenzen bei zunehmendem Pflegebedarf oder Demenzerkrankungen bedacht werden.
- Zum anderen muss bei Neu- und Umbaumaßnahmen der Aspekt der Inklusion Berücksichtigung finden. Wesentliches Qualitätsmerkmal von Räumen und Räumlichkeiten sollte die Anbindung an den öffentlichen Nahverkehr, das Integrationspotential des Stadtteils bzw. der Gemeinde und Begegnungsmöglichkeiten zwischen Menschen mit und ohne Behinderungen sein, um vielfältige Möglichkeiten der Gestaltung des Ruhestands eröffnen zu können

12. Aspekte der Finanzierung werden von den Mitarbeitern in erster Linie als Problem wahrgenommen. Aus der Perspektive guter Praxis werden jedoch auch Erfahrungen geschildert, wie entweder *im Rahmen der finanziellen Möglichkeiten das Bestmögliche* umgesetzt werden kann oder wie durch *Verhandlungen und Vereinbarungen mit dem Kostenträger* die Finanzierung gesichert werden kann. Visionär wurden von den Mitarbeitern vielfältige Möglichkeiten entwickelt, wie *zusätzliche Finanzierungsmöglichkeiten* eröffnet werden könnten. Für viele – nicht alle – Bereiche der Gestaltung des Ruhestandes ist die Finanzierung von grundlegender Bedeutung. Eine Auseinandersetzung über den zunehmenden Kostendruck und offene Fragen der Finanzierung sind somit unabdingbarer Bestandteil der Gestaltung des Ruhestandes. Auch wenn nachvollziehbar ist, dass manche Mitarbeiter zurecht unzufrieden mit der Finanzierungsrealität sind, eine mitunter unbefriedigende Finanzsituation sollte nicht dazu verführen, zu resignieren, denn dies würde letztlich zu Lasten der Menschen mit Behinderung gehen. Zwei unterschiedliche Ebenen sollten daher parallel verfolgt werden: zum einen muss eine bedarfsgerechte Finanzierung eingefordert und angemahnt werden, zum anderen muss in der täglichen Praxis aber auch versucht werden,

innovative Formen und Wege – und mitunter kreative Einzellösungen – zu entwickeln, wie unter den derzeitigen Rahmenbedingungen „das Beste aus der Situation" gemacht werden kann.

13. Neben der Gestaltung des Ruhestandes rückt für viele Mitarbeiter – als weitere Herausforderung im Kontext des Alters – das Thema Pflege in den Mittelpunkt ihrer Arbeit. Als wichtig wird erachtet, bei der Planung und Einrichtung von Räumen *rechtzeitig pflegerische Anforderungen zu antizipieren* und Pflege im Rahmen der Eingliederungshilfe zu ermöglichen. Die konkreten Einschätzungen guter Pflegepraxis variieren: einige Mitarbeiter setzen auf eine *Qualifizierung* des bisherigen Personals, andere schätzen die *Einstellung von Pflegekräften* oder den externen *Einkauf von Pflegeleistungen* als bewährt ein. Das Thema Pflege umfasst zwei Dimensionen: zum einen die eher leistungsrechtlichen – zum Teil noch offenen – Fragen der Zuständigkeiten und der Finanzierung, wenn Menschen in Einrichtungen der Eingliederungshilfe pflegebedürftig werden. Im Mittelpunkt des Projektes stehen jedoch eher die Erfahrungen der konkreten, praktischen Gestaltung der Pflege bei Menschen mit lebenslanger Behinderungserfahrung. Eine wichtige Herausforderung an die Einrichtungen der Eingliederungshilfe wird sein, rechtzeitig – d.h. bevor keine Alternativen zum Umzug mehr bestehen – die zukünftigen Anforderungen zu antizipieren und Schritte einzuleiten, um auf die neuen Hilfebedarfe innerhalb der Einrichtungen reagieren zu können. Um die dazu notwendigen Wege der Qualifizierung sowie die Kooperation und Vernetzungen gestalten zu können, wird es notwendig sein, einrichtungs- und professionsspezifische Abgrenzungen und Abqualifizierungen zu überwinden und anzuerkennen, dass auch die Altenpflege nach dem SGB XI vielerorts über die klassischen Pflegeeinrichtungen längst hinausgeht, so dass (auch) Menschen mit Behinderung – und letztlich auch ihre Begleiter – von ihren Konzepten und Ansätzen profitieren (können).

14. Bei einem Aspekt der Gestaltung des Ruhestandes gehen die Einschätzungen der Mitarbeiter auseinander: ein kleinerer Teil der Mitarbeiter hat gute Erfahrungen mit der Einrichtungen von *altershomogenen Wohn- und Betreuungsformen* gemacht, während die Meisten betonen, dass sich die Erhaltung *altersheterogener Wohn- und Betreuungsformen* bewährt habe. Die unterschiedlichen Argumente und Begründungen, entweder neue (Wohn-) Gruppen zu schaffen, in denen ausschließlich ältere Menschen mit Behinderung begleitet werden oder aber die Begegnung der Generationen und das Zusammenleben von Alt und Jung zu ermöglichen leuchten jeweils ein. So ist nicht die eine oder die andere Form der Umsetzung per se besser oder schlechter, sondern lediglich vor dem Hintergrund spezifischer Situationen

und Rahmenbedingungen zu beurteilen. In erster Linie sollte die Entscheidung über altershomogen oder altersheterogene Gruppen von den Wünschen und Bedürfnissen der Bewohner abhängen, die in dieser Frage durchaus geteilter Meinung sind (vgl. Ergebnisse der Tagungen). Gute Praxis wird daher nicht die eine oder andere Form der Umsetzung sein, sondern die Entscheidungsmöglichkeit des Menschen mit Behinderung, wahlweise entweder mit Senioren zusammen zu sein oder (auch) mit jüngeren Menschen. In jedem Fall sollte eine "Begegnung" mit anderen Generationen im unmittelbaren Wohnumfeld möglich sein.

15. Die Gestaltung des Ruhestandes wird von den Mitarbeitern auch als institutionelle Herausforderung wahrgenommen – eine Möglichkeit, ihr angemessen zu begegnen wird daher in unterschiedlichen Formen von *Organisationsentwicklung* gesehen. Dies umfasst *strukturelle Veränderungen* in den Einrichtungen, die *Entwicklung von Konzepten und Strategien,* und eine *systematische bzw. statistische Auseinandersetzung,* u.a. in Form von Projekten und Arbeitskreisen. Bei der Gestaltung des Ruhestandes stoßen die bisherigen Konzepte der Einrichtungen der Eingliederungshilfe an ihre Grenzen. Eine innovative Anpassung und (Um)Gestaltung der Angebote und Dienste im Rahmen von Organisationsentwicklung scheint daher unumgänglich, um eine gute Begleitung und Gestaltung des Ruhestandes gewährleisten zu können. Wesentliches Qualitätsmerkmal sollte dabei sein, die neuen Anorderungen bereits im Vorfeld zu antizipieren, um nicht lediglich auf Veränderungen zu reagieren (möglicherweise erst dann, wenn „das Kind bereits in den Brunnen gefallen" ist), sondern die Veränderungsprozesse aktiv und gemeinsam zu gestalten. Organisationsentwicklung bietet zudem die Chance, nicht lediglich die bestehenden Angebote anzupassen und zu modifizieren, sondern etwas qualitativ Neues zu gestalten.

16. Als grundlegende Voraussetzung einer guten Begleitung im und in den Ruhestand berichten die Mitarbeiter über vielfältige Formen der *Vernetzung,* des *Austausches* und der *Kooperation.* Dies umfasst nicht lediglich Kooperationsmöglichkeiten innerhalb der Einrichtungshilfe, sondern eine *Öffnung hin zu Angeboten der Gemeinde und der Altenhilfe.* Die Berichte der Mitarbeiter bestätigen, dass das frühere Verständnis der Mitarbeiter, umfassend und alleinig für ihre Klienten verantwortlich zu sein, sich zugunsten einer Öffnung unterschiedlicher Systeme aufweicht. Die ersten Erfahrungen bestätigen, dass Vernetzung, Austausch und Kooperation sich „lohnt" und eine wechselseitige Bereicherung für die Mitarbeiter wie für die Menschen mit Behinderung darstellen kann. Fruchtbare Kooperationen werden auch bedeuten, nicht sämtliche Angebote in einer Trägerschaft und „aus einer Hand anzubieten", sondern die spezifischen Kompetenzen und

Erfahrungen anderer Anbieter zu nutzen – und dabei auch verbandsübergreifend zu agieren. Dies wird zukünftig dazu führen (müssen), die Gestaltung des Ruhestands nicht lediglich aus der Perspektive der Möglichkeiten innerhalb des eigenen Angebotes zu planen, sondern an der Schwelle des Ruhestandes erweiterte Optionen eines individuelle Unterstützungsarrangements zu eröffnen, das auf den Bedarfen und Bedürfnissen des Menschen mit Behinderung basiert. Kooperation und Vernetzung sollte zukünftig auch die Implementierung von und Beteiligung an gemeindeintegrierten Angeboten für Senioren mit und ohne Behinderung umfassen.

17. Ein Teil der Mitarbeiter verweist auf die Notwendigkeit von *Öffentlichkeits- und Lobbyarbeit* – zum einen umfasst dies Informationen und Transparenz hinsichtlich der eigenen Arbeit gegenüber den Angehörigen und Beteiligten, zum anderen eine *Interessenvertretung* der älteren Menschen mit Behinderung gegenüber den Kostenträgern und der Gesellschaft insgesamt, um ein Bewusstsein für ihre Anliegen und Bedürfnisse zu schaffen. Öffentlichkeits- und Lobbyarbeit wird zunehmend von hoher Bedeutung sein. Neben dem – sicherlich berechtigten – Anliegen, mit Lobbyarbeit in erster Linie Verständnis für die Anliegen und Bedürfnisse der älteren Menschen mit Behinderung zu wecken und eine Finanzierung der Angebote einzufordern sollte zukünftig eine weitere Dimension Berücksichtigung finden: Lobbyarbeit sollte auch die Gesellschaft (den Stadtteil, die Gemeinde) im Blick haben und ihre Bereitschaft zur Inklusion von Menschen mit Behinderung (ein)fordern und fördern. Über die Ebene einer direkten personalen Begleitung des Menschen mit Behinderung hinaus wird daher die Arbeit der Begleiter zukünftig insbesondere eine indirekte Unterstützung in Form der Eröffnung und Begleitung am Leben der Gemeinde bzw. Stadtteils durch eine (Ver)Mittlerfunktion zwischen Menschen mit und ohne Behinderung bedeuten (müssen).

18. Gute Praxis beinhaltet aus Sicht der Mitarbeiter eine Ergänzung ihrer professionellen Arbeit durch *bürgergesellschaftliches Engagement und ehrenamtliche Mitarbeit(erInnen)*. Betont wird dabei, dass dies nur unter entsprechenden Rahmenbedingungen und Bemühungen der Einrichtungen gelingen kann. Neben Ansprechpartnern und Koordinierungspersonen wird auch auf die hohe Bedeutung einer Qualifizierung von ehrenamtlich Tätigen hingewiesen. Ehrenamt und bürgergesellschaftliches Engagement bieten die Chance einer – im besten Falle für alle Beteiligten positiven – Ergänzung der professionellen Begleitung. Insbesondere im Alter, wenn nicht mehr (ausschließlich) fachliche Aspekte, sondern vielmehr eine Begleitung bei der Freizeitgestaltung und Sozialkontakte im Mittelpunkt stehen, können sich auch ehrenamtlich tätige Menschen sinnvoll einbringen. Deutlich wird

jedoch auch: Bei der Entwicklung einer „Kultur des Ehrenamts" sollte Ehrenamt nicht lediglich auf Besuchsdienste in den Einrichtung reduziert werden, sondern als weiterführendes Potential der Begegnung von Menschen mit und ohne Behinderung und erster Schritt der Gemeindeintegration verstanden werden. Dies impliziert, Ehrenamt nicht lediglich als Einbahnstraße zu verstehen, in der Menschen mit Behinderung passive Empfänger von ehrenamtlicher Hilfe sind, sondern Rahmenbedingungen zu schaffen, in der sich Menschen auf Augenhöhe begegnen können. Insbesondere im Ruhestand kann dies für Menschen mit Behinderung auch bedeuten, ihrerseits ehrenamtlich für die Gesellschaft tätig zu werden. Die bisherigen Erfahrungen legen jedoch nahe, dass sich all dies nicht von allein ergibt. Mit ehrenamtlichem Engagement lediglich eine Einsparmöglichkeit zu verknüpfen, ist zum Scheitern verurteilt, denn um geeignete ehrenamtliche Helfer zu gewinnen, die für den Menschen mit Behinderung eine Bereicherung sind, ist eine Vorbereitung, Qualifizierung und dauerhafte Begleitung durch hauptamtlich Tätige notwendig.

19. Eine zufrieden stellende Gestaltung des Ruhestands ist aus Sicht der Mitarbeiter nur auf der Basis eines verlässlichen sozialen Netzwerks möglich. Als gute Praxis der Begleitung wird daher insbesondere *Netzwerkarbeit* angesehen. Beim Thema Netzwerkarbeit wird eine unterschiedliche Sichtweise der Mitarbeiter offensichtlich: Während ein Teil der Mitarbeiter unter dem Stichwort Sozialkontakte in erster Linie (noch) „exklusive" Gruppen von Menschen mit Behinderung versteht, berichten andere Mitarbeiter bereits über erfolgreiche Vorgehensweisen zur Eröffnung von Kontakten zwischen Menschen mit und ohne Behinderung. Diese Differenz wird anhand der Entwicklungen der letzten Jahre nachvollziehbar. In der Vergangenheit orientierte sich die Eingliederungshilfe an der „Teilhabe am Leben der Gemeinschaft", was oftmals als Gemeinschaft von Menschen mit Behinderung in Einrichtungen mißinterpretiert wurde. Mit der Umformulierung zur „Teilhabe am Leben der Gesellschaft" (vgl. Gesetz zur Gleichstellung behinderter Menschen), die eindeutig soziale Kontakte auch zu Menschen ohne Behinderung impliziert, ist jedoch eine neues Verständnis einer Begleitung angestoßen, die aktive Netzwerkarbeit und eine Unterstützung beim Aufbau tragfähiger sozialer Beziehungen beinhaltet. Gute Netzwerkarbeit sollte zukünftig die Eröffnung von Sozialkontakten zu Menschen ohne Behinderung beinhalten. Dies wird vermutlich unterschiedliche Wege beinhalten müssen: einerseits eine Begleitung und Vermittlung von (Freizeit)Angeboten der Gemeinde bzw. des Stadtteils und andererseits eine Öffnung der Einrichtungen für Menschen ohne Behinderung. Möglicherweise

ist erst die Kombination beider Wege geeignet, um die oftmals kleinen Netzwerke der Menschen mit Behinderung zu erweitern. Bei aller gut gemeinten Netzwerkarbeit sollte jedoch der Mensch mit Behinderung selbst im Mittelpunkt stehen. Dies muss auch bedeuten, seinen Wunsch, auf neue Sozialkontakte zu verzichten und lieber „unter sich" oder als „Eigenbrödler" allein zu bleiben, als eine Form der Selbstbestimmung zu akzeptieren.

20. Im Kontext guter Praxis betonen die Mitarbeiter unterschiedliche Aspekte der *Inklusion* und eine Begleitung der Menschen mit Behinderung mit der Zielsetzung, *Teilhabe am gesellschaftlichen Leben* zu ermöglichen. Eine zeitgemäße Begleitung von Menschen mit Behinderung wird – auch und ins-besondere im Ruhestand – am Inklusionsgedanken nicht vorbei kommen. Dennoch: die Erfahrungen hinsichtlich einer konkreten Umsetzung sind überschaubar und werden oftmals in einem Atemzug mit den hinderlichen strukturellen Bedingungen und Traditionen, die es auf diesem Weg zu überwinden gilt, genannt. Nicht nur die intensive Beschäftigung mit Aspekten der Inklusion im Rahmen der Arbeitsgruppen "Visionen guter Praxis" verdeutlicht jedoch, dass der Inklusionsgedanke zukunftsweisend ist und unter den Mitarbeitern kreative und innovative Ideen zur Begleitung in die Gesellschaft bestehen. Eine der Hauptaufgaben und Herausforderungen wird es sein, diese Ideen umzusetzen und dabei hinderliche Strukturen zu überwinden und zu verändern. Dennoch: die ersten Schritte in Richtung einer gemeindeintegrierten Freizeitgestaltung zeigen, dass Alternativen zur „Tagesstruktur" und zu institutionell geschaffenen Sonderwelten möglich und umsetzbar sind – und der Weg vermutlich beim Gehen entsteht.

Zusammenfassung der guten Praxis

Wie erwartet ist eine Vielfalt unterschiedlicher Einschätzungen über bewährte Vorgehensweisen und gute Praxis zur Sprache gekommen, die nicht als sich gegenseitig ausschließende Alternativen missverstanden werden sollen, sondern oft erst als Optionen und wechselseitige Ergänzungen in einem Gesamtzusammenhang sinnvolle Wege der Ruhestandsgestaltung darstellen. Deutlich wird, dass sich das Thema über drei unterschiedliche Ebenen erstreckt:

1. Die Gestaltung des Ruhestandes umfasst zum einen Elemente einer guten Begleitung des einzelnen Menschen mit Behinderung.
2. Zum anderen ist sie mit einer organisatorischen und institutionellen Dimension und somit spezifischen strukturellen Rahmenbedingungen verknüpft.

3. Darüber hinaus wird deutlich, dass die Gestaltung des Ruhestandes auch bei Menschen mit einer lebenslangen Behinderung nur vor dem Hintergrund eines gesamtgesellschaftlichen Rahmens sinnvoll erfasst und diskutiert werden kann.

Folgende Kriterien scheinen auch langfristig als Eckpfeiler einer guten, zufrieden stellenden, selbstbestimmten und gelingenden Gestaltung des Ruhestandes relevant zu sein:

- Ein wesentliches Kriterium für die gelingende Begleitung im und in den Ruhestand wird sein, offen und flexibel im Hinblick auf die individuellen Vorstellungen des einzelnen Menschen mit Behinderung zu sein. Die Vielfalt der als gute Praxis eingeschätzten Vorgehensweisen demonstriert, dass es keine Patenlösungen und keine Königswege gibt, die für jeden Menschen mit Behinderung im Ruhestand und im Alter gleichermaßen geeignet wären. Mit anderen Worten: Beschäftigungsangebote und standardisierte (Gruppen-)Angebote zur Tagesgestaltung aller Bewohner im Ruhestand sind – zumindest ohne weitere Wahl- und Ablehnungsoptionen – keine generelle wegweisende Vorgehensweise bei der Gestaltung des Ruhestandes.
- Zentraler Dreh- und Angelpunkt bei der Gestaltung des Ruhestands müssen die Wünsche und Bedürfnisse des Menschen mit Behinderung sein. Der Mensch mit Behinderung sollte selbst bestimmen, wie er seinen Ruhestand gestalten möchte und bei entsprechenden Angeboten mitbestimmen und auswählen können. Während die Phase der Erwerbstätigkeit äußere Anlässe zu strukturierten und verbindlichen Beschäftigungen beinhaltet, muss ein wesentliches Kriterium des Ruhestandes sein, dass die Teilnahme an Angeboten freiwillig ist und der Mensch mit Behinderung über Rückzugsmöglichkeiten verfügt.
- Die Erfahrungen der Mitarbeiter verdeutlichen, dass (biografische) Übergänge von vielen Menschen mit Behinderung nur wenig antizipiert bzw. verdrängt und hinausgezögert werden. Die Hauptaufgabe der professionellen Begleiter sollte sein, den Menschen mit Behinderung zu einem individuell richtigen Zeitpunkt auf die Veränderungen im Ruhestand vorzubereiten und die neue Lebensphase in dessen Sinne mit ihm zu planen. Bei Bedarf müssen dabei flexiblere Übergänge möglich sein, grundsätzlich sollte mit dem Ruhestand jedoch eine Veränderung im Vergleich zum bisherigen Arbeitsleben erlebbar sein.
- Darüber hinaus wird angesichts des Ruhestandes ein Koordinierungsbedarf hinsichtlich der Angebote und Zuständigkeiten bestehen: zum einen sollte der Eintritt in die neue Lebensphase auch als Chance verstanden werden,

das bisherige Unterstützungsarrangement auf den Prüfstand zu stellen und neu zu planen. Um dabei möglichst große Wahlmöglichkeiten eröffnen zu können und den individuellen Bedürfnissen des Menschen mit Behinderung gerecht zu werden, muss bei diesem Schritt über die Grenzen der jeweiligen Einrichtungen hinaus gedacht und geplant werden. Unterstützungsarrangements sollten zunehmend aus „Bausteinen" unterschiedlicher Angebote bestehen und nicht aus mehr oder weniger standardisierten „Paketen". Weiterer Koordinierungsbedarf wird zum anderen angesichts zu erwartender Zuständigkeits- und Abgrenzungsfragen bestehen, denn im Alter werden auch bei Menschen mit lebenslangen Behinderungen beide Systeme, die Eingliederungs- wie auch die Altenhilfe, zum Teil oder teilweise zuständig und verantwortlich sein. Eine Koordinierungs- und Steuerungsstelle, die Kompetenz- und Zuständigkeitsgerangel überwindet und stattdessen bedarfs- und bedürfnisgerechte Unterstützung für den einzelnen betroffenen Menschen arrangiert, wird für eine fruchtbare Zusammenarbeit der beiden Systeme unausweichlich sein.

- Nicht nur vor dem Hintergrund zunehmender Schnittmengen zu anderen Systemen und Bereichen scheint daher eine Öffnung der Einrichtungen der Eingliederungshilfe (nicht nur) im Alter sinnvoll. Ein wesentliches Qualitätsmerkmal wird somit die Vernetzung mit anderen Systemen sein. Dies sollte unterschiedliche Ebenen umfassen: notwendig ist zum einen die bereits angedeutete Kooperation mit weiteren professionellen Angeboten, beispielsweise der Altenhilfe und ihren differenzierten Formen von Pflege, zum anderen aber auch eine Stärkung und Miteinbeziehung nichtprofessioneller Unterstützung durch Angehörige und Ehrenamtliche. Der Inklusionsgedanke sollte zukünftig auch und insbesondere für ältere Menschen mit Leben gefüllt werden: neben der Auflösung bzw. Reduzierung von „Sonderwelten" wird vor allem die Vorbereitung und Begleitung von Begegnungen von Menschen mit und ohne Behinderungen – und somit auch der Abbau von Vorurteilen und Abwehr auf Seiten der Menschen ohne Behinderung – für das Gelingen einer gemeinsamen Gestaltung des Ruhestandes maßgeblich sein.

Modelle guter Praxis

Die weiterführende Intention des Projektes war, auf der Basis der Erfahrungen der Mitarbeiter und der Menschen mit Behinderung zukunftsweisende Modelle guter Praxis zur Gestaltung des Ruhestandes zu entwickeln. In ihnen sind die unterschiedlichen Perspektiven und Erfahrungen von Menschen mit Behinderun-

Den Ruhestand gestalten lernen 67

gen und Mitarbeitern zusammengeführt und verdichtet. Eine gelungene Gestaltung des Ruhestands von Menschen mit Behinderung setzt demnach Handeln auf vier unterschiedlichen Ebenen voraus:

1. Grundlegend ist (bzw. muss sichergestellt werden), dass der *Mensch mit Behinderung als „Souverän" im Zentrum* steht. Dies setzt individuelle Freiräume, insbesondere eine geschützte Privatsphäre in Verbindung mit einer gesicherten Basisversorgung voraus, aber auch eine intakte, ausreichende Infrastruktur. Um „Souverän" sein zu können, müssen darüber hinaus folgende Grundregeln gelten: Ein Mensch mit Behinderung muss frei entscheiden können, welche Angebote er wahrnehmen möchte. Dazu müssen ausreichend bekannte Wahlmöglichkeiten vorhanden sein. Es muss Möglichkeiten der effektiven Mitbestimmung geben, damit Angebote gestaltet werden, die den Bedürfnissen und Vorstellungen der Menschen entsprechen. In einem fortlaufenden Verstehensprozess müssen dazu die Wünsche und Bedürfnisse erfragt und eventuell entschlüsselt werden. Und: Es muss an den aktuellen Lebenskontext und die sozialen Bezüge sowie an die biografischen Erfahrungen angeknüpft werden. Dies alles setzt Selbstverantwortlichkeit voraus, verlangt also vom „Souverän", Verantwortung für seine Entscheidungen zu übernehmen.
2. Beim *Übergang in den Ruhestand* sollte den Menschen mit Behinderung ein *Begleitungs-, Beratungs- oder Coaching-Angebot* gemacht werden. Die (ergebnisoffene) Frage muss lauten: Wohin soll die Reise gehen? Um diese Frage nicht nur in den üblichen Bahnen beantworten zu können, sind allerdings in den meisten Fällen zuallererst die Wahlmöglichkeiten abzuklären und ggf. zu erweitern. Je nach Bedarf müssen ggf. flexible Übergangsformen organisiert werden, die aber Entscheidungen nicht auf Dauer vertagen dürfen, sondern solche vorbereiten und erleichtern sollten.
3. Die Verwirklichung der ersten beiden Modelle setzt geeignete Strukturen und Kompetenzen auf der institutionellen Ebene voraus: Um ein *bedarfsangemessenes Unterstützungsarrangement* bereitzustellen, das den zuvor formulierten Ansprüchen genügen kann, sind vielfältige *Koordinierungs- und Steuerungsleistungen* zu erbringen: dies umfasst die Sicherung einer bedarfsgerechten Basisversorgung, die Abstimmung von Angeboten und eine bedarfsflexible Verknüpfung von unterschiedlichen bzw. interdisziplinären Dienstleistungen. Dies sicherzustellen muss Aufgabe einer fortlaufenden Qualitäts- und Personalentwicklung sein, deren Ziel ist, die Akquisition und Nutzung von personellen und finanziellen Ressourcen zu optimieren.
4. Für eine Gestaltung des Ruhestands ist eine weitreichende *Öffnung und Vernetzung* der Institutionen und Dienste der Behindertenhilfe unverzicht-

tbar. Die Systeme der Behindertenhilfe müssen Möglichkeiten der Inklusion durch einen „Kranz" von Beziehungen und Austauschmöglichkeiten mit anderen Systemen im Umfeld (mit kulturellen, kirchlichen, sozialen Einrichtungen, mit Vereinen und Diensten anderer Professionen etc.) organisieren. Sie müssen sich im Rahmen dieses Austausches als permanent „lernende Organisationen" verstehen. Eine optimale Gestaltung des Ruhestandes von Menschen mit Behinderung kann nur im Rahmen einer (Bürger-) Gesellschaft gelingen, die für dieses Thema interessiert wird und aufgeschlossen ist.

Zusammenfassung

Die Erkenntnisse des Projekts „Den Ruhestand gestalten lernen" (er)fordern einen Richtungswechsel: die derzeitige „Notlösung", auf das Thema Ruhestand und Alter(n) in Form von tagesstrukturierenden (Gruppen-)Maßnahmen zu reagieren, muss durch Alternativen ersetzt werden, die der Individualität und der Vielfalt an Wünschen und Bedürfnissen der Menschen mit Behinderung gerecht werden können. Diese Alternativen sind bislang lediglich modellhaft skizziert. Sie erfordern lernende Organisationen und Engagement, um in der Praxis ihre Umsetzung und Konkretisierung zu finden:

- in Form von Rahmenbedingungen zur Souveränität des einzelnen Menschen mit Behinderung, sowie
- einer am Coaching-Modell orientierten Vorbereitung und Begleitung bei den anstehenden Veränderungen,
- einer fachgerechten Koordinierung und Steuerung der Angebote, die ein bedarfsangemessenes Unterstützungsarrangement ermöglicht, sowie
- einer Öffnung und Vernetzung der Behindertenhilfe mit bestehenden Angeboten.

Die entscheidende Aufgabe der nächsten Jahre wird daher sein, die Strukturen von Einrichtungen und Diensten so (weiter) zu entwickeln und ihre Mitarbeiter zu qualifizieren, dass sie in der Lage sind, den Ansprüchen der neuen Zielgruppe nach Selbstbestimmung und Teilhabe gerecht werden zu können.

Literatur

Mair, H.; Roters-Möller, S.: Den Ruhestand gestalten lernen – Menschen mit Behinderung in einer alternden Gesellschaf. In: Cloerkes, G.; Kastl, J.: Leben und Arbeiten unter erscherten Bedingungen. Menschen mit Behinderung im Netz der Institutionen. Universitätsverlag Winter. Heidelberg 2007.

Con_sens: Bestands- und Bedarfserhebung Werkstätten für behinderte Menschen 2003. Im Auftrag des Bundesministeriums für Arbeit und Sozialordnung, erstellt von con_sens Hamburg. Online im Internet unter www.consens-info.de (7.1.2003)

Bundesarbeitsgemeinschaft der überörtlichen Träger der Sozialhilfe (BAGÜS): Eingliederungshilfe – Zahlen, Daten, Fakten – Hintergründe – Folgerungen 2005. Online im Internet unter: www.lwl.org/spur-download/bag/baur20062005.pdf (14.7.2005)

„Den Ruhestand gestalten lernen". Online im Internet unter: http://egora.uni-muenster.de/ew/ruhestand/(15.09.2008)

Fachverbände der Behindertenhilfe: Segel setzen. Aufbruch zum selbstbestimmten Ruhestand von Menschen mit Behinderung. Ein Handbuch mit Erfahrungen und Praxisanleitungen aus dem Modellprojekt „Den Ruhestand gestalten lernen"/Westfälische Wilhelms-Universität Münster.

Berlin-Institut für Bevölkerung und Entwicklung. Online im Internet unter: http://www.berlin-institut.org/(15.09.2008)

Psychosoziale Krisen – auch in traumatischen Kontexten ein Handlungsfeld Sozialer Arbeit?!

Miriam Finkeldei

Was können wir tun, wenn Menschen extremen Belastungen ausgesetzt sind? Wenn sie mit Lebensumständen oder Ereignissen konfrontiert werden, die ihre bisherigen Bewältigungsmechanismen und Ressourcen derart überfordern, dass sie daran psychischen Schaden nehmen könnten?

Die Suche nach adäquaten Hilfsmaßnahmen für Menschen, die die oben beschriebenen konstitutiven Merkmale einer psychosozialen Krise (Sonneck 2000) erleben, stellt ein Hauptanliegen moderner Krisenhilfekonzeptionen dar (Krüsmann/Müller-Cyran 2005).

Die Ursachen für die Erfahrung subjektiver Überforderung sind dabei höchst unterschiedlich: Scheidung, Mobbing, Schwangerschaft und der Eintritt in das Rentenalter stellen ebenso potentielle Krisenanlässe dar wie Unfälle, Gewalterfahrungen, Naturkatastrophen oder der plötzliche Tod eines nahe stehenden Menschen. Die Liste ließe sich leicht fortsetzen, doch die aufgeführten Beispiele verdeutlichen bereits, dass unter dem Begriff des ‚potentiellen Krisenanlasses' eine Vielfalt von Ereignissen subsumiert wird, die in ihrer Dauer sowie Vorhersagbarkeit bedeutsam variieren und damit maßgeblich den Krisenverlauf sowie die erforderlichen Hilfsmaßnahmen determinieren (Sonneck 2000).

Trotz der hier bereits sichtbaren Komplexität des Themenfeldes soll mit dem vorliegenden Beitrag das Ziel verfolgt werden, über einen Annäherungsversuch an die Gegenstandsbestimmung psychosozialer Krisen (1) die Krisenintervention auch im Kontext traumatischer Krisen als ein essentielles Handlungsfeld Sozialer Arbeit einzuordnen (2) und diese Verortung schließlich anhand eines spezifischen Anwendungsfeldes, das im Rahmen der Forschungsgruppe „Personenbezogene Wohlfahrtsproduktion" derzeit untersucht wird, beispielhaft zu veranschaulichen (3).

1. Gegenstandsbestimmung: Psychosoziale Krisen

Auf der Suche nach einer wissenschaftstheoretischen Begriffsbestimmung psychosozialer Krisen wird der Leser auf ein interdisziplinäres Forschungsfeld aufmerksam, das sich in seiner historischen Entwicklung zunächst insbesondere aus Zugängen der Medizin, Psychologie und Soziologie speiste.

So ist noch heute in Anlehnung an die Pionierarbeiten zur gemeindenahen Gesundheitsfürsorge von Caplan (1964) und später Cullberg (1978) für weite Teile der psychosozialen Notfallversorgung eine Definition zentral, in der die psychosoziale Krise verstanden wird als der „[…] Verlust des seelischen Gleichgewichts, den ein Mensch verspürt, wenn er mit Ereignissen und Lebensumständen konfrontiert wird, die er im Augenblick nicht bewältigen kann, weil sie von der Art und vom Ausmaß her seine durch frühere Erfahrung erworbenen Fähigkeiten und erprobten Hilfsmittel zur Erreichung wichtiger Lebensziele oder zur Bewältigung seiner Lebenssituation überfordern" (Sonneck 2000: 32).

Dieser Begriffbestimmung folgend sind es weniger objektive Situationsfaktoren, die zur Wesensbestimmung einer Krise herangezogen werden, sondern der Schwerpunkt liegt auf dem Erleben der betroffenen Person, genauer gesagt in der subjektiv erfahrenen Überforderungssituation, die sich aus der Neuartigkeit der Handlungsanforderungen bzw. ihrer scheinbaren ‚Nicht-Bewältigbarkeit' ergibt.

Etymologisch betrachtet stammt das Wort Krise aus dem Griechischen (‚krisis') und steht für eine Entscheidungssituation, einen Wendepunkt (Duden 1974, vgl. auch Aguilera/Messick 1977). Das positive Potential, dass neben der Gefahr für die psychische Stabilität ebenfalls in einem solchen Wendepunkt der Biographie liegen kann – und das an die in entwicklungspsychologischen Theorien (Piaget, Erikson) formulierte Bedeutsamkeit von Krisen für das Erlernen neuer Arten des Verhaltens, Denkens und Fühlens erinnert – wird durch den ergänzenden Hinweis auf einen „offenen Veränderungsprozess" bei Ulich (1987) hervorgehoben, wenn er schreibt: „Eine Krise ist also ein belastender, temporärer, in seinem Verlauf und seinen Folgen offener Veränderungsprozess der Person, der gekennzeichnet ist durch eine Unterbrechung der Kontinuität des Erlebens und Handelns, durch eine partielle Desintegration der Handlungsorganisation und eine Destabilisierung im emotionalen Bereich" (ebd.: 51f).

Auch wenn „im sozialpädagogischen Fachdiskurs […] Krisenrhetorik allgegenwärtig [ist]", wie Honig in seinem Artikel für das Wörterbuch Soziale Arbeit (2005: 556) formuliert, so weist er einschränkend darauf hin, dass „[…] anders als in der Soziologie und Psychologie – ein sozialpädagogischer Krisenbegriff bislang nirgends entwickelt worden [ist]" (ebd.: 556). Diese Beobachtung teilt auch Dollinger (2004), wenn er bemerkt, dass im Bereich der Sozialen Arbeit die theoretische Bedeutung des Krisenbegriffs nicht ausreichend diskutiert sei. Die Frage, inwieweit demnach der Krisenbegriff in der Sozialpädagogik eine bisher ungenutzte Möglichkeit darstelle, greift lediglich Mennemann (2000) auf, indem er eine Begriffsbeschreibung aus (sozial-)pädagogischer Perspektive entwickelt. Dabei klassifiziert er die psychosoziale Krise in Übereinstimmung mit den aufgeführten Begriffsbestimmungen von Sonneck (2000) und Ulich (1987) u. a. als eine „[...] in ihrem Problemgehalt [...] die vorhandenen Bewältigungsmöglichkeiten übersteigende Belastungssituation [...], die als temporäre Erfahrung, raumzeitlich verdichtet vom Subjekt wahrgenommen wird" (Mennemann 2000: 224). Die oben genannten Definitionsmerkmale weiterentwickelnd weist der Autor ebenfalls auf einen offenen, nicht linearen Veränderungsprozess hin, bei dem auf personaler Ebene starke Stimmungsschwankungen, Ambivalenzen sowie Gefühle der Spannung und Angst auftreten könnten. Die Krise werde als eine die ganze Person in Frage stellende starke Bedrohungssituation erlebt und verlange zur Problembewältigung vom Individuum einen qualitativen Sprung zur Neuorganisation von Kompetenzen (ebd.: 224).

Ohne weiterführende Aspekte wie die Diskussion über die Bedeutung externer, kulturell verankerter Krisenzuschreibung und Konsensfindungsprozesse (s. a. Dollinger 2004) hier nachzuzeichnen, kann die Bestimmung des Krisenbegriffs an dieser Stelle als ein Annäherungsversuch betrachtet werden, der im Hinblick auf die vorangegangenen Ausführungen interdisziplinäre Gemeinsamkeiten betont und neuere wissenschaftstheoretische Bestimmungen aus sozialpädagogischer Perspektive nachzeichnet. Die aufgrund der mangelnden Verfügbarkeit von Bewältigungsmustern subjektiv erlebte Überforderungssituation, die zur psychischen Destabilisierung aber gleichzeitig auch als offener Veränderungsprozess zur Neuorganisation von Kompetenzen führen kann, wird dabei als konstitutiv betrachtet.

2. Traumatische Krisenerfahrungen – eine Handlungsaufforderung an die Soziale Arbeit

Die Suche nach adäquaten Hilfsmaßnahmen für Menschen, die die oben beschriebenen konstitutiven Merkmale einer psychosozialen Krise erleben, stellt wie bereits erwähnt ein Hauptanliegen moderner Krisenhilfekonzeptionen dar. Bei einer genaueren Betrachtung der für dieses Handlungsfeld maßgeblichen Krisenanlässe wird deutlich, dass dabei mehr und mehr auch jene traumatogenen[1] Krisenerfahrungen in den Fokus praktisch-professionellen Handelns gelan-

---

1 Als ‚traumatogen' werden in Anlehnung an Krüsmann/Müller-Cyran (2005) Situationen oder Erfahrungen bezeichnet, die traumabedingte Störungen zur Folge haben können.

gen, die sich im Gegensatz zu den so genannten Veränderungs- (Cullberg 1978) oder Lebens-Lauf-Krisen (Schuchardt 2003), nicht nur durch die Neuartigkeit des Erlebens, sondern auch durch mangelnde Vorhersehbarkeit, geringe Kontrollierbarkeit und eine negative Valenz der Situation auszeichnen. Es handelt sich um Krisenanlässe, die in Anlehnung an die Definition traumatischer Krisen (Cullberg 1978) ihren Ursprung haben in einer „plötzlich aufkommenden Situation von allgemein schmerzlicher Natur, die auf einmal die psychische Existenz, die soziale Identität und Sicherheit und/oder fundamentalen Befriedigungsmöglichkeiten bedroht" (zit. nach Sonneck 2000: 33). Unfälle, Gewalterfahrungen, Naturkatastrophen oder der unerwartete Tod nahe stehender Menschen sind bereits genannte Beispiele hierfür.

Der im Jahr 2004 vom Bundesministerium des Innern in Auftrag gegebene Forschungsbericht zur Entwicklung von Standards und Empfehlungen für ein Netzwerk zur bundesweiten Strukturierung und Organisation psychosozialer Notfallversorgung (Beerlage/Hering/Nörenberg 2004) ist in diesem Zusammenhang nur ein Anzeichen für die zunehmende Aufmerksamkeit, die den bisherigen Mängeln in der Akutversorgung psychisch potentiell traumatisierter Menschen neuerdings gewidmet wird. Der Entwicklungsbedarf von Versorgungsstrukturen, die in der Lage sind, durch Qualitätskontrollen und fachliche Standards den empirischen Nachweis ihrer Effektivität aufzuzeigen, stellt dabei ein zentrales Anliegen sowohl von Vertretern säkularer als auch kirchlicher Krisenhilfe dar (vgl. Beerlage et al. 2004, Müller-Lange 2001). Dass es sich bei der Entwicklung effektiver Kriseninterventionskonzeptionen in diesem Bereich nicht nur um ein gesellschaftspolitisch hoch aktuelles und aus humanitärer Sicht zeitloses, sondern zugleich auch um ein für die Soziale Arbeit essentielles Tätigkeitsfeld handelt, wird nicht zuletzt vor dem Hintergrund des Präventionsgedankens[2] deutlich, der originär mit der Konzeption von Krisenhilfe verknüpft ist.

Folgt man der Wesensbestimmung von Krisenintervention, wie sie von Beerlage et al. (2004) sowie von Krüsmann und Müller-Cyran (2005) expliziert wird, dann liegen ihre Hauptziele in der Linderung akuter Leidenszustände sowie in der frühzeitigen Vorbeugung von Folgeschäden im psychischen und sozialen Bereich, die aus eben jener subjektiv fundamentalen Überforderungssituation erwachsen können. Beispielhaft sind hier die posttraumatische Belastungsstörung sowie pathologische Trauerreaktionen mit ihren weit reichenden Konsequenzen für die individuelle Lebensführung zu nennen, die sich neben Depressivität und Angststörungen als bekannte gesundheitliche Negativfolgen traumatischer Krisenerfahrungen herausgestellt haben (Müller-Cyran 1997).

---

2 Zur Diskussion des hier zugrunde liegenden Präventionsgedankens siehe u. a. Brandstädter/von Eye (1982), Perrez (1991) sowie Böllert (1992/1995) und Ziegler (2001).

Die durch die Neuartigkeit des Erlebens und – im Falle traumatischer Krisen (Cullberg 1978) – durch die mangelnde Vorhersehbarkeit, geringe Kontrollierbarkeit und negative Valenz der Situation erfahrenen grundlegenden Verunsicherungen des Subjekts in Bezug auf seine persönlichen Bewältigungsmöglichkeiten und soziale Identität sollen durch frühzeitige psychosoziale Betreuung abgebaut und eigene Ressourcen zur Krisenbewältigung im Sinne einer auf die Person zentrierten, nach Caplan (1964) sekundären Prävention aktiviert werden.

Folgt man im Hinblick auf die sozialwissenschaftlichen Debatten um Konsequenzen aus der „Risikogesellschaft" (Beck 1986) und in Anlehnung an das von Böhnisch (2000: 202) beschriebene Bewältigungsparadigma einer Zieldefinition Sozialer Arbeit, die sich die Steigerung subjektiver Handlungsfähigkeit in kritischen Lebenssituationen zur Aufgabe macht und die, wie Dewe und Otto (2002: 187) formulieren, als spezifische Qualität ihrer Professionalität „[...] eine Erhöhung von Handlungsoptionen, Chancenvervielfältigung und die Steigerung von Partizipations- und Zugangsmöglichkeiten auf Seiten der KlientInnen [...]" anvisiert, so wird ersichtlich, dass es sich bei der Krisenintervention im Kontext traumatischer Krisen um einen auf die konkrete, situative Handlungsfähigkeit des einzelnen Menschen fokussierten Operationalisierungsversuch dieser Zielvorstellung handelt.

Dabei liegt ihre Aufgabe in Anlehnung an die Funktionsbestimmung Sozialer Arbeit nach Rauschenbach (1992) nicht nur in der „Unterstützung bei der Herstellung und Sicherung der persönlichen Ressourcen [...], um die individuell zugemuteten sozialen Risiken der eigenen Lebensführung und der eignen permanenten Entscheidung unter Ungewissheitsbedingungen handhabbar zu machen" (Rauschenbach 1992: 50f), sondern gerade auch darin, die Nichtkontrollierbarkeit von Ereignissen trotz immensen Wissens und Könnens auszuhalten und akzeptieren zu lernen. Der wissenschaftliche und technische Fortschritt offenbart hier nicht nur immer wieder die Grenzen menschlicher Eingriffsmöglichkeiten, er erzeugt selbst neue unabsehbare Risiken – wie unter anderem das Beispiel der Pränatalmedizin deutlich macht.

Hier eröffnet sich ein im Rahmen der Forschungsgruppe „Personenbezogene Wohlfahrtsproduktion" untersuchtes Handlungsfeld, das abschließend als eines von vielfältigen Anwendungsbeispielen für die hier vorgenommene Verortung praktischer Krisenhilfe dienen soll.

3. Krisenhilfe im Kontext von prä- und perinatalem Tod – Eine Krisenerfahrung mit (professionellem) Unterstützungsbedarf?

Sterben und Tod gehören zum menschlichen Dasein und der Umgang mit dem Tod durch soziale Unterstützung für Menschen in Trauer und Not ist dabei seit jeher ein fester Bestandteil des menschlichen Miteinanders (Krüsmann/Müller-Cyran 2005). Autoren unterschiedlicher Herkunftsdisziplinen bemerken in diesem Zusammenhang jedoch einen Rückgang in der bewussten Auseinandersetzung mit diesem sichersten Ereignis menschlichen Lebens (vgl. u. a. Spaemann 1977, Beck 1985). Es stellt sich die Frage, „[...] ob genau dieses ‚Einanderbeistehen' in unserer Gesellschaft nicht mehr oder weniger verkümmert ist, so wie unsere Trauer- und Abschiedsrituale, zumindest in den Städten, teilweise verkümmert sind" (Krüsmann/Müller-Cyran 2005: 19). Inwieweit es sich hier um eine Verdrängung oder im Sinne Hahns (1968) um ein naives Nichtwissen um den Tod handelt, welches sich aus veränderten gesellschaftlichen Strukturen ergibt, bleibt zu klären. Festzuhalten ist jedoch, dass im Zusammenhang mit den von verschiedenen Seiten betonten Enttraditionalisierungs- und Individualisierungsprozessen (vgl. Beck 1987, Rauschenbach 1992), das Individuum zunehmend vor die Aufgabe gestellt ist, bisher ungekannte Situationen zu bewältigen. „Der Tod trifft uns in einem sehr viel höheren Maße unvorbereitet, als dies früher der Fall war", schlussfolgert Morgenstern (2005: 168) und beruft sich u. a. auf Ergebnisse einer Erhebung Hahns (1979), der zufolge nicht einmal ein Prozent der willkürlich befragten Personen im Alter zwischen 20-25 Jahren sich erinnern konnte, je bewusst einen Leichnam gesehen zu haben. Dass die Herausforderung an die individuellen Bewältigungsfähigkeiten in der Begegnung mit dem Tod wächst, betonen auch Nassehi und Weber (1989). Während ihrer Beobachtung nach die vormoderne Sinngebung des Todes in eine allgemeine, kollektiv gültige Sinngebung des Seins miteingeschlossen war, so scheint „der ‚Ort' der Sinngebung des Todes [...] in der modernen Gesellschaft allein die intrasubjektive Ebene des Ichs zu sein" (ebd.: 197f.). Mit dem Anstieg der Anforderungen an die individuellen Bewältigungsmuster findet aber, wie erläutert, zeitgleich eine Verringerung der praktischen Erfahrung statt (Hahn 1979, Beck 1985), durch die eben jene Verarbeitungsstrategien erlernt und erprobt werden könnten. In der Begegnung mit dem Tod wird damit heute ein Spannungsfeld sichtbar, dessen Kluft zwischen Situationsanforderung und persönlichen, erlernten Handlungsmöglichkeiten große Nähe zu den Risikofaktoren und Bestimmungsmerkmalen psychosozialer Krisen aufweist. Dies gilt insbesondere dann, wenn das Ereignis Tod außerhalb des Erwartungshorizontes liegt.

Wenn man der Praxiserfahrung von Krisenhilfe und psychosozialer Notfallversorgung folgt, dann erreicht dieses Ungleichgewicht in aller Regel eine ernstzunehmende Klimax in der Begegnung mit dem Tod von Kindern. Dieser wird aufgrund des wahrgenommenen Betreuungsbedarfs der Betroffnen von unterschiedlichen Seiten als ereignisspezifischer und somit weitgehend personenunabhängiger Einsatzindikator für Krisenintervention angesehen (Daschner 2003, Hausmann 2003, Müller-Lange 2001). Bemerkenswert ist an dieser Stelle jedoch, dass man in einer eingehenden Literaturrecherche zwar fündig wird bei Ereignissen wie dem plötzlichen Kindstod oder Unfällen von Kindern (Hausmann 2003, Krüsmann/Müller-Cyran, 2005), die Krisenintervention im Kontext von prä- und perinatalem Tod jedoch vergleichsweise unbehandelt erscheint (Morgenstern 2005). Statistische Seltenheit sowie fehlender Unterstützungsbedarf können als Ursachen für diesen erstaunlichen Befund ausgeschlossen werden, wenn man bedenkt, dass derzeit jede fünfte Schwangerschaft vorzeitig und ungewollt endet (Beutel 2002). Nach Beutel (2002) enden mindestens 30 % aller durch einen Schwangerschaftstest nachgewiesenen Schwangerschaften mit einem Abort[3]. „Die Häufigkeit von Totgeburten (20.-27. Woche) liegt zwischen 5 und 12 pro 1000 Geburten. Etwa gleich viele Kinder sterben bei der Geburt oder in den ersten sieben Lebenstagen. Diese Daten entsprechen den Angaben des Statistischen Bundesamtes für das Jahr 1999 [...]" (Scheidt et al. 2007: 2). Im Gegensatz zur Säuglinssterblichkeit, die zunächst lebend geborene Kinder bis zur Vollendung des ersten Lebensjahres betrifft, hat sich diese hohe Rate der Fehl- und Totgeburten in den vergangenen Jahren kaum verringert (Morgenstern 2005). Mögen medizinische Fortschritte, wie die pränatale Diagnostik und künstliche Befruchtungsmöglichkeiten die Erwartungen zukünftiger Eltern bezüglich einer ‚sicheren' Schwangerschaft auch erhöhen, so bleibt festzuhalten, dass die prä- und perinatalen Verlusterfahrungen kaum abnehmen und nach wie vor die häufigsten Schwangerschaftskomplikationen (15 – 20%) darstellen (Scheidt et al. 2007).

Was sich jedoch in den letzten Jahren zu ändern beginnt, ist der gesellschaftliche Umgang mit dieser realen und für die hinterbliebenen Eltern häufig tragischen Todeserfahrung.

So wurde aufgrund des Drängens von Selbsthilfeorganisationen und auf Empfehlung der WHO (World Health Organisation) bspw. 1994 die Anerkennung des Personenstatus und der damit verbundene gesetzliche Anspruch auf eine Namensgebung sowie Bestattungsmöglichkeiten auf verstorbene Kinder mit einem Gewicht unter 1000 Gramm (Initiative Regenbogen 2007, Morgenstern 2005) ausgeweitet. Anweisungen an das medizinische und seelsorgliche Personal, den betroffenen Angehörigen eine persönliche Verabschiedung vom verstor-

---

3 In Anlehnung an Scheidt et al. (2007) wird mit dem Begriff Abort (Fehlgeburt) ein nichtartifizieller Schwangerschaftsverlust vor Eintritt der Lebensfähigkeit des Kindes bezeichnet, während ab einem Geburtsgewicht von 500 g von einer Totgeburt bzw. einem intrauterinen Fruchttod gesprochen wird.

benen Kind zu ermöglichen, die Zuweisung von speziellen Bezugspersonen, das Angebot religiöser Rituale sowie Segnungen im Kontext der Geburt (siehe Bremer Thesen bei Wehkamp 1991, Katholischer Krankenhausverband Deutschland, e.v. 999) stellen im Umgang mit dem perinatalen Tod auch im Krankenhaus fundamentale Neuerungen dar.

Ihre Erfordernis wird anhand der erst spärlich gesäten Studien über die Trauerverarbeitung nach Prä- und Perinatalverlust deutlich. Verbreitete Vorstellungen, denen zufolge in der frühen Schwangerschaftsphase, in der weder körperliche Veränderungen sichtbar noch Kindsbewegungen spürbar sind, nicht mit einer intensiven Bindung an das heranwachsende Kind zu rechnen sei, können nach heutigen Erkenntnissen widerlegt werden (Beutel 2002). Seit den Untersuchungen von Peppers und Knapp, die sich 1980 erstmalig intensiv mit Trauerreaktionen nach einer Fehlgeburt auseinander setzten, lässt sich heute ein „breites Spektrum von Trauer- und depressiven Reaktionen [nachweisen], die verzögert auftreten können" (Beutel 2002: 40). In Übereinstimmung mit den von Morgenstern (2005) durchgeführten qualitativen Interviews berichtet Beutel (2002), dass viele Frauen sich zudem mit der, medizinisch häufig nicht eindeutig eruierbaren Ursache des Abortes beschäftigten und in durchgeführten Erhebungen bis zu zwei Drittel unter z. T. ausgeprägten Schuldgefühlen litten. Trauer infolge einer perinatalen Verlusterfahrung kann unter Bezugnahme auf die Bindungstheorie (Bowlby 1983) durch eine bereits in der frühen Schwangerschaft einsetzende Bindung zwischen Mutter und dem noch Ungeborenen erklärt werden, deren Auflösung zu einem Verlust konkreter Vorstellungen, Erwartungen und Hoffnungen führt. In Anlehnung an Bowlby wählen Beutel und Mitarbeiter (2002) bezüglich der Hinwendung an einen heranwachsenden Embryo oder Föten in Phantasie und Realität (z.B. in Form von Vorbereitungen) den Begriff der Bindungsbereitschaft und grenzen diese somit von der postnatalen, auf Reflexivität beruhenden Bindung zwischen Eltern und Kind ab. Ein Hinweis dafür, dass es sich bei dieser Bindungsbereitschaft bereits um ein grundlegendes Beziehungsmuster handelt, das bei Verlust in Folge komplizierter Trauer zu weit reichenden gesundheitlichen Konsequenzen führen kann, zeigen folgende Ergebnisse: In ihrer Übersichtsarbeit zur Trauerverarbeitung nach Prä- und Perinatalverlust weisen Scheidt et al. (2005) auf Untersuchungen hin, denen zufolge 20-30 % aller Frauen nach Perinatalverlust unter signifikant psychiatrischen und somatischen Symptomen leiden. „Bei annähernd 25 % aller von einem Kindsverlust betroffenen Frauen liegen diese noch Jahre nach der Verlusterfahrung in klinisch relevanter Intensität vor" (ebd.: 5). Hierzu zählen neben depressiven Reaktionen, die bei ca. 20-36 % aller hinterbliebenen Frauen zu beobachten sind, auch Angststörungen, ein zeitweise erhöhtes Risiko für den Ausbruch von Zwangsstörungen sowie somatische Beschwerden (Scheidt et al. 2007). Aus einer Stichprobe von betroffenen Frauen, die einen Perinatalverlust nach der 20. Schwangerschaftswoche erlitten, erfüllten bis zu 10 % aller Frauen unmittelbar nach dem Schwangerschaftsverlust die DSM-IV-Kriterien (APA 1996) einer akuten Belastungsstörung. Dies ist umso bedeutsamer, da nach dem derzeitigen Wissensstand im Rahmen von traumatogenen Ereignissen die akute Belastungsstörung, bzw. das Ausmaß der mit ihr verbundenen Dissoziation, als Prädiktor für die Entwicklung posttraumatischer Belastungsstörungen angesehen werden kann (Steil/Ehlers 2003). Akute Belastungsreaktionen stellen aus diesem Grund einen personenspezifischen Indikator für die Erfordernis psychosozialer Krisenintervention dar. Als Anzeichen mangelnder Bewältigungsfähigkeiten sind schließlich pathologische Trauerreaktionen zu nennen, die sich nach Scheidt et al. (2007: 5) durch „ungewöhnlich intensive, prolongierte, verschobene oder inhibierte Reaktionen auf eine persönliche Verlusterfahrung" äußern.

Während bisher lediglich auf pathologische Entwicklungen hingewiesen wurde, wie sie bei betroffenen Frauen vorfindbar sind, muss hinzugefügt werden, dass neueren Befunden zufolge derartig komplizierte Trauerprozesse auch in Zusammenhang mit einem erhöhten Auffinden von Partnerschaftskonflikten (Beutel 2002) sowie negativen Auswirkungen auf die Qualität der Beziehung zu nachfolgend geborenen Kindern gesehen werden (Hughes et al. 2001). Der u. U. ungelöste Bindungsstatus der Mutter nach einer perinatalen Verlusterfahrung scheint dabei eine Bindungsdesorganisation bei nachfolgend geborenen Kindern zu begünstigen, welche sich wiederum als ein Risikofaktor für kindliche Entwicklungsstörung erwiesen hat (Scheidt et al. 2007).

Die aufgeführten Konsequenzen sind ein deutlicher Hinweis auf die Gefährdungen, denen von einem Schwangerschaftsverlust betroffene Frauen sowie ihre Angehörigen ausgesetzt sind. Zudem bilden sie empirische Belege für den vielerorts seit langem wahrgenommenen Handlungsbedarf (Lutz/Künzer-Riebel 1991).

Indem die Praxis bereits begonnen hat diese Versorgungslücke zu schließen (Morgenstern 2005), muss notweniger Weise auch der Frage nachgegangen werden, inwieweit die aus weitgehend zielgruppenneutralen Kriseninterventionskonzepten entnommenen Maßnahmen (siehe u. a. Hausmann 2003) ebenfalls in der psychosozialen Akutbetreuung nach Schwangerschaftsverlusten adäquate Hilfsformen bilden.

Die wenigen Untersuchungen, die sich bisher der Notwendigkeit eingreifender Maßnahmen im Kontext von prä- und perinatalem Tod gewidmet haben, entstammen bislang dem medizinisch-psychologischen (Beutel 2002, Nijs 1999, Scheidt et al. 2007) oder theologischen Bereich (z.B. Morgenstern 2005). Wenn Soziale Arbeit aber zur Aufgabe hat, sich mit psychosozialen Krisen als einer Ausdrucksform sozialer Lebensführungsprobleme (Otto/Ziegler, 2007) auseinander zu setzen, dann tut sie gut daran, den hier aufgezeigten Handlungsbedarf ernst zu nehmen und sich ihres Auftrages zur Bewältigungsunterstützung auch im Kontext traumatischer Krisen bewusst zu werden.

Literaturverzeichnis

Aguilera, D. C./Messick, J. M. (1977). Grundlagen der Krisenintervention. Freiburg: Lambertus.

APA (American Psychiatric Association) (1996). Diagnostisches und statistisches Manual psychischer Störungen. DSM-IV (4. Aufl.) (dt. Bearb. v. Saß, H./Wittchen, H.-U./Zaudig, M.). Göttingen: Hogrefe, Verlag für Psychologie.

Beck, U. (1985). Eigener Tod – Eigenes Leben: Vergänglichkeitshoffnungen. In: Beck, U./Vossenkuhl, W./Erdmann Ziegler, U.: Eigenes Leben. Ausflüge in die unbekannte Gesellschaft, in der wir Leben. München: Verlag C. H. Beck, S. 171-174.

Beck, U. (1987). Risikogesellschaft: Auf dem Weg in eine anderer Moderne. Frankfurt a. M.: Suhrkamp.

Beerlage, I./Hering, T./Nörenberg, L. (2004). Entwicklung von Standards und Empfehlungen für ein Netzwerk zur bundesweiten Strukturierung und Organisation psychosozialer Notfallversorgung. Verfügbar unter: http://www.psychosoziale-notfallversorgung.de [14.01.2006].

Beutel, M. E. (2002). Der frühe Verlust eines Kindes. Bewältigung und Hilfe bei Fehl-, Totgeburt und Plötzlichem Kindstod. Göttingen: Hogrefe.

Böhnisch, L. (2002). Lebensbewältigung. Ein sozialpolitisch inspiriertes Paradigma für die Soziale Arbeit. In: Thole, W. (Hrsg.): Grundriss Soziale Arbeit. Ein einführendes Handbuch. Opladen: Leske & Budrich, S. 199-213.

Böllert, K. (1992). Prävention statt Intervention. Eine andere Funktionsbestimmung sozialer Arbeit. In: H.-U. Otto, H.-U./Hirschauer, P./Thiersch, H. (Hrsg.): Zeit-Zeichen Sozialer Arbeit. Neuwied: Luchterhand, S. 155-164.

Böllert, K. (1995). Zwischen Intervention und Prävention. Neuwied: Luchterhand.

Bowlby, J. (1983). Verlust, Trauer und Depression. Frankfurt: Fischer.

Brandstädter, J./von Eye, A. (Hrsg.) (1982). Psychologische Prävention. Grundlagen, Programme, Methoden. Bern: Huber.

Caplan, G. (1964). Principles of preventive psychiatry. New York: Basic Books.

Cullberg, J. (1978). Krisen und Krisentherapie. Psychiatrische Praxis, 5, S. 25–34.

Daschner, C.-H. (2003). Krisenintervention im Rettungsdienst. Wien: Stumpf und Kossendey.

Dewe, B./Otto, H.-U. (2002). Reflexive Sozialpädagogik. Grundstrukturen eines neuen Typs dienstleistungsorientierten Professionshandelns. In: Thole, W. (Hrsg.): Grundriss Soziale Arbeit. Ein einführendes Handbuch. Opladen: Leske + Budrich, S. 179-198.

Dollinger, B. (2004). Krisenintervention als Aufgabe der Sozialen Arbeit. Zeitschrift für Sozialpädagogik, 2. Jg., 2004, 4, S. 377-396.

Hahn, A. (1968). Einstellungen zum Tod und ihre soziale Bedingtheit. Eine soziologische Untersuchung. Stuttgart: Enke.
Hahn, A. (1979). Tod und Individualität. Eine Übersicht über neuere französische Literatur. In: Kzs 31, S.746-756.
Hausmann, C. (2003). Handbuch Notfallpsychologie und Traumabewältigung. Grundlagen, Interventionen und Versorgungsstandards. Wien: Facultas.
Honig, M.-S. (2005). Krise als Begriff der Sozialen Arbeit. In: Kreft, D./Mielenz, I. (Hrsg.): Wörterbuch Soziale Arbeit. Weinheim: Juventa, S. 556.
Hughes, P./Turton, P./Hopper, E. et al. (2001). Disorganized attachment behaviour among infants born subsequent to stillbirth. Journal of Child Psychology and Psychiatry, 42, S. 791-801.
Krise. In Duden. Das Fremdwörterbuch (1974). Mannheim: Dudenverlag, S. 406.
Initiative Regenbogen. Homepage verfügbar unter: http://www.initiative-regenbogen.de [02.04. 2007].
Katholischer Krankenhausverband Deutschlands e.V. (Hrsg.) (1999). Tot- und Fehlgeburt im Krankenhaus. Unser Selbstverständnis in der Sorge um den Menschen. Freiburg i. Br.: Rebholz GmbH.
Krüsmann, M./Müller-Cyran, A. (2005). Trauma und frühe Intervention. Möglichkeiten und Grenzen von Krisenintervention und Notfallpsychologie. Reihe: Leben Lernen 182. Stuttgart: Pfeiffer bei Klett-Cotta.
Lutz, G./Künzer-Riebel, B. (Hrsg.) (1991). Nur ein Hauch von Leben. Eltern berichten vom Tod ihres Babies und von der Zeit ihrer Trauer. Frankfurt a. M.: Fischer Taschenbuch.
Mennemann, H. (2000). Krise als ein Zentralbegriff der (Sozial-)-Pädagogik – eine ungenutzte Möglichkeit? Neue Praxis, 3, S. 207-226.
Morgenstern, A. (2005). Gestorben ohne gelebt zu haben. Trauer zwischen Schuld und Scham. Reihe: Praktische Theologie heute, Band 66. Stuttgart: Kohlhammer.
Müller-Cyran, A. (1997). Krisenintervention im Rettungsdienst. In: Bengel, J. (Hrsg.): Psychologie in Notfallmedizin und Rettungsdienst. Heidelberg: Springer Verlag, S. 107-123.
Müller-Lange, J. (2001). Handbuch Notfallseelsorge. Edewecht: Stumpf & Kossendey.
Nassehi, A./Weber, G. (1989). Tod, Modernität und Gesellschaft. Entwurf einer Theorie der Todesverdrängung. Opladen: Westdeutscher Verlag.
Nijs, M. (1999). Trauern hat seine Zeit. Abschiedsrituale beim frühen Tod eines Kindes. Reihe: Psychosoziale Medizin, Band 7. Göttingen:Hogrefe.
Otto, H.-U./Ziegler, H. (2007). Soziale Arbeit, Glück und das gute Leben – Das sozialpädagogische Potential des Capability Approach. In: Andresen, S./Pinhard, I./Weyers, S. (Hrsg.): Erziehung – Ethik – Kultur. Pädagogische Aufklärung als intellektuelle Herausforderung. Micha Brumlik zum 60. Geburtstag. Weinheim: Beltz, S. 229-248.
Peppers, L. G./Knapp, R. J. (1980). Maternal Reactions to involuntary fetal/infant death. Psychiatry, 43, S. 155-159.
Perrez, M. (1991). Prävention, Gesundheits- und Entfaltungsförderung: Systematik und allgemeine Aspekte. In Perrez, M./Baumann, U. (Hrsg.), Lehrbuch der Klinischen Psychologie. Band 2: Intervention. Bern: Huber, S. 80-91.

Scheidt, C. E./Waller, N./Wangler, J./Hasenburg, A./Kersting, A. (2007). Trauerverarbeitung nach Prä- und Perinatalverlust. Prävalenz, klinisches Bild und Behandlung – eine Übersicht über den aktuellen Forschungsstand. Psychotherapie, Psychosomatik, Medizinische Psychologie, 57, S. 4-11.

Schuchardt. E. (2003). Krisen-Management und Integration. Band 1: Biographische Erfahrung und wissenschaftliche Theorie. Bielefeld: Bertelsmann.

Sonneck, G. (2000). Krisenintervention und Suizidverhütung. Wien: Facultas Universitätsverlag.

Spaemann, R. (1977). Über den Sinn des Leidens. In Einsprüche. Christliche Reden. Einsiedeln: Johannes Verlag.

Steil, R./Ehlers, A. (2003). Posttraumatische Belastungsstörung. In: Reinecker, H. (Hrsg.): Lehrbuch der klinischen Psychologie und Psychotherapie. (4. Aufl.). Göttingen: Hogrefe, S. 153-180.

Ulich, D. (1987). Krise und Entwicklung: Zur Psychologie der seelischen Gesundheit. Weinheim: Psychologie Verlags Union.

Wehkamp, K.-H. (1991). Kindstod in der Frauenklinik. In Lutz, G./Künzer – Riebel, B. (Hrsg.): Nur ein Hauch von Leben. Eltern berichten vom Tod ihres Babys und von der Zeit ihrer Trauer. Frankfurt a. M.: Fischer Taschenbuch Verlag, S. 79-56.

Ziegler, H. (2001). Prävention: Vom Formen zum Guten zum Lenken der Freien, Widersprüche, 79, 21. Jg., S.7-24.

Institutionelle Kontexte

Die Sozialpädagogische Familienhilfe im Kontext des familialen Wandels – Eine neo-institutionalistische Betrachtung

Corinna Peter

Ausgangspunkt dieses Beitrages ist die Frage nach dem Einfluss des familialen Wandels, der sich seit Ende der 1960er, Anfang der 1970er Jahre in Deutschland vollzogen hat, auf Angebote der Kinder- und Jugendhilfe. Wie spiegeln sich familiale Transformationsprozesse in der professionellen Praxis der Kinder- und Jugendhilfe wider? In diesem Beitrag soll es darum gehen, eine neue Perspektive darzulegen, auf deren Grundlage diese Frage tiefergehend erforscht werden kann. Im Kontext dieses Artikels kann dabei lediglich die Grundidee dieser Forschungsperspektive skizziert und vorgestellt werden. Um der Frage mit einer im sozialpädagogischen Forschungsbereich innovativen theoretischen Hintergrundfolie zu begegnen, bietet sich der soziologische Neo-Institutionalismus an. Dieser organisationstheoretische Ansatz präsentiert die Möglichkeit eines neuartigen Blickwinkels auf die Erforschung der sozialpädagogischen Praxis sowie den Einfluss gesellschaftlich-kultureller Elemente und Regeln auf diese. Beispielhaft für die Kinder- und Jugendhilfe wird in diesem Beitrag der Blick auf die Sozialpädagogische Familienhilfe (SPFH) als familienunterstützende Hilfe zur Erziehung gerichtet, da aufgrund ihrer intensiven Familienorientierung von der Annahme ausgegangen wird, dass familiale Veränderungsprozesse hier möglicherweise deutlich zum Ausdruck kommen und die Arbeit in diesem Hilfesetting entsprechend beeinflussen. Die SPFH kann aus Sicht des Neo-Institutionalismus als eine Organisation Sozialer Arbeit aufgefasst werden bzw. es ist mit der Einnahme einer organisationstheoretischen Perspektive zu berücksichtigen, dass die SPFH immer auch in organisationale Strukturen eingebunden ist, die je nach Träger- und Einrichtungsform erheblich variieren können.

Zunächst wird auf die für die Ausgangsfrage relevanten theoretischen Basisannahmen des Neo-Institutionalismus eingegangen, um daran anschließend ausführlicher die familialen Entwicklungsprozesse seit Mitte des vorangehenden Jahrhunderts zu fokussieren und den Blick auf das spezifische Hilfeprofil der Sozialpädagogischen Familienhilfe zu richten.

1. Der soziologische Neo-Institutionalismus

Entscheidend für die Ausgangsfrage dieses Beitrages ist das neo-institutionalistische Verständnis, dass Organisationen, unabhängig ihrer Art und Form, in die Gesellschaft eingebettet sind und nicht als autonome Einheiten ohne Bezug auf diese operieren und existieren können. Das Verhältnis von Organisation und Gesellschaft und deren komplexe Zusammenhänge stehen im Fokus dieses Ansatzes. Zentraler Ausgangspunkt ist somit, dass Organisationen mit Blick auf die gesellschaftliche Umwelt betrachtet werden (vgl. Senge/Hellmann 2006: 11ff.). Ein besonderer Aspekt, welchem der Neo-Institutionalismus[1] maßgeblich Rechnung trägt, ist das Verständnis, dass das organisationale Geschehen immer in einen gesellschaftlichen bzw. institutionellen Rahmen eingebunden ist und sich das organisationale Handeln an diesem ausrichtet und nicht primär der Dimension der Effizienz, sondern weiteren gesellschaftlichen Signifikanzen unterliegt. Neben ökonomischen Gesichtspunkten spielen somit kulturelle Aspekte eine wesentliche Rolle für die Ausgestaltung organisationalen Handelns (vgl. Senge 2005: 217). Es wird grundlegend von der Annahme ausgegangen, dass gesellschaftliche Erwartungsmuster, Vorstellungen, Überzeugungen etc. existieren, die wesentlich darüber bestimmen, welchen Zweck Organisationen verfolgen, welche Aufgaben sie zu erledigen haben und wie sie ausgestaltet sein sollen (vgl. Walgenbach 1999: 320).

1.1 Institutionen

Im Mittepunkt der Analyse steht die institutionelle Ordnung und nicht der individuelle Akteur (vgl. Tacke 2006: 90). Dabei liegt der Fokus jedoch nicht auf der Betrachtung der ökonomischen und technologischen Gegebenheiten, innerhalb derer Organisationen agieren, sondern auf der kulturellen bzw. institutionellen Umwelt, z.B. in Form von Deutungsmustern, Grundüberzeugungen, Idealen, selbstverständlichem Wissen, Werten, Normen und Erwartungshaltungen (vgl. Hasse 2006: 150). Der Blick ist auf den routinehaften Aspekt von Institutionen, auf selbstverständliche Regeln und Wissensformen gerichtet. Diese Institutionen beruhen auf dem „[...] unreflektierten und mit der Zeit erwartungsgenerierenden Gebrauch von Routinen, Sitten und Gebräuchen [...]" (Hasse/Krücken 2005, S.65). Die nicht-bewusste Vereinnahmung der sozialen Akteure durch diese Form von Institutionen steht im Mittelpunkt (vgl. Hasse/Krücken 2005, S.111).

---

[1] Wenn in diesem Beitrag die Rede vom Neo-Institutionalismus ist, dann beziehen sich die Ausführungen stets auf den soziologischen Neo-Institutionalismus und nicht auf die beiden anderen Ansätze: den ökonomischen sowie den politikwissenschaftlichen Neo-Institutionalismus.

Von Bedeutung ist, dass Organisationen heterogenen institutionellen Einflüssen ausgesetzt sind, die aus institutionalistischer Perspektive „[...] in kausaler Beziehung zu den Prozessen und Entscheidungen in Organisationen stehen" (Senge/Hellmann 2006: 19).

Unter Institutionen verstehen die Vertreter und Vertreterinnen des Neo-Institutionalismus generell soziale Regeln und Muster, die eine Handlungsgenerierung inne haben. Institutionen sind beispielsweise selbstverständliches Wissen und kulturelle Erwartungshaltungen, welche in der organisationalen Umwelt existieren (vgl. Preisendörfer 2005: 147). Es wird von der grundlegenden Annahme ausgegangen, dass institutionalisierte Elemente in die formale Organisationsstruktur adaptiert werden, um auf diese Weise Legitimität zu erlangen (vgl. Walgenbach 2006: 353). Die institutionalistische Perspektive wendet sich gegen solche Ansätze, die Organisationen als das Ergebnis individueller rationaler Entscheidungsprozesse konzipieren. Organisationen werden im Gegensatz dazu als gesellschaftliche Formen, die nur auf der Basis gesamtgesellschaftlicher Strukturen zu begreifen sind, betrachtet. Grundsätzlich wird die Einbettung der sozialen Akteure – der Individuen, der Organisationen und des Staates – in übergreifende Ordnungsmuster im Sinne von Institutionen hervorgehoben (vgl. Meyer 2005: 5). Institutionen stellen demnach die wesentlichen Strukturelemente dar (vgl. Türk 2000: 146) und gelten als „grundlegende Einheiten der Gesellschaft" (Meyer 2005: 9). Sie repräsentieren die gesellschaftliche Ordnung und können in diesem Kontext als symbolische Ordnungen bezeichnet werden. Nach Einschätzung von Rehberg (2002) verfügt jede Ordnung über eine institutionelle Abbildung (vgl. ebd.: 47ff.). Dabei beziehen sich die Symbolisierungsleistungen der Institutionen auf sogenannte Leitideen, im Sinne einer allgemein anerkannten und gültigen Festlegung dessen, was beispielsweise der Staat, die Soziale Arbeit oder die Sozialpädagogische Familienhilfe sein sollen (vgl. Rehberg 2002: 49). Institutionen stellen eine Art „Bindeglied" zwischen Organisation und Gesellschaft dar (vgl. Senge 2005: 22, Senge/Hellmann 2006: 19). Von Bedeutung ist, dass das neo-institutionalistische von dem klassischen Institutionenverständnis abweicht. Jepperson (1991), ein wesentlicher Vertreter des Neo-Institutionalismus, definiert Institutionen als „[...] an organized, established, procedure. These special procedures are often represented as the constituent rules of society („the rules of the game")" (ebd.: 143). Jepperson merkt ferner an, dass Institutionen den Effekt auf die Erwartungen der Menschen haben, dass sie als selbstverständlich erachtet werden. Diese ihnen zugeschriebene Eigenschaft macht die Besonderheit der Institutionen im Gegensatz zu nicht institutionalisierten Regeln aus und verleiht ihnen eine Art "exterior and objective constraint" (vgl. ebd.: 147). Zu beachten ist dabei jedoch, dass Institutionen nicht eine konkrete Handlung determinieren, sondern, dass sie lediglich Möglichkeiten und Begrenzungen für Handlungen vorgeben (vgl. Scott 2001: 50).

1.2 Organisationen

An Organisationen richten sich institutionalisierte Erwartungsstrukturen im Sinne von Standards der Angemessenheit des organisationalen Geschehens (vgl. Walgenbach/Meyer 2008: 16). Organisationen werden im Neo-Institutionalismus als kulturell geprägte, gesellschaftlich konstituierte Formen betrachtet (vgl. Walgenbach/Meyer 2008: 17). Dabei ist zu beachten, dass Organisationen und Institutionen nicht identisch sind, ihr Verhältnis ist mehrdeutig. Institutionen beziehen sich nicht ausschließlich auf Organisationen, sie sind umfassender als diese zu verstehen (vgl. Hasse/Krücken 1996: 99).

Wählt man die klassische Differenzierung organisationssoziologischer Fragestellungen von Mayntz (1963) als Ausgangspunkt der Betrachtung, so verkörpert der neo-institutionalistische Ansatz die theoretische Perspektive, die den Blick auf das Verhältnis von Organisation und Gesellschaft richtet. Das Verständnis von Organisationen als offene Systeme fokussiert die Interdependenz sowie die Strukturangleichung von Organisation und Umwelt (vgl. Scott 1986: 170ff.). Die Organisation wird als ein dynamisches Gefüge verstanden, denn „[...] Überleben heißt sich anpassen, und sich anpassen heißt sich verändern" (ebd.: 171). Die gesellschaftliche Umwelt dient der Organisation als wesentliche Basis zum Überleben, sie liefert die entscheidenden Ressourcen und wird als Quelle von Ordnung begriffen (vgl. ebd.: 171).

Kieser und Walgenbach (2007) verstehen unter Organisationen „[...] soziale Gebilde, die dauerhaft ein Ziel verfolgen und eine formale Struktur aufweisen, mit deren Hilfe die Aktivitäten der Mitglieder auf das verfolgte Ziel ausgerichtet werden sollen" (ebd.: 6). Dieses Verständnis wird im Folgenden am Beispiel der Sozialpädagogischen Familienhilfe näher erläutert.

- Organisationen dienen spezifischen, ausgewählten Zwecken bzw. Zielen, beispielsweise in ökonomischer, politischer oder sozialer Hinsicht und können Abraham und Büschges (2004) zur Folge als Zweckverbände bezeichnet werden. Sie entstehen nicht naturwüchsig, sondern wurden geschaffen und bestehen, da sie einen gesellschaftlichen Zweck erfüllen (vgl. ebd.: 22ff.). Die Sozialpädagogische Familienhilfe dient gemäß § 31 SGB VIII dem Zweck: „[...] Familien in ihren Erziehungsaufgaben, bei der Bewältigung von Alltagsproblemen, der Lösung von Konflikten und Krisen sowie im Kontakt mit Ämtern und Institutionen [zu] unterstützen und Hilfe zur

Selbsthilfe [zu] geben." Sie stellt eine soziale Dienstleistung bzw. ambulante Hilfe zur Erziehung für Familien in mehrfach belasteten Lebenssituationen dar und ist zu den Hilfsangeboten der Kinder- und Jugendhilfe zu zählen, die zum Einsatz kommen, wenn Familien die erzieherischen Anforderungen nicht mehr aus eigener Kraft bewältigen können. Diese Hilfe bezieht sich primär auf kumulativ belastete Familien, die durch anderweitige Beratungs- und Unterstützungsangebote nicht erreicht werden (siehe dazu ausführlicher Abschnitt 3 in diesem Beitrag).

- Eine Form der Mitgliedschaft ist gegeben, wenn zwischen der Organisation und einem Individuum eine vertragliche Beziehung existiert, die sich auf bestimmte Handlungen bzw. Leistungen des Individuums bezieht (vgl. Kieser/Walgenbach 2007: 16). Ein Arbeitsvertrag zwischen dem Träger der SPFH bzw. der Einrichtung, in welcher die SPFH angesiedelt ist, und einer sozialpädagogischen Fachkraft stellt demnach beispielsweise eine Mitgliedschaft dar.
- Kieser und Walgenbach (2007) bezeichnen die „[...] Gesamtheit aller formalen Regelungen zur Arbeitsteilung und zur Koordination [...]" (ebd.: 18) als formale Struktur. Bezüglich einzelner Elemente der formalen Organisationsstruktur merken sie an, dass diese neben der Sicherung von Leistung und Herrschaft auch dazu dienen, der Organisation Legitimität zu verschaffen und ihren Bestand zu sichern, indem den Erwartungshaltungen „mächtiger Anspruchsgruppen" aus der organisationalen Umwelt entsprochen wird (vgl. ebd.: 20). Dabei wird der routinehafte Aspekt des Zustandekommens der formalen Struktur hervorgehoben. Die Struktur wird häufig unbewusst durch gesellschaftliche Institutionen geformt und reproduziert (vgl. ebd.: 21). Die Ziele und die zur Erreichung der Ziele formulierte Struktur sind auch dem neo-institutionalistischen Verständnis nach nicht primär durch eine Zweckrationalität und Effizienzorientierung geprägt, sondern sie stellen vielmehr „Produkte" gesellschaftlicher Institutionen dar, indem sie beispielsweise institutionalisierte Elemente der gesellschaftlichen Umwelt inkorporieren (vgl. Senge/Hellmann 2006: 21). Zu bedenken ist, dass rationale Zielbestimmungen ebenfalls durch gesellschaftliche Institutionen konstruiert werden (vgl. Meyer/Hammerschmid 2006: 164) und keine vorgegebene Absolutheit darstellen. Diese unbewusste institutionelle Durchdringung der (formalen) Struktur der SPFH, welche die institutionelle Prägung der Arbeitsabläufe impliziert, stellt die neo-institutionalistische Perspektive zur Beantwortung der Ausgangsfrage dieses Beitrages dar und wird im Folgenden noch tiefergehender als eine analytische Idee bzw. Perspektive dargestellt. Dabei wird die institutionelle Prägung der SPFH durch Aspekte des familialen Wandels in den Blick genommen. Es wird davon ausgegangen,

dass diese familienorientierte Hilfeform in ihrer Struktur und Ausgestaltung insbesondere durch unbewusste und als selbstverständlich geltende gesellschaftliche Erwartungshaltungen, die mit den familialen Transformationsprozessen einhergehen, bestimmt wird.

In Anlehnung an den hier dargestellten Organisationsbegriff kann die Sozialpädagogische Familienhilfe aus neo-institutionalistischer Perspektive als Organisation verstanden werden. Die SPFH verkörpert ein soziales Gebilde, das dauerhaft die Zielsetzungen des § 31 SGB VIII verfolgt und eine formale Struktur in Form von geregelten Aufgaben und Zuständigkeiten (wie z.B. Konzeptionen, Leitbilder und Arbeitsrichtlinien der jeweiligen Einrichtungen) aufweist, mit deren Hilfe die sozialpädagogischen Fachkräfte (Mitglieder) ihre Tätigkeit entsprechend der vorgegebenen Ziele ausrichten.

1.3 Legitimität

Im Kontext des Aufkommens der Perspektive der offenen Systeme hat sich das Verständnis dahingehend transformiert, dass das Konzept organisationaler Legitimität eine zentrale Rolle einnimmt und zum Kernpunkt organisationstheoretischer Ansätze geworden ist (vgl. Suchman 1995: 571). Im Neo-Institutionalismus wird die legitimitätsstiftende Wirkung von Institutionen hervorgehoben (vgl. Walgenbach/Meyer 2008: 67). Da der Neo-Institutionalismus in seiner Analyse von Organisationen den Blick auf die institutionelle kulturelle Umwelt und deren Einfluss auf organisationale Prozesse richtet, geht er von der grundlegenden Annahme aus, dass Organisationen ihr Überleben sichern, indem sie gesellschaftliche Institutionen in ihre formale Struktur übernehmen und auf diese Weise Legitimität erlangen (vgl. Meyer/Rowan 1977: 340ff.). Die institutionalisierten Regeln, die in die formale Struktur der Organisation übernommen werden, tragen insofern zur Legitimität einer Organisation bei, da aufgrund ihrer Institutionalisierung an sie geglaubt wird und sie als selbstverständlich gelten (vgl. Tacke 2006: 95). Dabei wird Legitimität aus institutionalistischer Perspektive nicht als eine strategische Ressource konzipiert, sondern als ein „set of constitutive beliefs". Kulturelle Realitätsdefinitionen bestimmen, wie die Organisation gestaltet, funktionieren, wie sie begriffen und bewertet werden soll. Der Zufluss von Ressourcen ist größtenteils „a by-product" von Legitimität (vgl. Suchman 1995: 576). Legitimität ist gegeben, wenn „[...] kulturell bedingte Betrachtungsweisen sinnvolle Erklärungen für die Existenz, die Funktionsweise oder den Zuständigkeitsbereich der Organisation bieten" (Walgenbach 2006: 366). Der Fokus wird auf die institutionellen Ordnungszusammenhänge gerichtet.

Legitimität stellt sich als ein „institutionelles Problem der 'Zustimmung' " (Tacke 2006: 94) dar. Legitimität repräsentiert somit "[...] a relationship with an audience, rather than being a possession of the organization" (Suchman 1995: 594).

Den Prozess zur Erlangung von Legitimität haben DiMaggio und Powell (1983) sehr prägend unter dem Begriff der Isomorphie und der weitergehenden Differenzierung in die drei Mechanismen: Zwang, Imitation und normativer Druck beschrieben. Mit jeder Dimension sind unterschiedliche Legitimationsbasen verbunden: die Konformität mit Gesetzen und vorgegebenen Regularien, die Übereinstimmung mit gemeinschaftlich geteilten Wirklichkeitskonzeptionen und Deutungsmustern sowie die Anpassung an gesellschaftliche Normen und Werte.

1.4 Kultur

Den Ausführungen von Meyer (2005) ist zu entnehmen, dass Kultur einen Grundbegriff des Neo-Institutionalismus darstellt (vgl. ebd.: 12). Kultur wird im neo-institutionalistischen Ansatz als ein wesentlicher Erklärungsbaustein im Hinblick auf das organisationale Handeln herangezogen (vgl. Senge 2005: 207). Organisationale Abläufe orientieren sich nach Auffassung der Neo-Institutionalisten nicht nur – wie oben bereits dargestellt – an ökonomischen, technischen oder zweckrationalen Aspekten, sondern an kulturellen Regeln (vgl. Senge 2005: 207, Walgenbach/Meyer 2008: 12). Meyer (2005) versteht unter Kultur die „[...] institutionalisierten Erwartungsstrukturen der Gesellschaften [...], die Akteuren oder Handlungen vorangehen" (ebd.: 12). Walgenbach (1999) zur Folge können die Begriffe Kultur und institutionalisierte Regeln synonym angewandt werden (vgl. ebd.: 321). Dem neo-institutionalistischen Verständnis nach wird die Gesellschaft als ein Gefüge von Institutionen gefasst (vgl. Senge 2005: 20). Geht die Organisation mit den institutionalisierten Elementen der kulturellen Umwelt konform, so erlangt sie Legitimität: „In der Gesellschaft gibt es institutionalisierte Vorstellungen richtigen oder zu vermeidenden Handelns, welche von den Akteuren oftmals unbewußt übernommen werden" (Senge/Hellmann 2006: 17). Hasse und Krücken (1996) halten in Anlehnung an Douglas (1982) fest, dass Institutionen „cultural biases" darstellen, auf denen die jeweiligen organisationalen Wahrnehmungs- und Deutungsmuster basieren (vgl. ebd.: 98). Der Neo-Institutionalismus „[...] stresses the role of culture in shaping organizational reality" (DiMaggio/Powell 1991: 12). Dabei ist zu berücksichtigen, dass der Kulturbegriff innerhalb dieses Ansatzes ein wissens- und sinnorientiertes Verständnis aufweist. Kultur wird vorrangig als ein mentales Phänomen – auf einer kognitiven Ebene – konzipiert und ist nicht auf einen spezifischen Gesellschaftsbereich beschränkt, sondern bezieht sich auf grundsätzliche Prozesse der Informationsverarbeitung und Sinnproduktion (vgl. Hasse/Krücken 2005: 85).

Festzuhalten ist, dass mit der Einnahme einer organisationstheoretischen Perspektive die Soziale Arbeit immer auch als eine organisational gefasste Praxis zu verstehen ist. Die Soziale Arbeit ist in ihren unterschiedlichen Angeboten, wie z.b. der Sozialpädagogischen Familienhilfe, in vielfältigen Träger- und Einrichtungsformen organisiert. Thole (2002) weist z.b. daraufhin, dass zwei maßgebliche Instanzen die Aufgaben Sozialer Arbeit wesentlich organisiert haben: die freien Träger und die staatlichen Institutionen Sozialer Arbeit. Diese können laut Thole als die zentralen Orte der Sozialen Arbeit betrachtet werden (vgl. ebd: 18f.). Soziale Arbeit ereignet sich immer in Organisationszusammenhängen und sozialpädagogisches Handeln erfolgt meist nicht spontan, sondern in organisierter Form (vgl. Merchel 2005: 7). Der Aspekt der Organisiertheit – der Organisation – der Sozialen Arbeit findet hier eine entsprechende Berücksichtigung.

Auf der Hintergrundfolie des Neo-Institutionalismus ist zu resümieren, dass Organisationen in ihrem Handeln und in ihrer Struktur in entscheidender Weise durch kulturelle bzw. institutionelle Muster, die im Erwartungshorizont der sozialen Akteure als selbstverständlich gelten, geprägt sind. Somit sieht sich auch die Soziale Arbeit in ihren jeweiligen Hilfe- und Einrichtungsformen – in ihrer Organisationsstruktur – mit gesellschaftlichen institutionalisierten Denkmustern und Erwartungshaltungen, insbesondere im Hinblick auf Familie und den familialen Wandel, konfrontiert. In Bezug auf Familie haben sich in den vergangenen Jahrzehnten erhebliche Transformationsprozesse ergeben, die zu veränderten, jedoch mittlerweile auch selbstverständlich gewordenen, Wahrnehmungs- und Denkmustern sowie Werten und Normen in der Gesellschaft geführt haben. Diese existieren somit auch in der gesellschaftlichen Umwelt der Kinder- und Jugendhilfe und der Sozialpädagogischen Familienhilfe. Im Folgenden wird zunächst auf den familialen Wandel näher eingegangen.

2. Familiale Transformationsprozesse

Seit Ende der 1960er bzw. Anfang der 1970er Jahre hat ein struktureller Wandel der Familie in Deutschland stattgefunden, der bis in die Gegenwart reicht. Da Familienkonzepte immer in gesellschaftliche, kulturelle und soziale Rahmenbedingungen eingebettet sind, betrifft ihr Wandel folglich auch die familiale Einheit (vgl. BMFSFJ 2006: 68, Busse/Helsper 2007: 325). Die Familie verfügt einerseits über eine private Dimension, die individuell gestaltet werden kann, andererseits aber ist sie eng mit gesellschaftlichen Strukturen verknüpft und bewegt sich stets in diesem Spannungsfeld der privaten als auch gesamtgesellschaftlichen Interessen und Anforderungen (vgl. Ecarius 2002: 37). Auch Lenz (2002) hält fest, dass Familie bzw. familiale Lebensformen keine „überzeitlichen Konstanten" darstellen, sondern von kulturellen Wandlungsprozessen maßgeblich beeinflusst werden (vgl. ebd.: 159). In entsprechender Weise merkt auch Richter (2008) an, dass sich Familien fernab des historisch einmaligen Modells der bürgerlichen Kleinfamilie im Rückblick stets „[...] als relativ flexible, bewegliche und den gesellschaftlichen und sozialen Wandlungsprozessen anpassungsfähige Gebilde, die als eine einheitlich zu identifizierende Lebensform zu keiner historischen Phase Bestand hatten" (ebd.: 65), zeigen. Die Entstehung der Familie ist somit nicht auf eine bestimmte familiale Lebensform zurückzuführen, sondern am Ursprung steht ihre prinzipielle Pluralität (vgl. ebd.: 65). Festzuhalten ist, dass es *die* Familie nicht gibt bzw. auch nie gab und grundsätzlich von einer empirischen Vielfalt dieser Lebensform auszugehen ist (vgl. Böhnisch/Lenz 1999: 7).

Der gesellschaftliche Wandel der vergangenen Jahrzehnte hat sich auf alle Lebensbereiche ausgewirkt, insbesondere auf die familialen Lebenskonstellationen (vgl. Hamann 2000: 9). Neben der dominierenden bürgerlichen Kleinfamilie, die Mitte des vorangehenden Jahrhunderts ihre stärkste Verbreitung fand, haben weitere familiale Lebensformen eine quantitative Zunahme erfahren (vgl. Nave-Herz 2004: 57). Die wachsende Rate von Scheidungen, Trennungen und Ein-Eltern-Familien hat zu einer Pluralisierung familialer Lebensformen beigetragen (vgl. Honig 2006: 27). Wesentlich ist, dass es „[i]nsgesamt betrachtet, [...] bei dem derzeitig zu beobachtenden Strukturwandel der Familie [...] weniger um die Entstehung neuer privater Lebensformen [geht] als darum, dass neben der ‚Normalfamilie' andere Privatheitsmuster an Gewicht gewonnen haben" (Peuckert 2008: 27). Dennoch stellt die sogenannte „Normalfamilie", welche dem Modell der bürgerlichen Familie entspricht, immer noch das führende Familienmodell und die empirisch am weitesten verbreitete Familienform in Deutschland dar (vgl. BMFSFJ 2005: 58).

Bedeutsame demographische Veränderungen der letzten Jahrzehnte sind insbesondere an der Abnahme der Geburtenziffer, dem veränderten Heiratsverhalten sowie der zunehmenden Häufigkeit von Ehescheidungen seit Ende der 1960er und Anfang der 1970er Jahre in Deutschland festzumachen (vgl. Peuckert 2008: 21). Bois-Reymond (1994) weist darauf hin, dass die wesentlichen Entwicklungsstränge, die das Bild der Familie maßgeblich verändern, folgendermaßen zusammenzufassen sind: zurückgehende Heiratsziffern, steigende Scheidungsrate, Rückgang der Geburtenziffern, steigende Erwerbstätigkeit der Frau,

Wandel der Mutterrolle, neue Lebens- und Erziehungswerte und steigende ökonomische Belastungen von Familie (vgl.: 137).

Des Weiteren stellt die gewandelte Rolle der Frau einen äußerst entscheidenden Faktor im Hinblick auf gesellschaftliche und familiale Transformationsprozesse dar. Im Zuge der Bildungsexpansion Mitte der 1960er Jahre hat sich die Lebensführung von Frauen in entscheidender Weise verändert. Aufgrund der zunehmenden weiblichen Beteiligung an der Erwerbstätigkeit sind Frauen sowohl in sozialer als auch in ökonomischer Hinsicht nicht mehr zwingend von einem männlichen Versorger abhängig. Zu resümieren ist, dass sich ein „massiver Umbruch" im Hinblick auf die Geschlechterrollen ereignet hat, der eindeutig im „weiblichen Lebenszusammenhang" zum Ausdruck kommt (vgl. Lenz 2002: 169). Dabei ist jedoch anzumerken, dass die Frau in der Kinderphase in traditioneller Art und Weise weiterhin die Rolle der Erziehung und Pflege der Kinder übernimmt, unabhängig davon, ob sie einer Erwerbstätigkeit nachgeht oder nicht. Während der Kinderphase sind die Frauen sehr häufig einer Doppelbelastung von Erwerbstätigkeit und Kindererziehung ausgesetzt (vgl. Borhardt 1999: 49, Liegle 2005: 512). In diesem Kontext wird von einem Rollenpluralismus der Frauen gesprochen, der die Kombination von Mutter- und Berufsrolle bezeichnet (vgl. Nave-Herz 2004: 90). Im Hinblick auf die innerfamiliale Arbeitsteilung zeigen empirische Studien auf, dass die unterschiedliche Belastung der Geschlechter bezüglich der hauswirtschaftlichen Tätigkeiten gleich geblieben ist. Frauen sind immer noch in überwiegendem Maße für die Haushaltsführung zuständig, unabhängig davon, ob sie einer Erwerbstätigkeit nachgehen oder nicht (vgl. Nave-Herz 2007: 50).

Darüber hinaus ist bezüglich der familialen Transformationsprozesse zu konstatieren, dass die biologische und die soziale Elternschaft immer häufiger auseinanderfallen. Peuckert (2008) konstatiert in diesem Zusammenhang eine Art „Erosion der bio-sozialen Doppelnatur der Familie" (ebd.: 25). Das Phänomen der multiplen Elternschaft kommt insbesondere bei Stieffamilien zum Ausdruck. Bei rund 90% ersetzt bei dieser Familienform ein sozialer den biologischen Vater im Haushalt (vgl. ebd.: 25f.). Notz (2005) resümiert bezüglich dieser Entwicklungen, dass mehr „väter- bzw. mütterreiche" Familien entstanden sind und sich die Eltern-Kind-Beziehungen gegenwärtig variantenreicher gestalten (vgl. ebd.: 6).

Dem 12. Kinder- und Jugendbericht ist zu entnehmen, dass Kinder und Jugendliche heute häufiger in wechselnden Familienformen als noch vor fünfzehn bis zwanzig Jahren leben (vgl. BMFSFJ 2005: 60). Kinder durchlaufen zunehmend verschiedene Familienformen und erleben sich wandelnde Paarkonstellationen und damit verbundene familiale Auflösungs- und Neubildungsprozesse (vgl. Peuckert 2008: 184). „Während der Kindheit und Jugend können verschiedene Beziehungskonstellationen erlebt werden: vom Kind in einer nichtehelichen Lebensgemeinschaft, über das Kind in einer „normalen" Familie, zum Kind in einer Ein-Eltern-Familie und schließlich zum Kind in einer Stieffamilie" (Fieseler/Herborth 2005: 113). Diese Diskontinuitäten familialer Konstellationen im Lebensverlauf der Minderjährigen führen zu hohen Anforderungen bezüglich einer Anpassung und eines Zurechtkommens mit den jeweils wechselnden familiären Situationen, im Hinblick sowohl auf die Bewältigung des Familienalltags als auch auf die emotionalen Beziehungen der Familienmitglieder untereinander (vgl. BMFSFJ 2005: 62). Die Reversibilität familienbezogener Entscheidungen hat in der Gegenwart zugenommen (vgl. Peuckert 2008: 28).

Die Liberalisierung gesellschaftlicher Normen und Werte ist ferner ein Aspekt, der mit familialen Veränderungsprozessen einherzugehen scheint. So hat sich beispielsweise eine Entkoppelung von Liebe und Ehe, von Ehe und Elternschaft sowie – wie bereits erwähnt – von biologischer und sozialer Elternschaft vollzogen (vgl. Kaufmann 1995: 96ff., Peuckert 2008: 30). Auch Hansbauer (2006) stellt fest, dass die enge normative Kopplung von Heirat mit dem Eingehen einer dauerhaften Paarbeziehung sowie von Heirat und Familiengründung erheblich geringer geworden ist (vgl. ebd.: 21).

Der familiale Wandel wirkt sich auch auf das Erziehungsgeschehen in der Familie sowie die Beziehung zwischen Eltern bzw. Erziehenden und Kindern aus (vgl. Liegle 2005: 513). Galt zur Hochphase der bürgerlichen Familie noch die Kinderstube als umfassender Ort der Erziehung, so hat sich dies im Lauf der Zeit erheblich verändert. Die familiale Erziehung unterliegt historischen Wandlungsprozessen und ist derzeit dadurch gekennzeichnet, dass diese nicht mehr nur allein innerhalb der Familie, sondern auch an anderen Orten – gesellschaftlich organisierten Institutionen – stattfindet (vgl. Böllert 2003: 44). Auch das Staatsinstitut für Familienforschung berichtet, dass sich im Zuge des familialen Wandels veränderte Anforderungen an die Erziehung in der Familie ergeben haben (vgl. Rupp 2005: 4). Da sich die Ansprüche an die Erziehungsleistungen der Eltern erhöht bzw. verändert haben, kann dies unter Umständen zu mehr sozialem Druck und einer Verunsicherung auf Seiten der Erziehenden beitragen (vgl. Peuckert 2008: 120). Gesteigerte Anforderungen sind beispielsweise daran festzumachen, dass Eltern aufgrund einer Pluralisierung der Werte und vielfältiger Handlungsoptionen ein Orientierungsverlust droht, und diese sich nicht mehr auf selbstverständliche und traditionelle Vorgaben stützen können (vgl. Peuckert 2008: 160). Neue Erziehungspraktiken sind für Eltern nicht immer einfach zu bestimmen und können somit zu Zweifeln führen (vgl. Rupp 2005: 13). Der gesellschaftliche Wandel, insbesondere der damit einhergehende Individualisierungsprozess, hat neue Probleme in Bezug auf die Elternschaft mit sich gebracht. Neben einem erhöhten Leistungsdruck erfahren Eltern heute immer häufiger eine

Unsicherheit und eine Ambivalenz in ihrer Elternrolle, die auf der Auflösung traditioneller Sinnzusammenhänge und Vorgaben beruht (vgl. Nave-Herz 2007: 64). Erler (2004) konstatiert, dass die verschiedenen Familientypen mit differierenden Herausforderungen konfrontiert sind (vgl. ebd.: 94). Die gesellschaftlichen Wandlungsprozesse haben Familien vor veränderte Aufgaben gestellt, wie z.B. die Erziehung, Betreuung und Bildung der Kinder sowie die Befriedigung emotionaler Bedürfnisse und von Intimität, die zu einer strukturellen Überforderung von Familien führen können. Familien sind gegenwärtig immer häufiger auf Hilfe und Unterstützung von außen angewiesen (vgl. Böllert/Karsten/Otto 2006: 18). So wird im 7. Familienbericht festgehalten: „Familie im Alltag zu leben, die vielfältigen Beziehungsmuster aufrechtzuerhalten und die ökonomische Sicherheit des Familienhaushalts zu gewährleisten, setzt in einer Welt, in der Lebensperspektiven ebenso unsicher geworden sind wie traditionelle Rollenvorstellungen, ganz andere Strategien der Lebensbewältigung voraus" (BMFSFJ 2006: 10). Trennung und Scheidung sind Erfahrungsumstände, die meist den gewandelten familialen Lebensformen, wie z.B. Ein-Eltern-Familien und Stieffamilien, vorausgehen. Die familialen Transformationserfahrungen können einerseits Chancen und individuelle Lernmöglichkeiten für alle Beteiligten darstellen, andererseits können sie aber auch zu psychosozialen Belastungen der Familie und der einzelnen Familienmitglieder führen (vgl. BMFSFJ 2005: 21). Es scheint, dass Familien „[...] ihrem Auftrag als Erziehungsinstanz heute immer weniger gerecht werden [...] können" (ebd.: 94). Dabei zeigen sich gesellschaftlich strukturell verursachte Probleme, die zu einer Überforderung der Familie führen und ihren Hilfebedarf ansteigen lassen (vgl. Böllert 2003: 53f.).

Des Weiteren stehen Familien bezüglich der Vereinbarkeit von Familie und Beruf in der Gegenwart besonderen Anforderungen gegenüber, diese beiden Bereiche miteinander zu vereinbaren bzw. die unterschiedlichen beruflichen sowie familienbezogenen Aktivitäten aufeinander abzustimmen und zeitlich miteinander zu koordinieren. „Familienwirklichkeit ist zunehmend vom Spannungsverhältnis zwischen Beruf und Familie geprägt" (Deutscher Verein für öffentliche und private Fürsorge 2003: 3). Die vermehrte De-Regulierung des Erwerbslebens erschwert in stärkerem Maße das familiale Miteinander und verschärft gleichzeitig auch familiale Armutslagen (vgl. Richter 2004: 8).

Die hier lediglich skizzen- sowie überblicksartig aufgeführten Transformationsprozesse stellen die wesentlichen Eckpfeiler des familialen Wandels der zweiten Hälfte des 20. sowie des beginnenden 21. Jahrhunderts dar und bilden eine Art Ausgangsbasis für familiale Lebenskonstellationen bzw. Realitäten der Gegenwart. Familie heute ist vielfältig und komplex. Die aufgezeigten gesellschaftlichen, strukturellen sowie demographischen Wandlungsprozesse verkörpern Rahmenbedingungen für alle Familien, können jedoch je nach der jeweiligen familialen Lebenssituation variieren und sich in differierendem Ausmaß sowohl positiv als auch negativ für Familien darstellen. Im Folgenden wird der Blick auf die spezifische Hilfeform der Sozialpädagogischen Familienhilfe gerichtet, die sich an Familien wendet, die im fachlichen Diskurs häufig auch als „Modernisierungsverlierer" bezeichnet werden. Viele Familien, die nicht über entsprechende Zugangsvoraussetzungen in materieller, sozialer und kultureller Hinsicht verfügen – von den modernen, gewandelten Anforderungen überfordert sind – sind zur Klientel der SPFH zu zählen (vgl. BMFSFJ 2004: 153).

3. Die sozialpädagogische Familienhilfe

Die Sozialpädagogische Familienhilfe stellt eine Hilfeform dar, die sich in ihrer rasanten Entwicklung zu einer der bedeutsamsten familienunterstützenden Hilfen der Kinder- und Jugendhilfe herauskristallisiert hat. Sie hat sich zu einem eigenständigen familienorientierten Angebot mit einem spezifischen Hilfeprofil entwickelt. Generell ist anzumerken, dass es sich um eine der intensivsten ambulanten Hilfen zur Erziehung handelt, die sich auf die Familie als Ganzes, auf die Belange aller Familienmitglieder, bezieht (vgl. Münder et al. 2009: 299, BMFSFJ 2004: 7). Laut Helming (2002) besteht ein wesentliches Ziel der SPFH darin, die Lebensbedingungen der Minderjährigen innerhalb der Familie durch Unterstützung der Eltern in ihrer Alltags- und Erziehungssituation zu verbessern (vgl. ebd.: 68). Die SPFH stellt eine sozialpädagogische Dienstleistung dar, die innerhalb der Familie – vor Ort in der familiären Umwelt – durchgeführt wird. Bei der Verbindung pädagogischer und alltagsnaher Hilfen soll die Selbsthilfekompetenz der Familie gestärkt und konkrete, praktische Lebenshilfe geleistet werden (vgl. Münder et al. 2009: 299). Die Inanspruchnahme der SPFH hat mit Einführung des Kinder- und Jugendhilfegesetzes stetig zugenommen, sie hat sich seit der gesetzlichen Verankerung mehr als verdreifacht und steigt weiter an (vgl. Arbeitsstelle Kinder- und Jugendhilfestatistik 2005: 1, Fendrich 2005: 5). Bundesweit stellt die SPFH die ambulante Hilfeform mit der größten Inanspruchnahme dar (vgl. Fendrich 2005: 5).

Im Hinblick auf die Organisation der Sozialpädagogischen Familienhilfe ist anzumerken, dass der Trend insgesamt immer mehr zu der Ansiedlung der SPFH bei freien Trägern geht und die Zahlen der in öffentlicher Trägerschaft durchgeführten SPFHs stetig sinkt. In den östlichen Bundesländern liegt der Anteil der SPFHs, die von einem öffentlichen Träger geleistet werden, mittlerweile unter 10% (vgl. Pluto et al. 2007: 206). Die Datenanalysen der Dortmunder Arbeitsstelle Kinder- und Jugendhilfestatistik bestätigen diesen Trend und zeigen für das

Jahr 2007 auf, dass im Bereich der familienunterstützenden und -ergänzenden Hilfen (die SPFH wird nicht separat erfasst) rund 82% des Personals deutschlandweit bei einem freien Träger beschäftigt sind (vgl. Pothmann/Fendrich o.J.). Ferner belegen dies auch die Angaben der amtlichen Statistik aus dem Jahr 2007. Bundesweit werden lediglich 19% der ambulanten Hilfen zur Erziehung von einem öffentlichen Träger selbst durchgeführt (vgl. Pothmann/Fendrich 2009: 3).

Die SPFH ist ein Hilfeangebot, dass sich an Familien richtet, deren Lebens- und Erziehungssituation durch massive familiale Belastungen sowie materielle Problemlagen gekennzeichnet ist (vgl. Jordan 2005: 81, Münder et al. 2009: 301). Diese Familien befinden sich in differierenden Belastungs- und Krisensituationen, die erheblich in ihrer Ausprägung variieren können (vgl. Schuster 1997: 11). Sie sind in mehrfacher Hinsicht belastet und erhalten durch die SPFH primär Unterstützung bei der Bewältigung von Erziehungsproblemen, von Schwierigkeiten in der Beziehungsgestaltung sowie von Entwicklungsauffälligkeiten der Kinder (vgl. Fröhlich-Gildhoff/Engel/Rönnau 2006: 59). Die amtliche Statistik zeigt für das Jahr 2007 auf, dass mit 63% die eingeschränkte Erziehungskompetenz der Eltern der häufigste Grund für das Zustandekommen einer SPFH ist. Ferner liegen bei knapp 35% als Grund eine unzureichende Förderung bzw. Betreuung sowie Versorgung des jungen Menschen vor und bei knapp 28% sind Belastungen des jungen Menschen durch familiäre Konflikte zu verzeichnen (vgl. Pothmann 2009: 70). Insbesondere Familien, die von sozialer Benachteiligung betroffen sind, finden hier ein entsprechendes Hilfesetting, um Hilfe zur Selbsthilfe zu erhalten (vgl. Helming 2001: 545, BMFSFJ 2004: 6). Viele dieser Familien werden durch anderweitige familienfördernde sowie -beratende Angebote der Kinder- und Jugendhilfe nicht erreicht.

Zu den Adressaten sowie Adressatinnen der SPFH sind insbesondere Ein-Eltern-Familien zu zählen. Diese Familienform ist überproportional häufig in dieser Hilfeform vertreten. Im Rahmen des Forschungsprojekts „Jugendhilfe und sozialer Wandel – Leistungen und Strukturen" des Deutschen Jugendinstituts wurde festgestellt, dass die Quote der Inanspruchnahme bei dieser Familienform schneller wächst als bei Familien mit zwei Elternteilen. Das Niveau der Inanspruchnahme liegt bei Ein-Eltern-Familien ca. sieben Mal höher als bei Familien mit zwei Elternteilen (vgl. Pluto et al. 2007: 207). Zwischen 1991 und 2003 hat sich der Anteil Alleinerziehender vervierfacht (vgl. Fendrich 2005: 5). Dieser Familientyp ist besonders dadurch gekennzeichnet, dass ca. 93% der Alleinerziehenden Mütter sind und sich ca. 75% der Alleinerziehenden aufgrund von Trennung und Scheidung in dieser Lebensform befinden (vgl. BMFSFJ 2004: 71).

Ein weiterer Familientyp, der besonders häufig eine SPFH in Anspruch nimmt, stellt die Stieffamilie dar. Der Anteil hat sich von 1991 bis 2003 laut der

Kinder- und Jugendhilfestatistik mehr als verdoppelt (vgl. Fendrich 2005: 5). Die Daten des Praxisforschungsprojektes zur „Sozialpädagogischen Familienhilfe (SPFH) in Bayern" bestätigen ebenfalls den überproportionalen Anteil von Stieffamilien (vgl. BMFSFJ 2004: 71).

Darüber hinaus nehmen kinderreiche Familien die SPFH überdurchschnittlich häufig in Anspruch (vgl. Pluto et al. 2007: 207). Je mehr Kinder in einer Familie vorhanden sind, desto höher ist die Quote der Inanspruchnahme von SPFH (vgl. edb.). Pothmann (2009) weist daraufhin, dass statistisch gesehen 2,2 Kinder und Jugendliche in Familien leben, die eine SPFH in Anspruch nehmen. In der Gesamtbevölkerung liegt derzeit die durchschnittliche Kinderzahl je Frau bei ca. 1,4 (vgl. ebd.: 68).

Eine Untersuchung des Deutschen Jugendinstituts hat ferner gezeigt, dass besonders Familien mit jüngeren Kindern diese Familienhilfe in Anspruch nehmen. 50% der Kinder sind zwischen 0 und 6 Jahre alt und 40% befinden sich in der Altersgruppe der 7 bis 14-Jährigen (vgl. BMFSFJ 2004: 72).

Insbesondere Ein-Eltern-Familien sowie kinderreiche Familien sind in Deutschland einem erhöhten Armutsrisiko ausgesetzt (vgl. ebd.: 208). Im Jahr 2007 haben rund 63.700 Familien eine SPFH in Anspruch genommen. 67% von diesen Familien leben von Transfergeldbezug im Sinne von ALG II-Bezügen einer bedarfsorientierten Grundsicherung oder von Sozialhilfe (vgl. Pothmann 2009: 69). Helming (2001) verweist darauf, dass es sich bei Familien, die von Armut betroffen sind, um Familien handelt, die sich in einer Häufung gravierender Unterversorgungslagen befinden: defizitäre Wohnverhältnisse, finanzielle Probleme, Mangel an Bildung, gesundheitliche Beeinträchtigungen sowie begrenzte Teilhabe an gesellschaftlichen Gütern (vgl. ebd.: 545).

Zu resümieren ist, dass die Sozialpädagogische Familienhilfe eine Hilfeform darstellt, die mit ihrer jungen sowie rasanten Entstehungsgeschichte einen bedeutenden Platz innerhalb der Hilfen zur Erziehung eingenommen hat und die Neuorientierung der Kinder- und Jugendhilfe mit dem Inkrafttreten des Kinder- und Jugendhilfegesetzes durch ihren familienorientierten und -unterstützenden Ansatz wesentlich verkörpert. Insbesondere Familien, die nicht dem traditionellen Modell der bürgerlichen Kleinfamilie entsprechen, finden sich in der Adressaten- und Adressatinnengruppe der SPFH überproportional häufig wieder. Daraus lässt sich die Annahme schlussfolgern, dass sich die SPFH in ihrer alltäglichen Praxis mit wesentlichen Aspekten und Konsequenzen des familialen Wandels, folglich mit institutionalisierten gesellschaftlichen Erwartungshaltungen und Regelmustern in Bezug auf gewandelte familiale Realitäten, konfrontiert sieht. Der neo-institutionalistische Forschungsansatz bietet eine interessante Perspektive im Hinblick auf die Frage, inwiefern diese institutionalisierten

Wahrnehmungsmuster und Denkhaltungen die SPFH in ihrer organisationalen Ausgestaltung prägen und bestimmen.

4. Die SPFH im Kontext des familialen Wandels

Im Hinblick auf die eingangs gestellte Frage nach dem Einfluss familialer Transformationsprozesse auf die (organisationale) Praxis der Kinder- und Jugendhilfe bzw. der Sozialpädagogischen Familienhilfe kann aus neo-institutionalistischer Perspektive von der Annahme ausgegangen werden, dass sich Institutionen des familialen Wandels in der SPFH aufgrund von Isomorphieprozessen wiederfinden bzw. von der SPFH in die Organisationsstruktur und das Handeln adaptiert werden. Wie bereits dargestellt, steht die kulturelle Prägung von Organisationen, insbesondere sozialer Organisationen, im Mittelpunkt dieser organisationstheoretischen Perspektive. Die neo-institutionalistische Grundannahme, dass Organisationen institutionalisierte Elemente in ihre formale Struktur übernehmen, um Legitimität zu erlangen (vgl. Walgenbach 2006: 353), zeigt plausibel auf, dass Organisationen weit mehr als eine reine Orientierung an Effizienzkriterien aufweisen, um ihre Existenz zu sichern. Aus einer institutionalistischen Perspektive betrachtet, können sich Organisationen kulturellen bzw. institutionellen Einflüssen, insbesondere selbstverständlich gewordenen gewandelten familialen Realitäten und den damit verbundenen Wahrnehmungs- und Denkmustern, nicht entziehen, sondern werden von diesen in ihrer Struktur und ihrem Handeln wesentlich bestimmt.

Damit sich die SPFH als familienunterstützendes und zeitgemäßes Angebot der Kinder- und Jugendhilfe aus neo-institutionalistischer Sicht legitimieren und ihren Bestand sowie ihren Erfolg sichern kann, ist sie darauf angewiesen, institutionalisierte Elemente der gesellschaftlichen und damit einhergehenden familialen Transformationsprozesse in ihre formale Struktur zu übernehmen.

Ein Phänomen, welches beispielsweise als ein institutioneller Isomorphismus aus neo-institutionalistischer Perspektive bezeichnet werden kann, stellt der Umstand dar, dass die SPFH bereits lange vor dem Inkrafttreten des Kinder- und Jugendhilfegesetzes und der gesetzlichen Normierung dieser Hilfeform in ihren ersten Arbeitsansätzen bereits Ende der 1960er Jahre zum Vorschein kam. Ihren Ursprung hat die heutige Sozialpädagogische Familienhilfe Ende der 1960er Jahre in Westberlin. Die Berliner Gesellschaft für Heimerziehung (BGfH) erstellte 1969 erstmals das Tätigkeitsprofil eines Familienhelfers und führte die ersten Einsätze von Familienhilfe durch. Die BGfH gründete sich und veranstaltete zu dieser Zeit Heimkampagnen, um auf veraltete und dringend verbesserungsbedürftige Erziehungsmethoden in stationären Einrichtungen für Kinder und Jugendliche aufmerksam zu machen. Gleichzeitig wurden Forderungen nach der Entwicklung neuer Strategien und Konzepte, welche präventive und lebensweltorientierte Unterstützungsangebote für Familien vorsehen sollten, laut (vgl. Helming 2001: 542). Ab 1977 wurde die SPFH vermehrt von Jugendämtern in ihr Hilfeangebot übernommen (vgl. Schattner 2007: 595). Die familialen Wandlungsprozesse und damit verbundenen institutionalisierten öffentlichen und fachlichen Erwartungsstrukturen prägen die Kinder- und Jugendhilfe in ihrer Praxis in entscheidender Weise. Aufgrund der institutionellen Durchdringung des Handlungsfeldes der Kinder- und Jugendhilfe u.a. mit den veränderten gesellschaftlichen sowie familialen Entwicklungen sah diese sich gefordert, neue Angebotsstrukturen zu entwickeln, um auch weiterhin legitimierte Angebotsformen für Familien zur Verfügung zu stellen, und mit diesen den veränderten familialen Realitäten sowie damit verbundenen Anforderungen gerecht zu werden[2].

Folgt man der analytischen Perspektive des Neo-Institutionalismus, so ist die Soziale Arbeit in ihrer organisierten Praxis eigentlich gar nicht in der Lage, sich den jeweiligen gewandelten historischen, kulturellen, gesellschaftlichen sowie familialen Wandlungsprozessen zu entziehen, da diese ihr Handeln und das Bewusstsein der sozialen Akteure wesentlich mitbestimmen. Die institutionelle Prägung der organisationalen Praxis führt ebenfalls zu einer institutionellen Durchdringung der Aktivitäten, Interessen, Motive etc. der individuellen Akteure innerhalb einer Organisation, da diese sich den kulturellen Regel- und Wahrnehmungsmustern nicht komplett entziehen können. Im Mittelpunkt des Neo-Institutionalismus stehen selbstverständliche und automatisch angewandte kulturelle Regeln und Wissensformen, auf welche die Professionellen in ihrer alltäglichen, immer auch organisational geprägten Praxis eher unhinterfragt Rekurs nehmen und auf deren Basis sie im Kontext der Sozialpädagogischen Familienhilfe mit den Familien arbeiten.

Entscheidend dabei ist jedoch, dass Institutionen dem neo-institutionalistischen Verständnis nach das Handeln der sozialen Akteure nicht konkret bestimmen, sondern dieses lediglich ermöglichen und begrenzen (vgl. Scott 2001: 50). Somit wird eine Handlungs- und Reflexionsmächtigkeit der sozialen Akteure nicht negiert, der Fokus mit dieser Perspektive jedoch auf die institutionelle bzw. kulturelle Prägung der sozialen Akteure und ihrer Handlungen gerich-

---

2 Dabei ist jedoch daraufhin zuweisen, dass gewandelte familiale Realitäten lediglich einen Aspekt der kulturellen Erwartungs- und Denkhaltungen neben vielen anderen, wie beispielsweise professionellen Entwicklungen, politischen Forderungen, ökonomischen Überlegungen, öffentlichen Debatten etc. verkörpern. In diesem Beitrag findet lediglich eine Fokussierung familialer Wandlungsprozesse statt. Selbstverständlich ist davon auszugehen, dass die Kinder- und Jugendhilfe einem Konglomerat verschiedenster und zum Teil auch konfligierender institutioneller Erwartungsstrukturen ausgesetzt ist.

tet. Nicht jede Organisation legitimiert sich demnach wie selbstverständlich nach außen, indem sie institutionalisierte Muster adaptiert, denn Ermessens- und Handlungsspielräume der sozialen Akteure führen dazu, dass ein unterschiedlicher Umgang mit institutionellen Regeln möglich ist.

Von enormer Bedeutung ist, dass hinsichtlich des Verhältnisses von sozialpädagogischer Organisation und der kulturellen Umwelt selbstverständlich nicht nur von einem einseitigen Einfluss seitens kultureller Erwartungsmuster und Regeln auf die sozialpädagogische Organisation bzw. Praxis ausgegangen werden kann, sondern dass diese sich immer wechselseitig prägen. Auch die sozialpädagogische Praxis liefert institutionalisierte professionelle Handlungs- und Wahrnehmungsmuster, die wiederum einen Aspekt der kulturellen Umwelt von Familien ausmachen. Die gegenseitige Beeinflussung der sozialpädagogischen organisationalen Praxis und der gesellschaftlichen bzw. kulturellen Umwelt findet aus neo-institutionalistischer Perspektive über institutionalisierte Elemente statt. Die sozialpädagogische Praxis kann von daher in ihrem „Wechselspiel" mit gesellschaftlichen sowie familialen Entwicklungsprozessen mit der Einnahme dieses analytischen Blickwinkels nicht ohne eine umfassende Berücksichtigung der organisationalen Verfasstheit der Sozialen Arbeit bzw. einer organisationstheoretischen Erweiterung des fachlichen Diskurses genauer erforscht werden.

Literaturverzeichnis

Abraham, M./Büschges, G. (2004): Einführung in die Organisationssoziologie. Wiesbaden: Verlag für Sozialwissenschaften..

Arbeitsstelle Kinder- und Jugendhilfestatistik (2005): Entwicklung der SPFH insgesamt. Tabelle 3.1: Entwicklung der SPFH; Deutschland insgesamt, westliche und östliche Flächenländer sowie die Stadtstaaten 1991-2003. S.1-2. Verfügbar unter: www.akjstat.fb12.uni-dortmund.de/tabellen/Standardtabellen/Std_tab_Entwicklung00.htm (Stand: 26.01.2006).

Böhnisch, L./Lenz, K. (1999): Zugänge zu Familien – ein Grundlagentext. In: Böhnisch, L./Lenz, K. (Hrsg.): Familien. Eine interdisziplinäre Einführung. Dresdner Studien zur Erziehungswissenschaft und Sozialforschung. Weinheim und München: Juventa Verlag, S.9-63.

Bois-Reymond, M. du (1994): Die moderne Familie als Verhandlungshaushalt. Eltern-Kind-Beziehungen in West- und Ostdeutschland und in den Niederlanden. In: Bois-Reymond, M. du/Büchner, P./Krüger, H.-H./Ecarius, J./Fuhs, B. (Hrsg.): Kinderleben. Modernisierung von Kindheit im interkulturellen Vergleich. Opladen: Leske+ Budrich, S.137-220.

Böllert, K. (2003): Kindheit aus pädagogischer Sicht – oder wo lassen Sie ihr Kind erziehen? In: Institut für soziale Arbeit e.V. (Hrsg.): ISA – Jahrbuch zur Sozialen Arbeit 2003. ISA: Münster, S.41-57.

Böllert, K./Karsten, M.-E./Otto, H.-U. (2000): Familie: Elternhaus, Familienhilfen, Familienbildung. In: Krüger, H.-H./Rauschenbach, T. (Hrsg.): Einführung in die Arbeitsfelder des Bildungs- und Sozialwesens. Opladen: Leske+Budrich, S.18-30.
Bohrhardt, R. (1999): Ist wirklich die Familie schuld? Familialer Wandel und soziale Probleme im Lebensverlauf. Opladen & Farmington Hills: Verlag Barbara Budrich.
Busse, S./Helsper, W. (2007): Familie und Schule. In: Ecarius, J. (Hrsg.): Handbuch Familie. Wiesbaden. VS Verlag für Sozialwissenschaften, S.321-341.
Bundesministerium für Familie, Senioren, Frauen und Jugend (Hrsg.) (2004): Handbuch Sozialpädagogische Familienhilfe. Baden-Baden: Nomos Verlagsgesellschaft mbH & Co. KG Baden-Baden.
Bundesministerium für Familie, Senioren, Frauen und Jugend (Hrsg.) (2005): 12. Kinder- und Jugendbericht. Berlin: DruckVogt GmbH.
Bundesministerium für Familie, Senioren, Frauen und Jugend (Hrsg.) (2006): Familie zwischen Flexibilität und Verlässlichkeit. Perspektiven für eine lebenslaufbezogene Familienpolitik. Siebter Familienbericht. Baden-Baden: Koelblin-Fortuna-Druck.
Deutscher Verein für öffentliche und private Fürsorge (2003): Vereinbarkeit von Familie und Beruf. DV 25/03-AF II. Berlin.
Douglas, M. (1982): Cultural Bias. In: Douglas, M. (Hrsg.): In the Active Voice. London: Routledge & Kegan Paul, S.183-254.
DiMaggio/P. J./Powell, W. W. (1983): The Iron Cage revisited: institutional Isomorphism and collective rationality in organizational fields. In: American Sociological Review, 48, S. 147-160.
DiMaggio, P. J./Powell, W. W. (1991): Introduction. In: DiMaggio, P. J./Powell, W. W. (Hrsg.): The new institutionalism in organizational analysis. Chicago: The University of Chicago Press, S.1-40.
Ecarius, J. (2002): Familienerziehung im historischen Wandel. Eine qualitative Studie über Erziehung und Erziehungsfragen von drei Generationen. Opladen: Leske+Budrich.
Erler, M. (2004): Soziale Arbeit. Ein Lehr- und Arbeitsbuch zu Geschichte, Aufgaben und Theorie. Weinheim und München: Juventa Verlag.
Fendrich, S. (2005): SPFH – vor allem eine Hilfe für Alleinerziehende. In: KOMDAT Jugendhilfe, 8. JG, Heft 1/05, S.5.
Fendrich, Sandra/Pothmann, Jens (o.J.): Personal- und Beschäftigungsstrukturen – Anmerkungen zur Strukturqualität. Datenanalysen der Dortmunder Arbeitsstelle Kinder- und Jugendhilfestatistik: Hilfen zur Erziehung. Verfügbar unter: http://www.akjstat.unidortmund.de/akj/tabellen/kommentierungen/hilfenzurerziehu ng/hze5.pdf (Stand 23.11.2009).
Fendrich, Sandra/Pothmann, Jens (2009): Hilfen zur Erziehung – zur Struktur der Maßnahmen. Analysen zur Inanspruchnahme und zum Trägerspektrum erzieherischer Hilfen. In KOMDAT Jugendhilfe. Heft Nr. 01/09. 12. JG. S.2-4.
Fieseler, G./Herborth, R. (2005): Recht der Familie und Jugendhilfe. Arbeitsplatz Jugendamt/Sozialer Dienst. München: Luchterhand.
Fröhlich-Gildhoff, K./Engel, E.-M./Rönnau, M. (2006): SPFH im Wandel? Untersuchungsergebnisse zu Konzepten, Praxis und Rahmenbedingungen der SPFH.. Zentrum für Kinder- und Jugendforschung ZfKJ Kontaktstelle für

praxisorientierte Forschung e.V. an der Evangelischen Fachhochschule Freiburg. Freiburg: FEL Verlag Forschung – Entwicklung – Lehre.
Hamann, B. (2000): Familie und Familienerziehung in Deutschland. Reihe Bildung und Erziehung. Herausgegeben von Jörg Petersen und Gerd-Bodo Reinert. Donauwörth: Auer Verlag.
Hansbauer, P. (2006): Vom Niedergang der Familie und anderen Abgesängen. Anmerkungen zum aktuellen Krisendiskurs aus familiensoziologischer Sicht. In: Zeitschrift für Kindschaftsrecht und Jugendhilfe, Heft 1/2006, S.18-24.
Hasse, R. (2006): Der Neo-Institutionalismus als makrosoziologische Kulturtheorie. In: Senge, K./Hellmann, K.-U. (Hrsg.): Einführung in den Neo-Institutionalismus. Mit einem Beitrag von W. Richard Scott. Organisation und Gesellschaft. Wiesbaden:. VS Verlag für Sozialwissenschaften, S. 150-159.
Hasse, R./Krücken, G. (1996): Was leistet der organisationssoziologische Neo-Institutionalismus? Eine theoretische Auseinandersetzung mit besonderer Berücksichtigung des wissenschaftlichen Wandels. In: Soziale Systeme 2 (1996), H. 1, S.91-112.
Hasse, R./Krücken, G. (2005): Neo-Institutionalismus. Mit einem Vorwort von John Meyer. Bielefeld:. transcript Verlag.
Helming, E. (2001): SPFH und andere Formen familienbezogener Hilfen. In: Birtsch, V./Münstermann, K./Trede, W. (Hrsg.): Handbuch Erziehungshilfen. Leitfaden für Ausbildung, Praxis und Forschung. Münster: Votum-Verlag, S. 541-571.
Helming, E. (2002): Indikation in der Sozialpädagogischen Familienhilfe. In: Fröhlich-Gildhoff, K. (Hrsg.): Indikation in der Jugendhilfe. Grundlagen für die Entscheidungsfindung in Hilfeplanung und Hilfeprozess. Weinheim und München: Juventa Verlag, S.53-76.
Honig, M.-S. (2006): An den Grenzen der Individualisierung. Die Vereinbarkeit von Familie und Beruf als sozialpädagogisches Thema. In: neue praxis, 36. JG, H. 1/2006, S.25-36.
Jepperson, R. L. (1991): Institutions, Institutional Effects, and Institutionalism. In: Powell, W. W./DiMaggio, P. J. (Hrsg.): The new institutionalism in organizational analysis. Chicago and London: The University of Chicago Press, S. 143-164.
Jordan, E. (2005): Kinder- und Jugendhilfe. Einführung in Geschichte und Handlungsfelder, Organisationsformen und gesellschaftliche Problemlagen. Weinheim und München: Juventa Verlag.
Kaufmann, F.-X. (1995): Zukunft der Familie im vereinten Deutschland. Gesellschaftliche und politische Bedingungen. Perspektiven und Orientierungen. Schriftenreihe des Bundeskanzleramtes – Band 16. München: Beck Verlag.
Kieser, A./Walgenbach, P. (2007): Organisation. Stuttgart: Schäffer-Poeschel Verlag.
Lenz, K. (2002): Familien. In: Schröer, W./Struck, N./Wolff, M. (Hrsg.): Handbuch Kinder- und Jugendhilfe. Weinheim und München: Juventa Verlag, S.147-176.
Liegle, L. (2005): Familiale Lebensformen. In: Otto, H.-U./Thiersch, H. (Hrsg.): Handbuch Sozialarbeit Sozialpädagogik. München/Basel: Reinhardt Verlag. S.508-520.
Mayntz, R. (1963): Soziologie der Organisation. Hamburg: Rowohlt Taschenbuchverlag.
Merchel, Joachim (2005): Organisationsgestaltung in der Sozialen Arbeit. Grundlagen

und Konzepte zur Reflexion, Gestaltung und Veränderung von Organisationen. Weinheim und München: Juventa Verlag.
Meyer, J. (2005): Weltkultur. Wie die westlichen Prinzipien die Welt durchdringen. Herausgegeben von Georg Krücken. Frankfurt am Main: Suhrkamp Verlag..
Meyer, R./Hammerschmid, G. (2006): Die Mikroperspektive des Neo-Institutionalismus. In: Senge, K./Hellmann, K.-U. (Hrsg.): Einführung in den Neo-Institutionalismus. Mit einem Beitrag von W. Richard Scott. Organisation und Gesellschaft. Wiesbaden: VS Verlag für Sozialwissenschaften, S.160-171.
Meyer, J. W./Rowan, B. (1977): Institutionalized Organizations: Formal Structure as Myth and Ceremony. In: American Journal of Sociology (AJS), Volume 83, Number 2, S.340-363.
Münder, J./Meysen, T./Trenczek, T. (Hrsg.) (2009): Frankfurter Kommentar zum SGB Vlll: Kinder- und Jugendhilfe.. Baden-Baden: Nomos Verlagsgesellschaft.
Nave-Herz, R. (2004): Ehe- und Familiensoziologie. Eine Einführung in Geschichte, theoretische Ansätze und empirische Befunde. Weinheim und München: Juventa Verlag.
Nave-Herz, R. (2007): Familie heute. Wandel der Familienstrukturen und Folgen für die Erziehung. Darmstadt: Wissenschaftliche Buchgesellschaft.
Notz, G. (2005): Der Wandel der familiären Strukturen: Lebensweisen und Generationenwechsel. In: Pro-Familia-Magazin, 33. JG, H. 4, S.4-7.
Peuckert, R. (2008): Familienformen im sozialen Wandel. Wiesbaden: VS Verlag für Sozialwissenschaften.
Pluto, L./Gragert, N./van Santen, E./Seckinger, M. (2007): Kinder- und Jugendhilfe im Wandel. Eine empirische Strukturanalyse. München: Verlag Deutsches Jugendinstitut.
Pothmann, J. (2009): Sozialpädagogische Familienhilfe im Zahlenspiegel. In: Forum Erziehungshilfen, 15. JG, H. 2, S.68-70.
Pothmann, Jens/Fendrich, Sandra (o.J.): Personal- und Beschäftigungsstrukturen – Anmerkungen zur Strukturqualität. Datenanalysen der Dortmunder Arbeitsstelle Kinder- und Jugendhilfestatistik: Hilfen zur Erziehung. Verfügbar unter: http://www.akjstat.unidortmund.de/akj/tabellen/kommentierungen/hilfenzurerziehung/hze5.pdf (Stand 23.11.2009).
Pothmann, J./Fendrich, S. (2009): Hilfen zur Erziehung – zur Struktur der Maßnahmen. Analysen zur Inanspruchnahme und zum Trägerspektrum erzieherischer Hilfen. In: KOMDAT, 12. JG, H. 1, S.2-4.
Preisendörfer, P. (2005): Organisationssoziologie. Grundlagen, Theorien und Problemstellungen. Wiesbaden: VS Verlag für Sozialwissenschaften.
Rehberg, K. S. (2002): Institutionen, Kognitionen und Symbole – Institutionen als symbolische Verkörperungen. In: Mauerer, A./Schmid, M. (Hrsg.): Neuer Institutionalismus. Zur soziologischen Erklärung von Organisation, Moral und Vertrauen. Frankfurt/New York:. Campus Verlag, S.39-56.
Richter, M. (2004): Zur (Neu)Ordnung des Familialen. In: WIDERSPRÜCHE. Zeitschrift für sozialistische Politik im Bildungs-, Gesundheits- und Sozialbereich, 24. JG, H. 92, S.7-16.
Richter, M. (2008): Familie/Generation. In: Hanses, A./Homfeldt, H. G. (Hrsg.): Lebens-

alter und Soziale Arbeit. Band 1. Eine Einführung. Baltmannsweiler: Schneider Verlag, S. 64-78.
Rupp, M. (2005): Familienentwicklung und Anforderungen an die Jugendhilfe. Ifb-Materialien 6-2005. Herausgegeben vom Staatsinstitut für Familienforschung an der Universität Bamberg (ifb). Bamberg: Staatsinstitut für Familienforschung an der Universität Bamberg.
Schattner, Heinz (2007): Sozialpädagogische Familienhilfe. In: Ecarius, Jutta (Hrsg.): Handbuch Familie. Wiesbaden: VS Verlag für Sozialwissenschaften, S. 593-613.
Schuster, E. M. (1997): Sozialpädagogische Familienhilfe (SPFH). Aspekte eines mehrdimensionalen Handlungsansatzes für Mulitproblemfamilien. Europäische Hochschulschriften. Reihe Xl Pädagogik. Frankfurt am Main: Lang Verlag.
Scott, R. W. (2001): Institutions and Organizations. Second Edition. Sage Publications, Foundations for Organizational science. Thousand Oaks.
Scott, R. W. (1986): Grundlagen der Organisationstheorie. Frankfurt am Main, New York: Campus-Verlag.
Senge, K. (2005): Der Neo-Institutionalismus als Kritik der ökonomischen Perspektive. Dissertation TU-Darmstadt FB Gesellschafts- und Geschichtswissenschaften. Verfügbar unter: http://elib.tu-darmstadt.de/diss/000620/(Stand 08.10.2007).
Senge, Kj./Hellmann, K.-U. (2006): Einleitung. In: Senge, K./Hellmann, K.-U. (Hrsg.): Einführung in den Neo-Institutionalismus. Mit einem Beitrag von W. Richard Scott. Organisation und Gesellschaft. Wiesbaden: VS Verlag für Sozialwissenschaften, S.7-34.
Suchman, M. (1995): Managing Legitimacy: Strategic and Institutional Approaches. In: Academy of Management Review, 20, S.571-610.
Tacke, V. (2006): Rationalität im Neo-Institutionalismus. Vom exakten Kalkül zum Mythos. In: Senge, K./Hellmann, K.-U. (Hrsg.): Einführung in den Neo-Institutionalismus. Mit einem Beitrag von W. Richard Scott. Organisation und Gesellschaft. Wiesbaden: VS Verlag für Sozialwissenschaften, S.89-101.
Thole, W. (2002): Soziale Arbeit als Profession und Disziplin. Das sozialpädagogische Projekt in Praxis, Theorie, Forschung und Ausbildung – Versuche einer Standortbestimmung. In: Thole, W. (Hrsg.): Grundriss Soziale Arbeit. Ein einführendes Handbuch. Opladen: Leske+Budrich, S.13-62.
Türk, K. (2000): Organisation als Institution der kapitalistischen Gesellschaftsform. In: Ortmann, G./Sydow, J./Türk, K. (Hrsg.): Theorien der Organisation. Die Rückkehr der Gesellschaft. Opladen: Westdeutscher Verlag, S.124-177.
Walgenbach, P. (1999): Institutionalistische Ansätze in der Organisationstheorie. In: Kieser, A. (Hrsg.): Organisationstheorien. Stuttgart, Berlin, Köln: Kohlhammer, S. 319-354.
Walgenbach, P. (2006): Neoinstitutionalistische Ansätze in der Organisationstheorie. In: Kieser, A./Ebers, M. (Hrsg.): Organisationstheorien. Stuttgart: Verlag W. Kohlhammer, S.353-402.
Walgenbach, P./Meyer, R. (2008): Neoinstitutionalistische Organisationstheorie. Stuttgart: Verlag W. Kohlhammer.

Professionalität im Post-Wohlfahrtsstaat. Zur aktivierungspolitischen Reformulierung Sozialer Arbeit

Catrin Heite

Soziale Arbeit ist konstitutiver Bestandteil der wohlfahrtsstaatlichen Bearbeitung sozialer Ungleichheit und Akteur in der Wohlfahrtsproduktion. Form und Ausmaß der Wohlfahrtsproduktion[1] durch Soziale Arbeit sind beeinflusst von veränderlichen sozialpolitischen Bedingungen und je historisch spezifischen Bearbeitungsweisen des Sozialen. Mit diesen je spezifischen sozialpolitischen Rahmenbedingungen korrespondieren auch je spezifische Bestimmungen sozialarbeiterischer Professionalität. Deren inhaltliche Auffüllungen und Realisierungen sind in diesem Sinne nicht als feststehend, unveränderlich oder stabil zu betrachten. Vielmehr ist das, was Professionalität ist, wie sie verstanden, definiert und praktiziert wird, ebenfalls historisch und sozialpolitisch spezifisch sowie von hoher Plastizität. Professionalität ist synchron und diachron uneinheitlich, plural, verhandelbar, perspektivisch und relational u. a. zu je aktuellen wohlfahrtsstaatlichen Arrangements. In dieser Veränderlichkeit kursieren unterschiedliche Bestimmungen von Professionalität, werden gleichzeitig und im Zeitverlauf differente Professionalitäten kommuniziert und performiert. Welches sind die im Zeitverlauf veränderlichen Konstitutionsbedingungen der Profession? Unter welchen politisch-programmatischen Bedingungen wird Soziale Arbeit je realisiert? Was gilt dabei jeweils als professionell? Insbesondere unter Berücksichtigung einer Umstrittenheit von Professionalität geht es um die Frage, wie Soziale Arbeit im Kontext derzeitiger sozialpolitischer Transformation im ‚postwohlfahrtsstaatlichen Arrangement' gestaltet wird. In diesem wirken Diskurskonjunkturen wie zum Beispiel der Aktivierungsdiskurs (vgl. Dahme et al.

---

1 Der Begriff Wohlfahrtsproduktion bezeichnet die „Gesamtheit der Nutzen für Dritte stiftenden Transaktionen, seien sie öffentlicher oder privater Art, entgeltlich oder unentgeltlich, formell oder informell" (Kaufmann 2003, 42/43), d. h., dass sowohl jene im privaten Bereich verorteten Tätigkeiten wie weiblich codierte Erziehungs- oder Pflegeleistungen als auch ehrenamtliches soziales Engagement ebenso wie verberuflicht und professionalisiert erbrachte Leistungen wie Soziale Arbeit Teil der Wohlfahrtsproduktion sind.

2003), Debatten um die so genannte Underclass (vgl. Chassé 2010) oder Kinderschutz (vgl. Wazlawik i. d. B.) sowie entsprechende Programmatiken und Denkweisen als wesentlich für Soziale Arbeit. Aus ihnen werden spezifische Adressat_innengruppen ebenso wie entsprechend adressat_innenspezifische Interventionsformen abgeleitet. Diese jeweiligen sozial- und gesellschaftspolitischen Diskurskonjunkturen haben Effekte darauf, *wer* als Adressat_in Sozialer Arbeit betrachtet wird, *auf welche Art und Weise* diese identifizierten Gruppen als solche adressiert werden und *wie* Soziale Arbeit je spezifisch angeboten, organisiert und erbracht sowie in ihrer Professionalität der Problembearbeitung benannt wird. Diese beiden zusammenhängenden oder kommunizierenden Veränderungsbewegungen des sozialpolitischen Arrangements und der Sozialen Arbeit stehen im Mittelpunkt der folgenden dreischrittigen Überlegung, die zunächst die variablen sozialpolitischen Rahmenbedingungen Sozialer Arbeit im Sinne wohlfahrtsstaatlicher Kontinuitäten und Brüche in den Blick nimmt, um abschließend den Aktivierungsauftrag an Soziale Arbeit in diesen Kontext einzuordnen und professionstheoretisch kritisch zu hinterfragen.

Wohlfahrtsstaatliche Kontinuitäten ...

Als Akteurin der Wohlfahrtsproduktion ist Soziale Arbeit eine Instanz, die in sozialstaatlich-öffentlicher Beauftragung systematische Unterstützungen in personal krisenhaften, sozial problematisch erscheinenden Lebenssituationen anbietet. Diese Angebote sind je historisch-spezifische Formen öffentlich-solidarischer Erbringung sozialer Unterstützung, welche die Bewältigung jener krisenhaften Lebenssituationen nicht der individuellen Verantwortung der Einzelnen überlässt, sondern sozialstaatlich kollektiviert absichert. So erscheint der Sozialstaat als „ein institutionelles Arrangement gesellschaftlicher Krisenbearbeitung" (Lessenich 2008, S. 57) innerhalb dessen Soziale Arbeit krisenregulierend agiert. Soziale Arbeit ist Teil von Sozialstaatlichkeit und Ausdruck je spezifischer Form der Reg(ul)ierung des Sozialen und der Wohlfahrtsproduktion, die individuelle Akteure und deren informelle Beziehungen systematisch von der alleinigen Verantwortung für die Absicherung sozialer Risiken und die Realisierung sozialer Unterstützung entlastet. Grundlegend für dies wohlfahrtsstaatliche Arrangement ist die Idee der gesellschaftlichen Integration durch soziale Rechte. Insbesondere Thomas H. Marshall liefert mit *Staatsbürgerrechte und soziale Klassen* (1992) eine Analyse staatlicher Sozialpolitik hinsichtlich Status(un)gleichheit, sozialer Strukturierung und Ordnung, der Ausweitung individueller Rechte von zivilen und politischen auf soziale Rechte wie z. B. auf Erziehung und Bildung. Insofern sich wohlfahrtsstaatliche Programmatik auf soziale Teilhaberechte innerhalb eines politischen Gemeinwesens bezieht, gelte es, ökonomische, soziale, kulturelle, politische Rechte als Grundlage von – an einen legalen Aufenthaltsstatus geknüpfter – Staatsbürgerschaft zu gewährleisten (vgl. Marshall 1992). Staatsbürgerliche Rechte werden dabei mit unterschiedlichen Formen der Gewährleistung von Versorgung zusammengedacht, welche sich als unterschiedliche Arrangements der Wohlfahrtsproduktion beschreiben lassen – verstanden als „jeweilige Konfiguration zwischen staatlichen, marktlichen, verbandlichen und privaten Formen der Wohlfahrtsproduktion" (Kaufmann 2003, S. 42). Die Wohlfahrtsproduktion bezieht sich nun zum einen auf Verteilungskonflikte: qua Staatsbürgerstatus zu bedienende Unterstützungsbedarfe bestehen zunächst in Situationen materieller Unterausstattung und entsprechendem Bedarf an und Recht auf Teilhabe an ökonomischen Umverteilungsmaßnahmen. Insbesondere diese Ungleichheitsdimension und entsprechend materielle Umverteilungsnotwendigkeiten bilden den Bezugs- und auch realpolitischen Kontrapunkt jener Rechte. Soziale Ungleichheit formiert das Feld von Sozialpolitik, die legitimatorisch wiederum auf soziale Rechte rekurriert.

Historisch betrachtet gilt Sozialpolitik als staatliche Reaktion auf industriegesellschaftliche Verwerfungsprozesse, der eine sich durchsetzende Vorstellung öffentlich-rechtlicher Verantwortung für die Mitglieder einer Gesellschaft zugrunde liegt. Als solches – u. a. durch die sozialpolitischen Forderungen der Arbeiterbewegung evoziertes – öffentlich koordiniertes, staatlich gesteuertes und kollektiv finanziertes Handeln antwortet Sozialpolitik „auf ‚soziale Probleme' – und schafft damit ‚soziale Ordnung'. Sie tritt an die Stelle gesellschaftlicher Selbstorganisation des Lebens und des Lebensunterhalts – und veranlasst zugleich neue Formen gesellschaftlicher Selbststeuerung und individueller Existenzsicherung" (Lessenich 2008, S. 10, vgl. auch Bäcker et al. 2008). Wird also unter Sozialpolitik eine Form der öffentlich-staatlichen, entprivatisierten Bearbeitung von Defiziten bezüglich bestimmter Teilhabemöglichkeiten verstanden, erscheint die Systematisierung sozialpolitischer Maßnahmen hinsichtlich rechtlicher, ökonomischer, ökologischer und pädagogischer Interventionsform überzeugend (vgl. Kaufmann 1982). Ein Blick auf soziale Rechte als gesellschaftlicher Integrationsmodus in Kombination mit in ökonomischen Rechten begründeter materieller Umverteilung als Absicherung eines wie auch immer definierten (Mindest)Lebensstandards, die Gestaltung (sozial)räumlicher Gegebenheiten sowie personenbezogene soziale Dienste, die u. a. in Gestalt Sozialer Arbeit Unterstützung anbieten, bildet eine systematische Analyseperspektive auf die Frage, wie und in welchen Verhältnissetzungen zwischen unterschiedlichen Interventionsformen und Akteuren Sozialpolitik je zeitgenössisch unterschiedlich ausgestaltet wird und welche Aufgabe dabei Sozialer Arbeit zukommt.

Als nicht standardisierbare personenbezogene, fallorientierte Leistung ist Soziale Arbeit als Wohlfahrtsprofession gleichursprünglich mit der Entstehung des Sozialstaats und ist im Kontext von Armut und Marginalisierung idealtypisch auf das sozialstaatlich-normative Ziel der sozialen Ausgleichs ausgerichtet. Soziale Arbeit als wohlfahrtsstaatlich verfasste, personenbezogene soziale Dienstleistung bearbeitet mit der Figur der Professionellen soziale Probleme und ist im Kontext sozialstaatlicher Institutionalisierung als Teil der Wohlfahrtsproduktion implementiert. Sie bezieht sich auf Bedürfnislagen der Staatsbürger_innen, die im Wohlfahrtsstaat in rechtlich definierte Ansprüche umgesetzt und öffentlich bearbeitbar gemacht worden sind. Diese Bearbeitung obliegt Professionen, die als spezifischer Typ von Berufen definiert werden und für die angenommen wird, dass sie über eine entsprechend spezifische Expertise hinsichtlich der Bearbeitung ihres Aufgabenfeldes verfügen. Ebenfalls idealtypisch wird also davon ausgegangen, dass Professionen sich ihre Ziele und Aufgaben selbst setzen und auch die Profession Soziale Arbeit diese Ziele auf Basis wissenschaftlichen Wissens und beruflicher Erfahrungen sowie einer spezifischen professionellen Ethik verfolgt. Das heißt des weiteren, dass dieser Ethik eine normative Grundhaltung oder Ausrichtung entspricht, mit der es Sozialer Arbeit als wohlfahrtsstaatlicher Akteurin darum geht, Problemlagen zwar einzelfallbezogen, aber nicht individualisiert oder psychologisiert zu bearbeiten, sondern die gesellschaftsstrukturellen, sozialen und ökonomischen Verursachungsbedingungen in die Fallarbeit einzubeziehen. Darin ist sie ausgerichtet auf die (Wieder)Herstellung personaler Autonomie und sozialer Gerechtigkeit. Letztere wird inhaltlich zunächst unbestimmt im deutschen Sozialstaatsmodell durch teilautonome korporatistische und intermediäre Akteure der Wohlfahrtsproduktion wie etwa die Träger der Sozialversicherung, die korporierten Arbeitgeber- und Arbeitnehmervertretungen, die qua Subsidiaritätsprinzip sozialstaatlich integrierten Wohlfahrtsverbände und die sozialen Professionen angestrebt. Neben Subsidiarität ist dabei Solidarität ein wesentliches sozialstaatliches Prinzip. Die „strategische Erfindung der Solidarität" (Donzelot 1994, S. 77) gilt als wesentlich für die Entstehung von Wohlfahrtsstaatlichkeit und ist ebenso wie die Austarierung solidarischer Verhältnisse zwischen öffentlich-kollektiver und privat-individualisierter Sphäre Gegenstand auch aktueller sozialpolitischer Transformationen. Die Idee zwar nicht unbegrenzter, aber doch staatlich-kollektiver, verallgemeinerter und öffentlicher – national verfasster – Solidarität und Solidaritätsverhältnisse drückt sich u. a. in der Sozialgesetzgebung aus, die mit Blick auf Armutsphänomene im Sinne eines solidarisch finanzierten materiellen Ausgleichs die „Besänftigung der Gesellschaft, nicht ihre [...] Reorganisation" (ders., S. 112) zu erreichen sucht. Diese und solidarisch hergestellte soziale Gerechtigkeit auch im Sinne materiellen Ausgleichs erscheinen als Leitgedanken einer solchen sozialen Staatlichkeit, die dem Anspruch nach auch die Teilhabe- und Teilnahmemöglichkeiten der chancengleich aufgestellten Staatsbürger_innen sicherstellen will. Diese Form der Regierung findet ihren Ausdruck auch im sozialstaatlichen Versprechen auf Freiheit und Gleichheit sowie Unterstützung bei sozialen Problemen. Darin begründet sich die Figur der Profession: Wohlfahrtsprofessionelle richten ihr Handeln auf die (Wieder)Herstellung personaler Autonomie, sozialer Gerechtigkeit und sozialen Ausgleichs, auf die Erfüllung jenes sozialstaatlichen Versprechens auf Freiheit und Gleichheit aus. So bietet die im Kontext der Entstehung des Sozialstaats inaugurierte Profession Soziale Arbeit als subsidiär agierende, solidarisch finanzierte personenbezogene soziale Dienstleistung Unterstützung in Situationen, in denen Menschen ihre Probleme nicht mehr aus eigenen Kräften lösen können und sie – eben im Sinne des Subsidiaritätsprinzips – Anspruch auf Unterstützung durch Dritte geltend machen können. Im Kontext aktueller wohlfahrtsstaatlicher Transformationen wird dieses System nun verändert und damit auch die Antwort auf die Frage reformuliert, wie das Soziale zu bearbeiten und auf materielle und psychosoziale Krisen zu reagieren sei. Ähnlich wie unter anderem Nancy Fraser (2003), Iris Marion Young (2007) und Andrew Sayer (2005) analysiert Frank Nullmeier diese im Weiteren näher zu betrachtende reformulierte Antwort auch für den deutschsprachigen Kontext als Entwicklung von Politiken der Umverteilung zu Politiken der Anerkennung und einem „kulturalen Staatsverständnis" (Nullmeier 2003, S. 395). Wenn davon auszugehen ist, dass sich die damit benannten Veränderungen der sozialpolitischen Rahmenbedingungen Sozialer Arbeit auf die Form sozialarbeiterischer Wohlfahrtsproduktion auswirken, ist zu fragen, worin diese Veränderungen bestehen und was dies für die Professionalität Sozialer Arbeit bedeutet. Dieser Auswirkungszusammenhang wird im nächsten Schritt ausgehend von einer Sichtung aktueller Analysen post-wohlfahrtsstaatlicher Transformationen mit einem Fokus auf den an Soziale Arbeit gerichteten Aktivierungsauftrag näher betrachtet.

... und Brüche

Die ordnungspolitische Trias bundesrepublikanischer Sozialpolitik von Versorgung, Versicherung und Fürsorge wurde in Westdeutschland bis in die Mitte der 1990er-Jahre implementiert. Der in seiner Geschichte stets umstrittene keynesianische, triadische „Sozialversicherungsstaat", der Sozialpolitik wohlfahrtsproduktiv als Absicherung von Lebensstandard und -qualität sowie der Realisierung von Chancengleichheit und Gewährleistung sozialer Rechte konzipiert, wird seither in einer erneuten „Krise" gesehen, mit der die „Erwerbsarbeitsgesellschaft" (Castel 2005, S. 54) brüchig werde. Im Kontext stagnierenden Wirtschaftswachstums, steigender Arbeitslosigkeit und beginnender Problematisierung eines ‚demographischen Wandels' erreichte die Krisenrede um notwendige Reformen der sozialen Sicherungssysteme diskursive und programmatische Dominanz, die sich unter anderem in Deregulierung, Flexibilisierung, Privatisierung und aktivierungspolitischen Umsteuerungen ausdrückt. In den derzeitigen sozialpolitischen Thematisierungen und Umstrukturierungen geht es dabei nicht darum, ‚das Soziale' und dessen politische Bearbeitung grundsätzlich aufzugeben, sondern die *Form* der Arbeit am Sozialen signifikant zu verändern. Im Zentrum dieser Veränderungsdynamiken stehen dabei das Verhältnis von Öffentlichkeit und Privatheit sowie von Individuum und Gesellschaft. Diese miteinander koordinierten Verhältnissetzungen werden derzeit mit dem Topos des eigenverantwortlichen, gemeinwohlverträglichen Subjekts neu bestimmt. Diese Neubestimmung europäischer Sozialstaatlichkeit wird aus unterschiedlichen Theorierichtungen heraus analysiert, die im Folgenden bezüglich der von ihnen als zentral herausgestellten Aspekte jener Transformationsprozesse vergegenwärtigt werden.

Anschließend an systemtheoretische, strukturfunktionalistische, neoinstitutionalistische und steuerungstheoretische Ansätze, die mit den Konzepten des „kooperativen Staats" oder des „Verhandlungsstaats" (vgl. Mayntz/Scharpf 1995, Benz 2008) argumentieren, wird die These vertreten, der Sozialstaat verwandele sich im Kontext dieser politischen Legitimationskrise, ökonomischen Kostenkrise und moralischen Krise der Lebensführungsweisen in einen „Steuerungsstaat" (vgl. Kaufmann 2003). Regulations- und governancetheoretisch werden die Transformationsprozesse als Entwicklung vom „Keynesianischen Wohlfahrtsstaat" zum „Schumpeterschen Workfare-Staat" bezeichnet (vgl. Jessop 2007, 1992, Peck 2001). Dieser richte seine Tätigkeiten u. a. an einer konstatierten „wohlfahrtsstaatlichen Passivierung" der Leistungsempfänger_innen aus (s. u.), indem er dieser durch aktivierende Maßnahmen, insbesondere durch arbeitsmarktfokussierte „workfare-Politiken" entgegen zu wirken sucht. In diesem Sinne reorganisiert er „seine Wohlfahrtstätigkeit aus der Sicht der Auswirkungen auf die Flexibilität des Arbeitsmarktes und/oder die strukturelle Konkurrenzfähigkeit" (Jessop 1994, S. 57). Die entsprechenden als arbeitsmarkt- und wirtschaftspolitisch fokussiert analysierten Reformen verfolgten das Ziel, die „Rigidität der Angebotsseite" vor dem Hintergrund einer zusehends an Flexibilität, Mobilität und Innovation orientierten Wirtschaft zu überwinden (ders., S. 62). So gilt der Workfare-Staat regulationstheoretisch als Wettbewerbsstaat (vgl. Hirsch 1998), der vor allem die Aufrechterhaltung nationaler Konkurrenzfähigkeit akzentuiert. Damit einher gehe der Ausbau solcher sozialer Dienstleistungen, die statt auf die (Wieder)Herstellung personaler Autonomie auf die Aktivierung von Eigenverantwortung zielen und die damit dominant auf die (Wieder)Herstellung der *Beschäftigungsfähigkeit* von Leistungsempfänger_innen ausgerichtet sind. Statt der „keynesianischen Tradition der Unterstützung für Menschen ohne Arbeit" geht es mit einer angebotsorientierten Sozialpolitik eher um „die (Wieder-) Integration in den Arbeitsmarkt" (Loedemel/Trickey 2001, S. 127, vgl. auch Dahme et al. 2003).

In ähnlicher Perspektive analysieren auch die Governmentality-Studies die Transformation der Arbeitsmarkt- und Sozialpolitik hin zum Aktivierenden Staat: als Veränderung einer Sozialstaatsidee, die auf kollektiver Solidarität und materieller Umverteilung beruhte, hin zu jenem Programm einer „Ökonomisierung des Sozialen" (Bröckling/Krasmann/Lemke 2000) und der Aktivierung und Verantwortungsumverteilung auf die individuelle, unternehmerisch gedachte Eigenverantwortung (vgl. auch Dean 2010, Larner/Walters 2004). Mit dem Fokus auf Veränderung von Regierungsweisen weisen die Governmentality-Studies darauf hin, dass neoliberale oder neosoziale Formen der Regierung gerade keinen *Abbau* der Staatstätigkeiten darstellen, sondern eine systematische *Veränderung* der Regierungsweisen. Im Mittelpunkt stehe hier die Lenkung der einzelnen Akteure bis in deren konkrete Lebenspraxen hinein. Die „Kunst der Regierung" bestehe so in der „Führung der Führungen" (Foucault 1987, S. 255), mit der autonome Subjekte zuerst hergestellt und dann in ihren Selbststeuerungsmöglichkeiten innerhalb eines relativen, aber weiterhin mit klaren Grenzen versehenen Freiheitsspielraums angesprochen werden. Mit dieser Figur des eigenverantwortlichen, sich selbst führenden Subjekts sind Praktiken der Regierung nicht lediglich legitim erscheinende Formen politischer oder ökonomischer Unterwerfung „sondern auch mehr oder weniger bedachte und berechnete Handlungsweisen, die dazu bestimmt waren, auf die Handlungsmöglichkeiten anderer Individuen einzuwirken. Regieren heißt in diesem Sinne, das Feld eventuellen Handelns der anderen zu strukturieren" (ebd.). So werde insbesondere die Verantwortung für materielle und soziale Notlagen wie etwa Armut, Arbeitslosigkeit oder auch Krankheit als Problem der Selbstsorge und Ausdruck selbstbestimmter und damit konsequenziell auch selbst zu verantwortender Entscheidungen oder Verhaltensdispositionen besprochen.

Diese unterschiedlichen analytischen Zugänge zu den derzeitigen Transformationsprozessen zeigen, dass die deutsche „Architektur des Wohlfahrtsstaats" (Esping-Andersen 2004, S. 193) im empirischen Vergleich den Entwicklungen auf europäischer und US-amerikanischer Ebene folgt, wo zusehends weniger auf materielle Umverteilung, sondern vermehrt auf Sozialinvestition und die Aktivierung von Eigenverantwortung gesetzt wird. Damit ist den unterschiedlichen Analyseperspektiven gemeinsam, das sozialpolitische Aktivierungsprogramm als eine solche paradigmatische Neuorientierung zu beschreiben. Diese zielt auf die Herstellung subjektiver Eigenverantwortung, die Veränderung des wohlfahrtsstaatlichen Leistungsspektrums, die Neuverteilung sozialer Verantwortung im Sinne von Privatisierung auf nicht-staatliche, kommerzielle Anbieter einerseits und andererseits auf privatisierte Netzwerke wie Familie und Nachbarschaft sowie das ‚Subjekt' und dessen Selbstregulationsfähigkeit. Ein wesentlicher argumentativer Grundstein dieser Transformationsbestrebungen ist die bereits benannte These der passivierenden Wirkung des bisherigen, dahingehend zu kritisierenden wohlfahrtsstaatlichen Arrangements. So problematisiert zwar bereits Thomas H. Marshall einen möglichen „autoritären oder paternalistischen Charakter der Wohlfahrt" (1992, S. 118), was eben diese Frage aufwerfe, ob paternalistische Wohlfahrt möglicherweise passivierend wirke. Doch weist er darauf hin, dass ein breiter Begriff von Wohlfahrt legitim sei, der mehr als staatlich angebotene Dienstleistungen meine, sondern eine „Verbindung aus materiellen Mitteln und immateriellen Zielen" (S. 95) darstelle und als „Recht auf Leistungen, von denen angenommen werden kann, dass sie Wohlfahrt hervorbringen" (S. 96), formuliert werden könne. Die derzeitig politisch-programmatisch stark gemachte These der „Passivierung" von Leistungsbezieher_innen durch „dysfunktionale" materielle Umverteilung geht über diese Reflexion potenzieller Probleme hinaus, wenn beispielsweise in der diskursiven Figur der „wohlfahrtsabhängigen Underclass" jene Verbindung materieller und immaterieller Unterstützung deutlich gelockert wird. „Aktivierung" als diskursiv-programmatische und politisch-praktische Gegenfigur zielt grundsätzlich auf die paternalismuskritisch begründete Rückverlagerung von sozialer Verantwortung auf ‚das Subjekt' und andere kleinere soziale Einheiten. Aktivierungspolitik erscheint in diesem Rückverlagerungsbestreben als Ausdruck jener Strategie, „den Schwerpunkt des Regierungshandelns nach unten zu verlegen" (Foucault 2006, S. 210), welche die Pflicht zur Selbstsorge und die entsprechende so genannte Eigenverantwortung stärker sowie jene staatsbürgerlichen Rechte auf Unterstützung – also die u. a. im Subsidiaritätsprinzip formulierte staatliche Verantwortung und Verpflichtung zur Hilfeleistung in Krisensituationen – dem gegenüber schwächer diskutiert. Die staatlichen Instanzen werden so weniger als *direkt*, sondern als *indirekt* verantwortlich betrachtet, wenn sie statt als unmittelbare Leistungserbringer deutlicher in der Rolle aktivierender Moderatoren jener anderen Wohlfahrtsproduzent_innen auftreten.

Diese seit den 1970er Jahren einsetzenden politischen und sozialen Transformationen[2] verweisen auf makrostrukturelle Veränderungen eines „neuen

---

2 Bezogen auf die bundesdeutsche Entwicklung benennt Lutz Leisering (2003) vier Transformationsphasen, in deren Abfolge nach der Konstituierung des Sozialstaats in der Nachkriegszeit als wohlfahrtsstaatliches Arrangement und dessen Ausbau in den Jahren 1966-1975 die „Phase der Bedrängnis" bis Mitte der 1990er Jahre eingetreten sei, welche in der aktuellen Phase der „Krise des Sozialstaats" mündete. Für diese Phase spricht etwa Franz-Xaver Kaufmann vom „Veralten des

Geists des Kapitalismus", für den Luc Boltanski und Eve Chiapello (2003) normative Veränderungen aufzeigen, die nunmehr wesentlich entlang der Programmatik von Flexibilität, Eigenverantwortung, Mobilität und Kreativität verläuft. Insbesondere der aktivierende Sozialstaat scheint darauf ausgerichtet, mit dieser Seins- und Aktivitätsanforderung beschäftigungsfähige, „marktgängige und gesellschaftsfähige Subjekte zugleich" (Lessenich 2008, S. 85, Herv. i. O.) zu schaffen. Nur die Personen, die derart gesellschafts- und markt- bzw. sozialverwertbar erscheinen, indem sie aktiv, eigenverantwortlich, flexibel, kreativ und mobil zu agieren in der Lage sind, gelten als vollständige und anerkennungsfähige Gesellschaftsmitglieder. In diesem Sinne betonen die benannten unterschiedlichen Analyseperspektiven die zunehmende Dominanz aktivierender Politiken als Entwicklung „vom fürsorgenden zum aktivierenden Wohlfahrtsstaat" (Dingeldey 2006, S. 3), der kanalisierend und moderierend mit Blick auf das Individuum und dessen ‚soziale Ressourcen' agiert. Damit gewinne auch die „Arbeit von Erziehern, Kampagnen, Aktivisten sowie Symbol-, Deutungs- und Identifikationsmanagern" (Fach 2000, S. 121) an Bedeutung. Die politisch insbesondere mit Kostengesichtspunkten und jener angeblichen „Passivierung" von Leistungsbezieher_innen begründete Transformation des Wohlfahrtsstaats auf europäischer Ebene geht einher mit einer Vereinseitigung des Subsidiaritätsprinzips und Neudefinition sozialpolitischer Verantwortung: weniger die staatliche, öffentlich-solidarische Verantwortung für die Wohlfahrtsproduktion und das Wohlergehen der Bürger_innen, sondern die Aktivierung deren individueller Eigenverantwortung für ihre Lebensführung gilt aktuell als sozialpolitisches Leitmotiv.

Das bedeutet, dass im Zusammenhang dieser Akzentverschiebungen das wohlfahrtsstaatliche Subsidiaritätsprinzip, das oben als Teil der historischen Beantwortung der Sozialen Frage eingeordnet wurde, eine Reformulierung erfährt. Mit dem Subsidiaritätsprinzip werden je kleinere Einheiten – wie Einzelpersonen und deren individuelle soziale Beziehungen – in dem ihnen zugesprochenen Recht und der entsprechenden Pflicht, für die eigenen Belange zunächst selber zu sorgen, direkt als tragende Akteure in der Gestaltung des Sozialen und der Erbringung personenbezogener Wohlfahrt adressiert. Qua Ausstattung mit dem Recht und der Pflicht, sich um sich selber zu sorgen, sind sie zum einen

---

wohlfahrtsstaatlichen Arrangements" (2005, S. 251): aufgrund veränderter sozialstruktureller Voraussetzungen wie der Pluralisierung von Erwerbsverläufen und der Ent-Rigidisierung von Geschlechterrollen, demographischen Wandels, zunehmender nationaler Relevanz von EU-Politiken und Prozessen der Globalisierung, welche die bisherige Autonomie national verfasster Sozialstaaten als Steuerstaaten einschränke, löse sich u. a. die „stille Reserve des Sozialstaats" im Pflege- und Erziehungsbereich auf und werden, so Kaufmann, Umsteuerungsprozesse nötig, die sich in der Forderung ausdrücken, den Sozialstaat vom „Umverteilungsstaat" zum steuernden „Sozialinvestitionsstaat" zu transformieren.

geschützt vor bevormundenden staatlichen Zugriffen. Zum anderen haben sie aber auch ein Recht auf Unterstützung durch größere Einheiten, die wiederum zu dieser Unterstützung verpflichtet sind. Idealtypisch haben sich die sozialadministrativen Instanzen in der Konstitution des Wohlfahrtsstaats auferlegt, einerseits nicht unangemessen paternalistisch, entmündigend und kontrollierend in die Lebensführung der Bürger_innen einzugreifen und andererseits in Situationen, in denen Personen oder informelle sozialen Beziehungen nicht in der Lage sind, Problemlagen selber zu lösen, Unterstützung zu leisten. So lässt sich sagen, dass mit der aktivierungspolitischen Fokussierung ‚individueller Eigenverantwortung' eine kommunitaristisch unterlegte Betonung staatsbürgerlicher Pflichten gegenüber „dutiless rights" korrespondiert, was wiederum eine „conditional welfare" begründe (Powell 2000, S. 47). Die sich in diesen Prozessen der Re-Kommunitarisierung ausdrückende Vereinseitigung des Subsidiaritätsprinzips in Form der Rückverlagerung sozialer Verantwortung auf je kleinere Einheiten kann auch als Re-Individualisierung und Re-Familialisierung (vgl. Oelkers/Richter 2010) oder Re-Kommodifizierung und Re-Genderisierung (vgl. Heite 2009, Heite 2010b, Leitner/Ostner/Schratzenstaller 2004) beschrieben werden, womit eben weniger auf die *materielle* und *sozialrechtliche* Absicherung sozialer Risiken, sondern vielmehr auf die Förderung von ins private verlagerter Selbstregulationsfähigkeit und Erwerbsfähigkeit gezielt wird (vgl. Nullmeier 2003). In dieser Perspektive lässt sich festhalten, dass derzeit veränderte Weisen der Wohlfahrtsproduktion zu diagnostizieren sind, wobei in den nachvollzogenen Analysen überzeugend darauf hingewiesen wird, dass dies gerade *nicht* bedeutet, dass mit jenen als postwohlfahrtsstaatlich benannten Transformationen die Idee von Wohlfahrt an sich verabschiedet wäre, sondern, dass es um veränderte Formen ihrer Herstellung geht: „Die entscheidende Frage lautet nicht, ob es in modernen Gesellschaften einer Sozialpolitik bedarf, sondern, wie diese ‚richtig' auszugestalten ist" (Ullrich 2005, S. 8). Drei Aspekte geraten dabei vor allem in den Blick: Die Neubeantwortung der Frage nach dem ‚Wie' verschiebt sich *erstens* von staatsbürgerlichen Rechten zu Pflichten, *zweitens* von der staatlich-öffentlichen Verantwortung hin zu individuellen, familialen, kommunitaristisch orientierten Formen der Regulation sozialer Probleme und *drittens* vom Begriff und Inhalt des Begriffs Autonomie zu dem der aktivierten Eigenverantwortung. Es stellt sich hier die Frage, wie sich sozialarbeiterische Professionalität insbesondere mit Blick auf die sich in diesen drei Aspekten ausdrückende Aktivierungsprogrammatik verändert.

Soziale Arbeit im Kontext wohlfahrtsstaatlicher Kontinuitäten und Brüche

Das aktivierungspolitische Leitbild jener Umsteuerungen beruft auch Soziale Arbeit zur Aktivierungsakteurin. Im Verhältnis von Sozialpolitik und Sozialer Arbeit steht ein Aktivierungsauftrag im Raum, für den zu fragen ist, ob er möglicherweise einen sozialpädagogischen Paradigmenwechsel induziert, der sich in veränderten Deutungen, Sichtweisen, Interpretationen und Interventionsformen, in veränderten Adressierungen potenzieller Nutzer_innen Sozialer Arbeit äußert. Soziale Arbeit findet derzeit in einer sozialpolitischen Rahmung stattfindet, in der Empfänger_innen sozialstaatlicher Leistungen als ‚passiv' vorgestellt werden. Diese sind Teil des Adressat_innenkreises Sozialer Arbeit und folgerichtig seien ihre Kompetenzen zu ‚eigenverantwortlicher Lebensführung' auch mittels Sozialer Arbeit zu aktivieren. Aktivierungsprogrammatisch inspiriert reagiert Soziale Arbeit damit auf das Leitbild der eigenverantwortlichen, selbstgesteuerten, risiko- und lebenskompetenten Bürger_in. Diese ist nicht nur eine *diskursive* Figur, sondern korrespondiert auch mit konkreten, etwa sozialpädagogischen Praxen. Die Forderung nach eigenverantwortlicher Lebensführung wird von Ulrich Bröckling (2007) als derzeit hegemoniale Subjektivierungsform des „unternehmerischen Selbst" analysiert. Diese Subjektivierungsform materialisiert sich im Zusammenhang mit wohlfahrtsstaatlichen Transformationen unter anderem einhergehend mit der benannten re-kommodifizierenden, re-kommunitarisierenden und re-privatisierenden Rückverlagerung sozialer Verantwortung und Unterstützung auf jenes zur Eigenverantwortung berufene Subjekt und dessen soziale Beziehungen wie Familie, Lebenspartnerschaften, Freundschaften, Nachbarschaften. Eben hier in der Positionierung Sozialer Arbeit „aktivierungspädagogisch" (Kessl 2006) anzusetzen, bietet sich als neue Tätigkeits- und Profilierungsfeld der Profession.

Professionstheoretisch erscheint es nun sinnvoll, einen möglichen sozialpädagogischen Relevanzgewinn aktivierungspolitischer Inhalte mit der Annahme zu konfrontieren, dass Soziale Arbeit als Profession im Sinne professioneller Autonomie prinzipiell unabhängig ist von sozialpolitischen Beauftragungen. Diese professionelle Autonomie ist merkmals-, macht- und anerkennungstheoretisch betrachtet ein wesentliches Kennzeichen von Professionalität und gilt zunächst als eine Abschirmungsmöglichkeit der professionellen Logik gegen sozialpolitische oder marktwirtschaftliche Aufträge (vgl. u. a. Freidson 2001). Als solche Schutzfunktion äußere sich professionelle Autonomie als sozialpädagogischer Gestaltungs- und Ermessensspielraum. Die professionellen Akteure entscheiden relativ autonom über Form, Inhalt und Ziel der Fallbearbeitung. Diese Entscheidungsfreiheit gilt auch auf der Ebene der sozialpolitischen Rahmenbedingungen im Sinne kollektiver Autonomie Sozialer Arbeit, die ebenfalls relativ unabhängig von jenen externen Beauftragungen über die Form der Bearbeitung ihres Aufgabenfeldes entscheidet. Ist also davon auszugehen, dass der sozialpädagogische Relevanzgewinn aktivierungspolitischer Inhalte gerade Ausdruck der Autonomie Sozialer Arbeit ist, jene Programmatik aktiv zu rezipieren und willentlich zu implementieren?

Denn die Aktivierungsprogrammatik ist in ihrer paternalismuskritischen Ausrichtung durchaus anschlussfähig an sozialarbeitsinterne Expertokratiekritik vor allem an potentieller Entmündigung und mangelhaften Partizipationsmöglichkeiten der Adressat_innen. In diesem Sinne steht die sozialpädagogische Forderung nach Enthierarchisierung und Demokratisierung sozialer Dienste in einem engen Referenzverhältnis zu ihren sozialpolitischen Rahmenbedingungen. Ein Blick zurück auf die 1990er Jahre zeigt, dass sozialadministrativ seither Verwaltungsmodernisierungs-, Verwaltungsvereinfachungs- und Neue Steuerungskonzepte implementiert werden, die vor allem auf der Annahme sozialbürokratischer Ineffizienz und Ineffektivität sowie der wohlfahrtsstaatlichen Entmündigung und Passivierung der Leistungsbezieher_innen beruhen. Im Kontext dieser sozialpolitisch induzierten, Hierarchien abflachenden, betriebswirtschaftlichen und manageriellen Umstrukturierung des sozialen Bereichs hat die Profession Aspekte wie die Orientierung an Effizienz, Wettbewerbsmechanismen, Leistungsvereinbarungen, Qualitätsmanagement, neue Kooperationsformen und Wirkungsorientierung umgesetzt (vgl. u. a. Beckmann/Richter 2008, Olk/Otto 2003). Damit gingen neue Formen der als professionell vorgestellten Erbringung Sozialer Arbeit einher, die – orientiert am Leitbild eines Wirtschaftsunternehmens – dem Anspruch nach mehr Entscheidungskompetenz und mehr Autonomie auf der Ebene der Professionellen schaffen wollen und auch den Adressat_innen mit dem Begriff des „Kunden" eine stärkere Position in der „Dienstleistungsproduktion" zuschreiben oder diesen auch die dominante Rolle der Produzent_in und der Professionellen die Rolle der Ko-Produzent_in zubilligen (vgl. Schaarschuch 1999, 2003).

Dieser Bezug auf Aktivität, Handlungsfähigkeit und Autonomie macht wiederum die Frage nach dem Zusammenhang von wohlfahrtsstaatlichen Transformationen und Professionalität evident. Wenn Soziale Arbeit nunmehr den sozialpolitischen Auftrag erhält, ihre Adressat_innen zu eigenverantwortlicher Lebensführung zu aktivieren, evoziert dies jene in professionstheoretischer Perspektive reflexiv, selbstreflexiv und kritisch zu bearbeitende Frage: Wie wirkt sich die im Kontext wohlfahrtsstaatlicher Transformationen formulierte Aktivierungsbeauftragung auf sozialpädagogische Professionalität aus? Wie bereits einleitend bemerkt, ist davon auszugehen, dass sich sozialpolitische Diskurskonjunkturen auf die Erbringungs- und Organisationsformen Sozialer Arbeit auswirken, wobei diese Wirkung nicht direkt, kausal, unilinear und unvermittelt ist.

Vielmehr sind die Professionellen und die Profession als Instanzen in den Blick zu nehmen, die im Rahmen ihrer (relativen) professionellen Autonomie und ihres entsprechenden Ermessensspielraums sowie einhergehend mit ihrer wissenschaftlichen Ausbildung sowie ‚Einsozialisierung' in die Profession zu ‚eigensinnigen' Formen der Implementation neuer Aufträge wie des Aktivierungsauftrags gelangen. Auf diese Weise stellen wohlfahrtsstaatliche Transformationen als mindestens dreidimensionale Entwicklung – von Rechten zu Pflichten, von Autonomie zu Eigenverantwortung und von der öffentlichen zur privaten Verantwortung – eine Tendenz dar, an der sich die zukünftige Form der Erbringung und Gestaltung Sozialer Arbeit entscheidet. Die diese Transformation der Rahmenbedingungen Sozialer Arbeit motivierende Rede über jene politische, legitimatorische, fiskalische und strukturelle ‚Krise des Sozialstaats' kann diskurstheoretisch als Teil einer „Epochenschwelle des Sozialstaats" (Leisering 2003, S. 179) gedeutet werden, mit der eine paradigmatische Neuausrichtung sozialpolitischer Programmatik agiert wird. In dieser wird die Herstellung eigenverantwortungs- und gemeinschaftsfähiger Bürger_innen als eine Aufgabe Sozialer Arbeit formuliert, die in Form von „governmental-ethical practices" (Dean 1995, S. 559) darauf zielt, *erzieherisch* spezifische Eigenschaften der Subjekte herzustellen. Dies kann gedeutet werden als *moralischer pädagogischer* Zugriff auf individuelle und kollektive Verhaltens- und Lebensführungsweisen von Menschen, in denen deren Haltungen, Lebenspraxen sowie Selbstführungskräfte im Zentrum stehen, wenn zuerst wichtig gemacht wird, subjektive Eigenverantwortung, subsidiär-informelle Unterstützungspotenziale etwa der Familie oder des (lokalen) Nahraums zu aktivieren. Ist also mit den aktuellen wohlfahrtsstaatstheoretischen Analysen, die einen sozialpolitischen Paradigmenwechsel im Sinne der „Neuerfindung des Sozialen" (Lessenich 2008) anzeigen, auch von der Neuerfindung Sozialer Arbeit und einem Paradigmenwechsel innerhalb dessen, was als Professionalität gilt, auszugehen? Verändert sich die Professionalität Sozialer Arbeit auf eine Weise, die als „Aktivierungspädagogik statt wohlfahrtsstaatliche Dienstleistung" (Kessl 2006) zu beschreiben ist? Denn jenes sozialpolitische Umdenken designiert zunächst auch Soziale Arbeit als Aktivierungsakteurin. Wenn sie eine solche nicht werden soll, bedarf es eines substanziellen Gegenentwurfs, der sich zunächst verteidigend, aber auch unterlaufend auf die drei benannten Bewegungen zu beziehen hat. So kann Soziale Arbeit sich professionell begründet nicht darauf einlassen, das Ziel professioneller Interventionen in der Aktivierung von Eigenverantwortung, statt in der (Wieder)Herstellung von Autonomie zu sehen. Vielmehr ist weiterhin ein Begriff von Autonomie zu vertreten, der nicht allein den Adressat_innen die Gewährleistung ihres Wohlergehens überantwortet. Statt als unzureichend betrachtete Lebensführungskompetenzen zu bearbeiten, zielen professionelle Interventionen auf die Erweiterung der Handlungs- und

Entscheidungsmöglichkeiten der Adressat_innen im Sinne der Reduktion deren auch struktureller Einschränkungen. Dazu gehört auch, die (potenziellen) Nutzer_innen als mit Rechten ausgestattete Akteure und nicht als zu gemeinwohlverträglichem Verhalten Verpflichtete zu adressieren. Dies erfordert drittens eine Rückbesinnung auf kollektive professionelle Autonomie, um wohlfahrtsstaatliche Transformationen ‚eigensinnig' umzuarbeiten und Soziale Arbeit weiterhin als wohlfahrtskonstitutive Akteurin und je zeitgenössische Form der Entprivatisierung, Veröffentlichung und Verberuflichung von Risikoabsicherung zu begreifen. Soziale Arbeit erschöpft sich nicht in der Aktivierung privater Selbstregulationsfähigkeiten. Vielmehr besteht ihr wohlfahrtskonstitutiver Charakter darin, dass sie sozialregulatorische Tätigkeiten wie Unterstützung und Beratung unabhängig von informellen Netzwerken und privaten Beziehungen im wohlfahrtsstaatlichen Kontext öffentlich finanziert, rechtlich abgesichert, subsidiär und solidarisch erbringt.

Literatur

Beckmann, Christof/Richter, Martina (2008): Qualität in der Sozialen Arbeit. In: Bielefelder Arbeitsgruppe 8 (Hg.): Soziale Arbeit in Gesellschaft. Wiesbaden: VS, S. 205-210

Benz, Arthur (2008): Der moderne Staat. Grundlagen der politologischen Analyse. München: Oldenbourg

Böllert, Karin/Oelkers, Nina (Hg.) (2010): Frauenpolitik in Familienhand? Neue Verhältnisse in Konkurrenz, Autonomie oder Kooperation. Wiesbaden: VS

Boltanski, Luc/Chiapello, Ève (2006): Der neue Geist des Kapitalismus. Konstanz: UVK

Bröckling, Ulrich (2007): Das unternehmerische Selbst. Soziologie einer Subjektivierungsform. Frankfurt am Main: Suhrkamp

Bröckling, Ulrich/Krasmann, Susanne/Lemke, Thomas (Hg.) (2000): Gouvernementalität der Gegenwart, Studien zur Ökonomisierung des Sozialen. Frankfurt am Main: Suhrkamp

Bütow, Birgit/Chassè Karl August/Hirt Rainer (Hg.): Soziale Arbeit nach dem Sozialpädagogischen Jahrhundert. Opladen/Farmington Hills: Verlag Barbara Budrich

Castel, Robert (2005): Die Stärkung des Sozialen. Leben im neuen Wohlfahrtsstaat. Hamburg: Hamburger Ed.

Chassé, Karl August (2010): Unterschichten in Deutschland. Materialien zu einer kritischen Debatte. Wiesbaden: VS

Dahme, Heinz-Jürgen/Otto, Hans-Uwe/Trube, Achim/Wohlfahrt, Norbert (Hg.) (2003): Soziale Arbeit für den aktivierenden Staat, Opladen: Leske + Budrich

Dean, Mitchell (2010): Governmentality. Power and rule in modern society. London: Sage

Dean, Mitchell (1995): Governing the Unemployed Self in an Active Society. In: *Economy & Society*, 24, S. 559-583
Dingeldey, Irene (2006): Aktivierender Wohlfahrtsstaat Aktivierender Wohlfahrtsstaat und sozialpolitische Steuerung. In: *APuZ*, H. 8-9, S. 3-9
Donzelot, Jacques (1994): Die Förderung des Sozialen. In: Donzelot, Jacques/Meuret, Dennis/Miller, Peter/Rose, Nikolas (Hg.): Zur Genealogie der Regulation. Anschlüsse an Michel Foucault. Mainz: Decaton, S. 109-160
Esping-Andersen, Gøsta (2004): Die gute Gesellschaft und der neue Wohlfahrtsstaat. In: *Zeitschrift für Sozialreform*, 50 (1-2), S. 189-210
Fach, Wolfgang (2000): Staatskörperkultur. Ein Traktat über den ‚schlanken Staat'. In: Bröckling, Ulrich/Krasmann, Susanne/Lemke, Thomas: a. a. O., S. 110-130
Foucault, Michel (2006): Die Geburt der Biopolitik. Vorlesung am Collège de France, 1978-1979 Frankfurt am Main: Suhrkamp
Foucault, Michel (1987): Das Subjekt und die Macht. In: Dreyfus, Hubert L./Rabinow, Paul (Hg.): Michel Foucault. Jenseits von Strukturalismus und Hermeneutik, Frankfurt am Main: Athenäum, S. 243-261
Fraser, Nancy (2003): Soziale Gerechtigkeit im Zeitalter der Identitätspolitik. Umverteilung, Anerkennung und Beteiligung. In: Fraser, Nancy/Honneth, Axel (2003): Umverteilung oder Anerkennung? Eine politisch-philosophische Kontroverse., Frankfurt am Main: Suhrkamp, S. 13-128
Freidson, Eliot (2001): Professionalism. The Third Logic. Cambridge: Polity Press
Heite, Catrin (2010a): Anerkennung von Differenz in der Sozialen Arbeit. Zur professionellen Konstruktion des Anderen. in: Kessl, Fabian/Plößer, Melanie (Hg): a. a. o., S. 187-200
Heite, Catrin (2010b): Soziale Arbeit – Post-Wohlfahrtsstaat – Geschlecht. Zum Zusammenhang von Professionalität und Politik. in: Böllert, Karin/Oelkers, Nina (Hg.): a. a. o., S. 25-38
Heite, Catrin (2009): Zur Vergeschlechtlichung Sozialer Arbeit im post-wohlfahrtsstaatlichen Kontext – Kontinuitäten, Aktualisierungen und Transformationen. In: Kessl, Fabian/Otto, Hans-Uwe (Hg.): Soziale Arbeit ohne Wohlfahrtsstaat: Zeitdiagnosen, Problematisierungen und Perspektiven, Weinheim: Juventa, S. 101-119
Heite, Catrin (2008): Ungleichheit, Differenz und ‚Diversity'. Zur Konstruktion des professionellen Anderen. in: Böllert, Karin/Karsunky, Silke (Hg.): Genderkompetenz in der Sozialen Arbeit, Wiesbaden: VS-Verlag S. 77-87
Hirsch, Joachim (1995): Der nationale Wettbewerbsstaat. Staat, Demokratie und Politik im globalen Kapitalismus. Berlin: ID-Verlag
Jessop, Bob (2007): State Power. Cambridge: Polity Press
Jessop, Bob (1992): Regulation und Politik. in: Demirovic, Alex/Krebs, Hans-Peter/Sablowski, Thomas (Hg.): Hegemonie und Staat – Kapitalistische Regulation als Projekt und Prozeß. Münster: Westf. Dampfboot, S. 232-262.
Kaufmann, Franz-Xaver (2003): Varianten des Wohlfahrtsstaats. Der deutsche Sozialstaat im internationalen Vergleich. Frankfurt am Main: Suhrkamp
Kaufmann, Franz-Xaver (1982): Elemente einer soziologischen Theorie sozialpolitischer Intervention, in: ders. (Hg.): Staatliche Sozialpolitik und Familie, München, S. 49-86

Kessl, Fabian/Plößer, Melanie (2010) (Hg): Differenzierung, Normalisierung, Andersheit. Soziale Arbeit als Umgang mit den Anderen. Wiesbaden: VS

Kessl, Fabian (2006): Aktivierungspädagogik statt wohlfahrtsstaatlicher Dienstleistung? Das aktivierungspolitische Re-Arrangement der bundesdeutschen Kinder- und Jugendhilfe: Zeitschrift für Sozialreform, 52, Heft 2, S. 217-232

Larner, Wendy/Walters William (Hg.) (2004): Global Governmentality. Governing international spaces. London: Routledge

Leisering, Lutz (2003): Der deutsche Sozialstaat – Entfaltung und Krise eines Sozialmodells. In: *Der Bürger im Staat*, Heft 4, S. 172-181

Leitner, Sigrid/Ostner, Ilona/Schratzenstaller, Margit (Hg.) (2004): Wohlfahrtsstaat und Geschlechterverhältnis im Umbruch. Was kommt nach dem Ernährermodell? Jahrbuch für Europa- und Nordamerika-Studien 7, Wiesbaden: VS

Lessenich, Stephan (2008): Die Neuerfindung des Sozialen. Der Sozialstaat im flexiblen Kapitalismus. Bielefeld: transcript

Loedemel, Ivar/Trickey, Heather (2001): Ein neuer Vertrag für Sozialhilfe. In: Stelzer-Orthofer, Christine (Hg.): Zwischen Welfare und Workfare. Soziale Leistungen in der Diskussion. Linz: Sozialwissenschaftliche Vereinigung, Gesellschafts- und sozialpolitische Texte, Band 14, S. 123-166

Marshall, Thomas H. (1992 [1949]): Bürgerrechte und soziale Klassen. Zur Soziologie des Wohlfahrtsstaates. Frankfurt/Main: Campus

Mayntz, Renate/Fritz W. Scharpf (Hg.) (1995): Gesellschaftliche Selbstregelung und politische Steuerung. Frankfurt am Main: Campus

Nullmeier, Frank (2003): Anerkennung: Auf dem Weg zu einem kulturalen Sozialstaatsverständnis? In: Lessenich, Stephan (Hg.) (2003): Wohlfahrtsstaatliche Grundbegriffe. Historische und aktuelle Diskurse. Frankfurt am Main: Campus, S. 395-418

Oelkers, Nina/Richter, Martina (2010): Die post-wohlfahrtsstaatliche Neuordnung des Familialen. In: Böllert/Oelkers (Hg.): a. a. o., S. 15-23

Olk, Thomas/Otto, Hans-Uwe (Hg.) (2003): Soziale Arbeit als Dienstleistung. Neuwied: Luchterhand

Peck, Jamie (2001): Workfare States. New York: Guilford Pressa

Powell, Martin (2000): New Labour and the third way in the British welfare state. In: *Critical Social Policy*, 62, S. 39-60

Sayer, Andrew (2005): The Moral Significance of Class. Cambridge: University Press

Schaarschuch, Andreas (2003): Die Privilegierung des Nutzers. Zur theoretischen Begründung sozialer Dienstleistung. In: Olk, Thomas/Otto, Hans-Uwe (Hg.): Soziale Arbeit als Dienstleistung. Grundlegungen, Entwürfe und Modelle. München: Reinhardt, S. 150-169

Schaarschuch, Andreas (1999): Theoretische Grundelemente Sozialer Arbeit als Dienstleistung. Ein analytischer Zugang zur Neuorientierung sozialer Arbeit. In: *neue praxis*, Heft 6, S. 543–560

Ullrich, Carsten G. (2005): Soziologie des Wohlfahrtsstaats. Eine Einführung. Frankfurt am Main: Campus

Young, Iris Marion (2007): Structural Injustice and the Politics of Difference. In: Lenz, Günter H./Dallmann, Antje (Hg.): Justice, Governance, Cosmopolitanism and the Politics of Difference. Reconfigurations in a Transnational World. Berlin: Humboldt-Universität, S. 79-116

Wazlawik, Martin 2010: AdressatInnen der Kinderschutzdebatte. i. d. B.

Ziegler, Holger (2008): Sozialpädagogik nach dem Neo-Liberalismus: Skizzen einer postsozialstaatlichen Formierung Sozialer Arbeit. In: Bütow, Birgit/Chassé, Karl August/Hirt, Rainer (Hg.): Soziale Arbeit nach dem Sozialpädagogischen Jahrhundert, Opladen/Farmington Hills: Barbara Budrich, S. 159-176

Gender Mainstreaming in der Kinder- und Jugendhilfe – Erfolg, Stillstand oder Niedergang? Ein Zwischenbericht

Silke Karsunky

Auch wenn seitens der Bundesregierung schon ein offizieller Abgesang auf Gender Mainstreaming angestimmt wird und nun explizit Diversity-Strategien, wie im aktuellen Koalitionsvertrag der Regierungsparteien vereinbart, die Grundlage der gegenwärtigen Gleichstellungspolitik bilden sollen, erweist sich doch ein Blick auf den bisherigen Umsetzungsstand von Gender Mainstreaming im Sinne eines Zwischen(!)-Fazits als lohnend. Der vorliegende Beitrag legt eine solche Bestandaufnahme für das Handlungsfeld der Kinder- und Jugendhilfe vor dem Hintergrund eines kursorischen Rückblicks auf Stationen der Entstehungs- und Entwicklungsgeschichte von Gender Mainstreaming sowie einer Übersicht zentraler konzeptioneller Ansatzpunkte dieser Strategie vor. Angesichts der derzeitigen vehementen medialen Kritik an Gender Mainstreaming zielen die nachfolgenden Ausführungen zudem darauf ab, einen Beitrag zu leisten für mehr Sachlichkeit und Fachlichkeit im Rahmen einer kritischen Auseinandersetzung mit dem Strategiekonzept.

Was bisher geschah

Gender Mainstreaming ist eine gleichstellungspolitische Strategie, deren Ursprünge in den international geführten geschlechterpolitischen Debatten und Aktivitäten von Frauenbewegungen und -organisationen sowie von Akteurinnen und Akteuren aus dem Bereich Entwicklungspolitik zu finden sind und die bis in die 70er Jahre des 20. Jahrhunderts zurück reichen (vgl. z.B. Callenius 2002; Frey 2004). Als Meilensteine der Entwicklungsgeschichte gelten die 3. Weltfrauenkonferenz der Vereinten Nationen in Nairobi (1985) sowie die 4. Weltfrauenkonferenz in Peking, auf der 1995 das Strategiekonzept erstmals einer breiten Öffentlichkeit vorgestellt wurde. Im Rahmen der von allen teilnehmenden Regierungsdelegationen unterzeichneten Abschlussdokumente verpflichten sich die Mitgliedsstaaten eine aktive und nachhaltige Politik der konsequenten Berücksichtigung der Geschlechterperspektive in allen politischen Bereichen und Programmen zu implementieren, um auf diese Weise zu einer geschlechterbewussten und gleichstellungsorientierten Planung und Gestaltung von Entscheidungen und Maßnahmen beizutragen:

> „[...] Governments and other actors should promote an active and visible policy of mainstreaming a gender perspective in all policies and programmes so that, before decisions are taken, an analysis is made of the effects on women and men, respectively." (United Nations 1995: 88).

Ebenfalls im Jahre 1995 konstituiert sich auf der *Ebene der Europäischen Union* eine Kommissionsgruppe „Chancengleichheit", die sich zum Ziel setzt, die Chancengleichheit der Geschlechter als Querschnittsaufgabe in alle Politikfelder zu implementieren. Im darauf folgenden Jahr veröffentlicht die Europäische Kommission die Mitteilung „Einbeziehung der Chancengleichheit in sämtliche politische Konzepte und Maßnahmen der Gemeinschaft", in der Gender Mainstreaming erstmals als verbindliche gleichstellungspolitische Strategie für alle EU Mitgliedsstaaten benannt wird. In die Rechtsordnung der Europäischen Union geht Gender Mainstreaming mit dem Inkrafttreten des sogenannten „Amsterdamer Vertrages" am 1. Mai 1999 ein. Darin verpflichten sich alle Mitgliedstaaten in rechtlich verbindlicher Form zu einer aktiven Gleichstellungspolitik im Sinne der Gender Mainstreaming Strategie.

Auf *nationaler Ebene* erkennt das Bundeskabinett mit seinem Beschluss vom 23. Juni 1999 die Gleichstellung von Frauen und Männern als durchgängiges Leitprinzip der Bundesregierung an und spricht sich dafür aus, diese Aufgabe als Querschnittsaufgabe unter dem Begriff „Gender Mainstreaming" zu fördern. Es folgen in den kommenden Jahren seitens der Bundesregierung zahlreiche Projekte und Initiativen, um den Implementierungs- und Umsetzungsprozess in allen politischen Ressorts und Verwaltungsbereichen zu fördern. Hierzu zählen beispielsweise die Einrichtung der interministeriellen Arbeitsgruppe Gender Mainstreaming der Bundesregierung, die Realisierung vielfältiger Pilotprojekte und einer umfassenden Qualifizierungsoffensive in allen Ressorts, die Erstellung von Arbeitshilfen zur Umsetzung der Strategie in ausgewiesenen Handlungsfeldern, wie beispielsweise in den Bereichen Gesetzesfolgenabschätzung und Berichtswesen, die Gründung des GenderKompetenzZentrums in Berlin, das den Einführungsprozess fachlich begleiten und unterstützen soll, sowie die Durchführung umfangreicher Informationskampagnen zur Wissensvermittlung, u.a. im Rahmen von Publikationen und Web-Portalen zum Thema. Darüber hinaus findet die Strategie auf Bundes- und Landesebene Eingang in zahlreiche Rechtsgrundlagen und politische Dokumente, wie beispielsweise die Gemeinsame Geschäftsordnung der Bundesministerien (GGO), die die Umsetzung einer aktiven Gleichstellungspolitik im Sinne von Gender Mainstreaming einfordern.[1]

Den bisherigen Umsetzungsstand von Gender Mainstreaming auf Ebene der Bundesregierung resümierend stellen Döge/Stiegler (2004) jedoch fest, dass die bisher zu verzeichnenden Erfolge des Implementierungsprozesses vor allem in der Entwicklung von Voraussetzungen, Strukturen und einigen Instrumenten liegen. Handfeste Ergebnisse dieses Prozesses seien hingegen relativ schwer erkennbar (vgl. ebd.: 139). Dieser kritischen Bestandsaufnahme entspricht, dass die Anwendung von Gender Mainstreaming bislang nur in Pilotprojekten, jedoch nicht in zentralen Reformwerken, wie beispielsweise der Reform des Arbeitsmarktes oder des Gesundheitssystems, erfolgt.

Darüber hinaus verkündete das Bundesministerium für Familie, Senioren, Frauen und Jugend (BMFSFJ) als federführendes Ministerium des Implementierungsprozesses auf Bundesebene im Rahmen einer offiziellen Pressemeldung im Oktober 2006 eine konzeptionelle Neuausrichtung der Gender Mainstreaming Strategie sowie ihre Umbenennung in „Gleichstellung als Erfolgsstrategie":

> „Das Bundesfamilienministerium steuert die Anwendung dieser Strategie, für die sich in Europa der Begriff „Gender Mainstreaming" etabliert hat, innerhalb der Bundesverwaltung und gibt die notwendigen Impulse. Mit der Übernahme des englischen Begriffs sind mancherorts Widerstände entstanden, die eine nachhaltige Verankerung des Anliegens behindert haben. Eine Neuausrichtung der Gender-Mainstreaming-Konzeption soll Gleichstellungspolitik als präventiv ausgerichtetes Vorgehen attraktiver ausgestalten und so zu einer wirklichen Erfolgsstrategie machen." (BMFSFJ 2006).

Nähere Ausführungen dazu, worin die konzeptionelle Neuausrichtung von Gender Mainstreaming besteht, werden vom Ministerium nicht angeführt. Auffällig zeigt sich jedoch die gegenwärtig starke Fokussierung gleichstellungspolitischer Aktivitäten auf den Bereich der Familienpolitik, die in ihrer Einseitigkeit dem Querschnittsansatz von Gender Mainstreaming zu widersprechen scheint. Zudem konstatieren zahlreiche Expertinnen und Experten der bundesrepublikanischen Geschlechterpolitik (vgl. u.a. Frey 2009; Smykalla/Baer 2008; Stiegler 2008), dass Gleichstellungspolitik gegenwärtig ins Stocken geraten ist und Erreichtes vielfach in Frage gestellt wird. Hierzu zählt u.a. der Abbau spezieller verwaltungsinterner Einheiten, Strukturen und Ressourcen, die der Begleitung und Unterstützung des Implementierungsprozesses von Gender Mainstreaming dien-

---

1 Umfassend und detailliert wird der Umsetzungsstand von Gender Mainstreaming auf Bundes- und Landesebene u.a. vom BMFSFJ (2005), Döge/Stiegler (2004), Müller (2007) sowie Schweikert (2002) dargelegt.

ten, wie beispielsweise die Abschaffung der o.g. interministeriellen Arbeitsgruppe (vgl. Unmüßig 2009).

Gender Mainstreaming in der öffentlichen Kritik

Nach Auffassung von Frey (2009) ist zu vermuten, dass die vehemente mediale Kritik an Gender Mainstreaming einen Beitrag zur Abkehr der Bundesregierung von dieser Strategie geleistet hat. So finden sich in Printmedien und Online-Magazinen zahlreiche Beiträge, die Fehlinterpretationen oder bewusst Unwahrheiten über Herkunft, Ziele und Inhalte der Strategie anführen, gleichstellungspolitische Akteurinnen und Akteure absichtlich diffamieren sowie Bilder von Verschwörungen bestimmter Interessensgruppen sowie Bedrohungszenarien eines staatlich verordneten, totalitären Umerziehungsprogramms von Frauen und Männern beschwören. So schreibt beispielsweise Pfister (2006) im SPIEGEL:

> „Gender Mainstreaming will nicht nur die Lage der Menschen ändern, sondern die Menschen selbst. [...]. Denn wenn das Geschlecht nur ein Lernprogramm ist, dann kann man es im Dienst der Geschlechtergerechtigkeit auch umschreiben. Das ist ein Ziel des Gender-Mainstreaming-Konzeptes." (ebd.).

Ein ähnliches Szenarium skizziert auch Zastrow (2006) in seinem in der Frankfurter Allgemeinen Zeitung (FAZ) veröffentlichten Beitrag „Politische Geschlechtsumwandlung", in dem er u.a den Gender Mainstreaming immanenten Top-Down-Ansatz mit dem sogenannten Kaderprinzip vergleicht, wie man es von den russischen Bolschewiki kenne, die dieses nach dem Sturz des Zaren zum sozialrevolutionären Herrschafts- und Steuerungsinstrument entwickelt hätten. Dabei wolle Gender Mainstreaming „[...] nicht weniger als den neuen Menschen schaffen, und zwar durch die Zerstörung der ‚traditionellen Geschlechtsrollen'." (ebd.), weshalb schon während der Krippenerziehung mit der „geistigen Geschlechtsumwandlung" begonnen werde (vgl. ebd.). Ferner werden Visionen einer vorgeblich intendierten matriarchialen oder gar ‚männerlosen' Gesellschaft bemüht, wie beispielsweise von Röhl (2005) in einem Onlinebeitrag der Zeitschrift Cicero:

> „Gender Mainstreaming heißt im Klartext kompletter Umbau der Gesellschaft und Neuerfindung der Menschheit. Gender Mainstreaming ist eine Art totalitärer Kommunismus in Sachen Sex und Geschlechterbeziehung. Die real existierende Welt wird unterschwellig das (zu eliminierende) Patriarchat genannt, und die Frau und auch die Gesellschaft sollen zu ihrem Glück in Gestalt eines Matriarchats auf leisen Sohlen gezwungen werden [...]." (ebd.).

Nach Auffassung von Smykalla/Baer (2008) werden im Rahmen dieser Medienkampagne alte anti-feministische, homophobe und teilweise auch rassistische Klischees aufgegriffen und gegen eine moderne, emanzipatorische Gleichstellungspolitik gewendet.[2] Dabei beruht diese Kampagne, die den Zukunftsentwurf einer mittels Gender Mainstreaming angestrebten neuen Menschheit inszeniert, im Wesentlichen auf (bewussten) Fehlinterpretationen von „Gender",[3] indem gleichstellungspolitischen Akteurinnen und Akteuren eine grundsätzliche Infragestellung der Kategorie Geschlecht sowie die Intention ihrer Abschaffung bzw. Dekonstruktion unterstellt werden. Verschwiegen oder nicht erkannt wird hingegen, dass im Fachdiskurs „Gender" vielmehr als Struktur- und Analysekategorie behandelt wird, deren Relevanz es bezugnehmend auf zu treffende Entscheidungen oder geplante Maßnahmen im Sinne einer Realisierung der Gleichstellung der Geschlechter zu reflektieren und zu berücksichtigen gilt. Auch wenn dekonstruktivistische Theorien und Ansätze konzeptionell mit Gender Mainstreaming vereinbar sind, weil diese Strategie keine geschlechterpolitische Zielrichtung verbindlich vorgibt, prägen entsprechende Ansichten den Fachdiskurs nur marginal. Breiter Konsens besteht hingegen hinsichtlich der Annahme, dass Gender Mainstreaming auf die geschlechterbewusste und chancengleichheitsorientierte Gestaltung von Entscheidungsprozessen und Maßnahmenplanungen abzielt, indem die Strategie den Verantwortlichen aufgibt, die Geschlechterperspektive als integralen Bestandteil dieser Prozesse zu sehen, damit geschlechtsspezifische Benachteiligungen und Diskriminierungen weder reproduziert noch produziert werden – nicht mehr aber auch nicht weniger ist das zentrale Anliegen dieser Strategie.

Darüber hinaus wird innerhalb des Fachdiskurses vielfach betont, dass im Zuge der Umsetzung von Gender Mainstreaming Frauen und Männern Verwirklichungschancen jenseits tradierter geschlechtsrollenstereotyper Erwartungen, Zuschreibungen und Normierungen eröffnet werden (vgl. u.a. Bergmann/Pimminger 2004; Scherr 2001). Damit kann diese Strategie einen Beitrag leisten für die Anerkennung der Vielfalt individueller Lebensentwürfe und Selbstkonzepte.

---

2 Angesichts der zitierten Äußerungen stellt sich die Frage, für wen und weshalb die Zielsetzung bzw. Vorstellung tatsächlicher Gleichstellung der Geschlechter ein solches Bedrohungsszenario darstellt. Erste Einschätzungen zum Entstehungshintergrund des sich gegenwärtig zeigenden Backlashs gegenüber gleichstellungspolitischen Ansätzen und Bestrebungen legt Baer (2009) differenziert dar.
3 So propagiert beispielsweise Hermann (2010): „Wer für Gender ist, muss auch gegen Kinder sein, gegen den Mann, gegen die Ehe, gegen die Familie!" und skandalisiert, dass Gender Mainstreaming ausschließlich Frauenförderung bedeute, ohne Männer in den Blick zu nehmen bzw. Ungerechtigkeiten gegenüber diesen bewusst – im Sinne einer Wiedergutmachung ihrer Jahrhunderte währenden Privilegisierung – in Kauf zu nehmen.

Deutlich wird an dieser Stelle zudem, dass Gender Mainstreaming einen gleichstellungspolitischen Paradigmenwechsel einleitet: Fokussiert wird nicht länger allein die Beseitigung bestehender konkreter geschlechtsbezogener Benachteiligungen, sondern es geht darüber hinaus auch um die Verhinderung weiterer. Der Impuls zur Integration der Geschlechterperspektive als Querschnittsauftrag basiert somit gleichzeitig auf einem präventiven Ansatz, der darauf ausgerichtet ist, sich zeigende geschlechterdifferente Lebenslagen, Bedürfnisse, Interessen etc. der jeweiligen Zielgruppen bereits in der Planungsphase von Entscheidungen und Maßnahmen angemessen zu berücksichtigen.

Inwiefern Gender Mainstreaming darüber hinausgehend mit Blick auf die bestehenden gesellschaftlichen Geschlechterverhältnisse ein strukturveränderndes Potential besitzt, gilt es hingegen weiterhin zu diskutieren (vgl. z.B. Stiegler 2003; Frey 2009).

Den öffentlichen Diskurs über Gender Mainstreaming bilanzierend erweist sich den Ausführungen von Symkalla/Baer (2008) folgend insgesamt mehr Sachlichkeit und Fachlichkeit in der Auseinandersetzung mit Gender Mainstreaming als dringend erforderlich. Es gilt die Diskussion über die Ziele, Inhalte, Potentiale und methodischen Verfahrensweisen dieser Strategie professionell – d.h. theoretisch und empirisch fundiert sowie geschlechtergerecht orientiert – zu führen[4] und somit Abstand zu nehmen von polemischen, diffamierenden, schlecht recherchierten oder pseudowissenschaftlichen Darstellungen.

Anzuerkennen ist zudem, dass Gleichstellung keine Ideologie, sondern ein unumstößliches Menschenrecht ist, das auf zahlreichen internationalen und nationalen Rechtsgrundlagen basiert (vgl. ebd.). Ähnliches gilt für Gleichstellungspolitik, bei der es sich nicht um eine „Geheimwissenschaft" (ebd.: 9) oder um das Anliegen einzelner Interessengruppen handelt, sondern um ein in der Verfassung der Bundesrepublik Deutschland garantiertes Grundrecht, denn gemäß Artikel 3 Abs. 2 GG ist der Staat verpflichtet, die Realisierung tatsächlicher Gleichberechtigung von Frauen und Männern aktiv zu fördern und auf die Beseitigung bestehender geschlechtsbezogener Nachteile hinzuwirken. Im Übrigen lässt sich nach Auffassung von Baer (2009) der mediale Baklash auch durchaus positiv deuten, im Sinne der sich hierin zeigenden öffentlichen Reaktionen auf die Fortschritte und Erfolge von Gleichstellungspolitik, da diese nun Menschen und Mächte erreiche, die sich zuvor nicht mit dem Thema Gleichstellung der Geschlechter beschäftigt haben.

---

4 Fachlich fundierte kritische Reflexionen über Gender Mainstreaming als gleichstellungspolitischer Strategie werden zum Beispiel umfassend dargelegt im Rahmen der Herausgeberbände von Behning/Sauer (2005), Gubitzer/Schunter-Kleemann (2006) sowie Nohr/Veth (2002).

Einen Beitrag für mehr Fachlichkeit und Sachlichkeit soll die nachfolgende Zusammenschau zentraler konzeptioneller Ansatzpunkte von Gender Mainstreaming leisten:

- Gender Mainstreaming umfasst alle politischen Handlungsfelder und bezieht sich ausnahmslos auf alle Entscheidungen und Maßnahmen, die in jedem Politikbereich und auf jeder Hierarchieebene getroffen werden. Gender Mainstreaming erweist sich somit als *Querschnittspolitik*.
- Akteure und Akteurinnen von Gender Mainstreaming sind demnach alle Personen, die an politischen Entscheidungen und Maßnahmen beteiligt sind, d.h. es handelt sich hierbei um einen *Querschnittsauftrag* aller und nicht um die Aufgabe spezieller organisatorischer Einheiten oder Personen, wie beispielsweise von Gender-Beauftragten.
- Einen weiteren zentralen konzeptionellen Ansatzpunkt von Gender Mainstreaming bildet die Vorgehensweise als *Top-Down-Strategie*. Die Verantwortung für den gesamten Umsetzungsprozess von Gender Mainstreaming liegt bei der Führungsspitze einer Organisation. Deren Aufgabe ist es, eindeutige Zielvorgaben zu formulieren, Verbindlichkeiten zu schaffen, Ressourcen bereitzustellen und den Umsetzungsstand kontinuierlich zu begleiten und zu kontrollieren.
- Gender Mainstreaming nimmt die Lebensrealitäten von Frauen *und* Männern gleichermaßen in den Blick. In allen internationalen und nationalen rechtlichen und politischen Grundlagen und Programmen ist festgeschrieben, dass es um die Förderung der Gleichstellung von Frauen und Männern geht, so dass sowohl Maßnahmen der Frauenförderung als auch der Männerförderung mit dieser Strategie vereinbar sind.
- Gender Mainstreaming besitzt ein *gleichstellungspolitisches Ziel*, das es im Umsetzungsprozess jedoch noch zu operationalisieren gilt. Präzisiert wird dieses meist mit den Begriffen „Gleichstellung" oder „Chancengleichheit", die die jeweiligen Zielrichtungen bezüglich der angestrebten Veränderungen der Geschlechterverhältnisse angeben. Gemeinsam ist all diesen Zielvorgaben, dass sie die Beseitigung geschlechtsbezogener Benachteiligungen und Diskriminierungen anstreben. Diese Strategie erweist sich somit als unvereinbar mit Bestrebungen, die auf geschlechtshierarchische Verhältnisse abzielen, wie in den zuvor angeführten Zitaten aus Print- und Online-Medien behauptet.

Es stellt sich an dieser Stelle allerdings die Frage, inwiefern dieses anspruchsvolle und umfassende „Programm" von Gender Mainstreaming bereits Eingang gefunden hat in das Handeln von und in öffentlichen und nicht-öffentlichen Institutionen und Organisationen.

Gender Mainstreaming in der Kinder- und Jugendhilfe – Wo stehen wir heute?

Ein Blick auf den Umsetzungsstand von Gender Mainstreaming in Deutschland zeigt, dass nicht nur Politik und Verwaltungen aufgerufen sind, sich mit dem Strategiekonzept und seiner Realisierung auseinanderzusetzen, sondern dass auch eine Vielzahl nichtstaatlicher Akteure, wie beispielsweise Gewerkschaften, Kirchen, Stiftungen sowie Verbände der freien Wohlfahrtspflege, aber auch Unternehmen der Privatwirtschaft bereits vielfältige Aktivitäten zur Implementierung und Umsetzung der Strategie in ihre organisationalen Strukturen und Alltagsroutinen unternommen haben.[5] Dabei erweisen sich Organisationen und Träger der Kinder- und Jugendhilfe auf Bundes-, Landes- sowie kommunaler Ebene als besonders engagiert. Zurückzuführen ist diese Vorreiterrolle der Kinder- und Jugendhilfe im Vergleich zu anderen politischen Ressorts laut Weg (2002) u.a. auf die in diesem Handlungsfeld bestehenden rechtlichen und jugendpolitischen Vorgaben sowie Traditionen der fachlichen Auseinandersetzung mit Geschlechtertheorien und mit Konzepten und Angeboten geschlechtsbezogener Pädagogik.

So sind gemäß § 9 Abs. 3 SGB VIII alle öffentlichen und freien Träger der Kinder- und Jugendhilfe dazu verpflichtet, bei der Ausgestaltung ihrer Leistungen und der Erfüllung ihrer Aufgaben die unterschiedlichen Lebenslagen von Mädchen und Jungen zu berücksichtigen, auf den Abbau von Benachteiligungen hinzuwirken und die Gleichberechtigung von Mädchen und Jungen zu fördern. Dieser Paragraph, formuliert als Leitnorm mit Querschnittscharakter, verpflichtet demnach alle Akteurinnen und Akteure der Kinder- und Jugendhilfe, ihre Angebote und Maßnahmen geschlechterbewusst und chancengleichheitsorientiert zu gestalten. Da Gender Mainstreaming im Allgemeinen die gleichen geschlechterpolitischen Ziele verfolgt, stellt diese Strategie „[...] insofern einen geeigneten Transmissionsriemen für die Umsetzung der im KJHG gesetzlich verankerten Ansprüche dar." (Horstkemper 2001: 53). Eine gesetzliche Verpflichtung explizit zur Anwendung der Gender Mainstreaming Strategie gibt es dagegen für Einrichtungen der Kinder- und Jugendhilfe nicht, vielmehr kann diese Strategie

---

5 Zahlreiche Praxisbeispiele werden u.a. von Baer/Hildebrandt (2007) sowie von Burbach/Döge (2006) angeführt.

als ein mögliches Instrument zur Realisierung des gesetzlichen Anspruchs interpretiert werden. Ausdrücklich aufgenommen wurde die Anwendung von Gender Mainstreaming hingegen als Kriterium der Mittelvergabe bereits in zahlreichen Förderrichtlinien und -programmen auf EU-, Bundes- und Landesebene. So ist diese Strategie beispielsweise verankert in den Fördervorschriften des Kinder- und Jugendplans des Bundes sowie im Kinder- und Jugendförderplan des Landes Nordrhein-Westfalen. Neben den rechtlichen und jugendpolitischen Vorgaben, die die Verbindlichkeit von Gender Mainstreaming in diesem Ressort fundieren, haben eine Vielzahl freier Träger der Kinder- und Jugendhilfe im Rahmen freiwilliger Selbstverpflichtungen vielfältige Aktivitäten zur institutionellen Verankerung und organistionsinternen Umsetzung dieser Strategie unternommen. Insbesondere Fachorganisationen und -verbände der Kinder- und Jugendhilfe, die auf Bundes- und Landesebene agieren, haben seit Anfang/Mitte dieses Jahrzehnts vielfältige Schritte vollzogen (u.a. im Zuge von Satzungsänderungen, der Vorlage von Strategiepapieren, der Erarbeitung von Implementierungskonzepten etc.), mittels derer sie sich zu Gender Mainstreaming als einer für die eigene Organisation relevante Handlungsstrategie bekennen. Zu diesen zählen beispielsweise der Deutsche Bundesjugendring, das Bundesjugendwerk der Arbeiterwohlfahrt, der Bund der Deutschen Katholischen Jugend, die Bundesarbeitsgemeinschaft Evangelische Jugendsozialarbeit sowie die Evangelische Trägergruppe für gesellschaftspolitische Jugendbildung. Darüber hinaus liegen erste Veröffentlichungen vor (vgl. z.B. Richter 2004; Bültmann/Munding 2005), die Einblicke gewähren in die Umsetzungsaktivitäten von freien und öffentlichen Einrichtungen der Kinder- und Jugendhilfe auf kommunaler Ebene.

Die dokumentierten Aktivitäten bilanzierend wird deutlich, dass Gender Mainstreaming als Strategie der Gleichstellungsförderung Eingang gefunden hat in das Handlungsfeld der Kinder- und Jugendhilfe. Dabei erweisen sich die von den Trägern unternommen Umsetzungsaktivitäten als äußerst vielfältig. Ausgearbeitete Implementierungskonzepte, die eine verbindliche und systematische Umsetzung von Gender Mainstreaming in allen organisationalen Bereichen gleichermaßen vorsehen, werden nach gegenwärtigem Erkenntnisstand hingegen von nur wenigen Trägern verfolgt (vgl. u.a. Helming/Schäfer 2004). Diesen Sachverhalt belegen auch erste empirische Untersuchungen, wenngleich sowohl quantitativ als auch qualitativ angelegte Studien zum Inplementierungs- und Umsetzungsstand dieser Strategie gegenwärtig äußerst rar sind. Zudem handelt es sich bei allen bislang vorliegenden Untersuchungen zum Thema Gender Mainstreaming in der Kinder- und Jugendhilfe ausnahmslos um nicht repräsentativ angelegte Forschungsarbeiten. So sind die bisherigen Studien entweder konzipiert als:

a) Mitgliederbefragungen von Einrichtungen und Organisationseinheiten eines bestimmten Trägers, wie z.b. die von der Arbeitsgemeinschaft der Evangelischen Jugend in der Bundesrepublik Deutschland e.V. durchgeführte verbandsinterne Befragung (vgl. Howe/Schön 2004),
b) Untersuchungen, die in Verbindung stehen mit der Erfüllung bestimmter Förderrichtlinien, so dass die Teilnahme für die Einrichtungen einen mehr oder weniger verbindlichen Charakter besitzt und für sie einhergeht mit einer Nachweispflicht bzw. einem Rechtfertigungsdruck[6], oder
c) wissenschaftliche Begleitstudien lokaler oder regionaler Praxis- und Modellprojekte, deren partizipierende Organisationen sich durch ihre freiwillige und aktive Teilnahme als besonders interessiert an der Thematik und engagiert im Implementierungsprozess erweisen (vgl. z.B. das von FUMA - Fachstelle Gender NRW im Zeitraum 2004 bis 2006 realisierte Modellprojekt „Gender Mainstreaming bei Trägern der Jugendhilfe in NRW" vgl. FUMA 2006).

Deutlich wird angesichts des derzeitigen Forschungsstandes, dass Untersuchungen fehlen, die alle Handlungsfelder und Trägerstrukturen der Kinder- und Jugendhilfe einbeziehen und unabhängig von Geldgebern sowie von Interessens- und Trägergruppen durchgeführt und ausgewertet werden. Darüber hinaus zeigt sich, dass der empirisch gesicherte Erkenntnisstand über den Bekanntheitsgrad von Gender Mainstreaming in diesem Ressort, über das diesbezügliche Fachwissen von Fachkräften der Kinder- und Jugendhilfe sowie über die von ihnen unternommenen Aktivitäten zur Umsetzung dieser Strategie insgesamt noch sehr fragmentarisch ist. Dies gilt im Besonderen für Einrichtungen, die auf kommunaler Ebene tätig sind. Während die Umsetzungsschritte und -erfahrungen von Trägern der Kinder- und Jugendhilfe auf Landes- und Bundesebene recht gut dokumentiert und öffentlich zugänglich sind, ist noch weitgehend unerforscht, ob Aktivitäten – und wenn ja, welche – im Kontext der Einführung von Gender Mainstreaming von Einrichtungen auf kommunaler Ebene unternommen werden. Zudem fehlt derzeit noch völlig eine arbeitsfelder- und trägergruppendifferenzierende Analyse der unternommenen Aktivitäten.

An diese Forschungslücke knüpft ein an der Universität Münster gegenwärtig durchgeführtes Forschungsprojekt mit dem Titel „Gleich und doch verschieden? Frauen und Männer in der Kinder- und Jugendhilfe" an. Ziel der auf einer Online-Befragung von Einrichtungen der Kinder- und Jugendhilfe in nordrhein-

---

6 Zu nennen ist hier die Studie „Gender Mainstreaming in der Kinder- und Jugendhilfe" des Deutschen Jugendinstituts, die den Stand von Geschlechtergerechtigkeit und Gender Mainstreaming bei den aus dem Kinder- und Jugendplan des Bundes geförderten Trägern im Rahmen einer wissenschaftlichen Begleitstudie im Zeitraum 2002 bis 2004 erfasst hat (vgl. Helming/Schäfer 2004; 2006).

westfälischen Großstädten basierenden Untersuchung ist es, erstmals eine umfassende und systematische Erhebung des Umsetzungsstandes von Gender Mainstreaming in der Kinder- und Jugendhilfe auf kommunaler Ebene durchzuführen, die möglichst repräsentative sowie trägergruppen- und arbeitsfeldspezifische Aussagen zulässt. Darüber hinaus sollen die Ergebnisse Auskunft geben über die Akzeptanz und Annahme, die diese Strategie von Fach- und Leitungskräften der Kinder- und Jugendhilfe erfährt. Zu diskutieren ist in diesem Kontext beispielsweise die Frage, ob ca. zehn Jahre nach der nationalen Einführung Gender Mainstreaming als anerkannter gleichstellungspolitischer Auftrag im Alltag von kommunal agierenden Einrichtungen angekommen ist oder ob diese Strategie auch im Ressort der Kinder- und Jugendhilfe – wie für die Ebene der Bundespolitik und -verwaltung bereits offiziell proklamiert (s.o.) – auf so massiven Widerstand und Ablehnung stößt, dass eine Abkehr von der Strategie wirklich sinnvoll und erforderlich scheint.

Literatur

Baer, S. (2009): Backlash? Zur Renaissance gleichstellungsfeindlicher Positionen in Wissenschaft und Politik. In: Riegraf, B./Plöger, L. (Hrsg): Gefühlte Nähe – Faktische Distanz. Gesellschaft zwischen Wissenschaft und Politik. Opladen und Farmington Hills: Barbara Budrich, S. 131-148.

Baer, S./Hildebrandt, K. (Hrsg.) (2007): Gender Works! Gender Mainstreaming: Gute Beispiele aus der Facharbeit. Frankfurt a.M.: Peter Lang

Behning, U./Sauer, B. (Hrsg.) (2005): Was bewirkt Gender Mainstreaming? Evaluierung durch Policy-Analysen. Frankfurt a.M.: Campus

Bergmann, N./Pimminger, I. (2004): Praxishandbuch Gender Mainstreaming. Konzept, Umsetzung, Erfahrung. Wien

Bundesministerium für Familie, Senioren, Frauen und Jugend (Hrsg.) (2005): Implementierung von Gender Mainstreaming in die Arbeit der Bundesregierung. Berlin

Bundesministerium für Familie, Senioren, Frauen und Jugend (Hrsg.) (2006): Gleichstellungspolitik als Erfolgsstrategie. Pressemitteilung vom 05.10.2006. Berlin URL: http://www.bmfsfj.de/bmfsfj/generator/BMFSFJ/gleichstellung,did=76930.html [08.03.2010]

Bültmann, G./Munding, R. (2004): Praxisansätze zu Gender Mainstreaming und vernetzter Mädchen- und Jungenarbeit. In: Ministerium für Schule, Jugend und Kinder des Landes Nordrhein-Westfalen (Hrsg.): Gender Mainstreaming. Mädchen und Jungen in der Kinder- und Jugendhilfe in NRW. Expertise zum 8. Kinder- und Jugendbericht der Landesregierung NRW. Düsseldorf, S. 62-78

Burbach, C./Döge, P. (Hrsg.) (2006): Gender Mainstreaming. Lernprozesse in wissenschaftlichen, kirchlichen und politischen Organisationen. Göttingen: Vandenhoeck & Ruprecht

Callenius, C. (2002): Wenn Frauenpolitik salonfähig wird, verblasst die lila Farbe. Erfahrungen mit Gender Mainstreaming im Bereich internationaler Politik. In: Bothfeld, S./Gronbach, S./Riedmüller, B. (Hrsg.): Gender Mainstreaming – eine Innovation in der Gleichstellungspolitik. Zwischenberichte aus der politischen Praxis. Frankfurt a.m.: Campus, S. 63-80

Döge, P./Stiegler, B. (2004): Gender Mainstreaming in Deutschland. In: Meuser, M./ Neusüß, C. (Hrsg.): Gender Mainstreaming. Konzepte, Handlungsfelder, Instrumente. Bonn: Bundeszentrale für politische Bildung, S. 135-157

Frey, R. (2004): Entwicklungslinien. Zur Entstehung von Gender Mainstreaming in internationalen Zusammenhängen. In: Meuser, M./Neusüß, C. (Hrsg.): Gender Mainstreaming. Konzepte, Handlungsfelder, Instrumente. Bonn: Bundeszentrale für politische Bildung, S. 24-39

Frey, R. (2009): Wer hat Angst vor Gender-Mainstreaming? Zum transformativen Gehalt einer systemimmanenten Strategie. In: Donat, E./Froböse, U./Pates, R. (Hrsg.): „Nie wieder Sex'. Geschlechterforschung am Ende des Geschlechts. Wiesbaden: VS-Verlag, S. 43-55

FUMA - Fachstelle Gender NRW (Hrsg.) (2006): Gender Mainstreaming bei Trägern der Jugendhilfe in NRW. Evaluationsbericht zum Projekt. Essen

Gubitzer, L./Schunter-Kleemann, S. (Hrsg.) (2006): Gender Mainstreaming – Durchbruch der Frauenpolitik oder deren Ende? Kritische Reflexionen einer weltweiten Strategie. Frankfurt a.M.: Peter Lang

Hermann, E. (2010): Gender Mainstreaming – größtes Umerziehungsprogramm der Menschheit. http://info.kopp-verlag.de/news/gender-mainstreaming-groesstes-umerziehungsprogramm-der-menschheit.html [08.03.2010]

Helming, E./Schäfer, R. (2004): Gender Mainstreaming in der Kinder- und Jugendhilfe. Ergebnisse der Fragebogenerhebung „Zum Stand von Geschlechtergerechtigkeit und Gender Mainstreaming (GM) bei den aus dem Kinder- und Jugendplan des Bundes geförderten Trägern der Kinder- und Jugendhilfe". Auswertung der Teilabschnitte zum Gender Mainstreaming aus den KJP-Sachberichten 2002. Teilbericht 2. München: DJI

Helming, E./Schäfer, R. (2006): Von Leuten, die auszogen, Geschlechterverhältnisse zu verändern... Ergebnisse der wissenschaftlichen Begleitung der Umsetzung von Gender Mainstreaming in Organisationen der Kinder- und Jugendhilfe. Abschlussbericht von Projektabschnitt I. München: DJI

Horstkemper, M. (2001): Gender Mainstreaming als Prinzip geschlechterdifferenzierender Arbeit in der Jugendhilfe – Auftrieb für geschlechterbewusste Pädagogik oder Konkurrenz für bereits entfaltete Reformkonzepte? In: Stiftung SPI, Sozialpädagogisches Institut Berlin/v. Ginsheim, G./Meyer, D. (Hrsg.): Gender Mainstreaming – neue Perspektiven für die Jugendhilfe. Berlin: Fata Morgana, S. 41-56

Howe, N./Schön, F. (Hrsg.) (2004): Gender Mainstreaming pass(t)genau. Hannover: aej

Müller, H. (2007): Gender Mainstreaming im Mehrebenensystem der EU. Erfolge und Grenzen regionaler Politik-Innovationen. Hamburg: LIT

Nohr, B./Veth, S. (Hrsg.) (2002): Gender Mainstreaming. Kritische Reflexionen einer neuen Strategie. Berlin: Karl Dietz

Pfister, R. (2006): Der neue Mensch. In: Der Spiegel, 60. Jg., 30.12.2006, 1/2007

Gender Mainstreaming in der Kinder- und Jugendhilfe

Richter, U. (Hrsg.) (2004): Jugendsozialarbeit im Gender Mainstream. Gute Beispiele aus der Praxis. München: DJI

Röhl, B. (2005): Die Gender Mainstreaming-Strategie. In: Cicero Online Spezial. http://www.cicero.de/97.php?ress_id=7&item=581 [08.03.2010]

Scherr, A. (2001): Gender Mainstreaming – Chance und Herausforderung für die Kinder- und Jugendhilfe. In: Stiftung SPI, Sozialpädagogisches Institut Berlin/v. Ginsheim, G./Meyer, D. (Hrsg.): Gender Mainstreaming – neue Perspektiven für die Jugendhilfe. Berlin: Fata Morgana, S. 17-24

Schweikert (2002): Alles Gender – oder? Die Implementierung von Gender Mainstreaming auf Bundesebene. In: Bothfeld, S./Gronbach, S./Riedmüller, B. (Hrsg.): Gender Mainstreaming – eine Innovation in der Gleichstellungspolitik. Zwischenberichte aus der politischen Praxis. Frankfurt a.M.: Campus, S. 83-105

Smykalla, S./Baer, S. (2008): Ein Blick zurück nach vorn. Oder: Warum Gleichberechtigung und Feminismus immer noch aktuell sind? In: Betrifft Mädchen, 21. Jg., 2008, 1, S. 4-10

Stiegler, B. (2003): Gender Mainstreaming. Postmoderner Schmusekurs oder geschlechterpolitische Chance? Bonn: Wirtschafts- und sozialpolitischen Forschungs- und Beratungszentrum der Friedrich-Ebert-Stiftung, Abteilung Arbeit und Sozialpolitik http://library.fes.de/pdf-files/asfo/02255.pdf [08.03.2010]

Stiegler, B. (2008): Zum Stand von Gender Mainstreaming – ein Kommentar. In: Betrifft Mädchen, 21. Jg., 2008, 1, S. 36-37

United Nations (Hrsg.) (1995): Report of the Fourth World Conference on Woman. Beijing, 4-15 September 1995. New York: United Nations

Weg, M. (2002): Gender Mainstreaming in der Jugendhilfe: Hintergrund – Zielsetzung – Stellenwert – Perspektiven. In: Bundesarbeitsgemeinschaft Jugendsozialarbeit (Hrsg.): Dokumentation des Workshops "Gender Mainstreaming in der Jugendsozialarbeit" am 24. Aprill 2002 in Bonn. Bonn

Unmüßig, B. (2009): Gender Mainstreaming passé – es lebe die Geschlechterpolitik! http://www.boell.de/demokratie/geschlechter/struktur-6305.html [08.03.2010]

Zastrow, V. (2006): Politische Geschlechtsumwandlung. In: Frankfurter Allgemeine, 57. Jg., 19.06.2006, 139, S. 8

Gesellschaftliche Kontexte

Soziale Arbeit und Lebensführung.
Die Perspektive einer sozialpädagogischen Empirie der Lebensführung

Fabian Kessl und Nadine Günnewig

I. Einleitung: Soziale Arbeit und subjektive Lebensführung

Soziale Arbeit unterstützt aktiv und beeinflusst geplant die subjektive Lebensführung von Gesellschaftsmitgliedern – und zwar in den Fällen, in denen jene als sozial problematisch oder potenziell sozial problematisch markiert wird. Über diese Bestimmung Sozialer Arbeit herrscht weitgehende Einigkeit. Worüber allerdings in jüngster Zeit keine Einigkeit mehr herrscht, ist die Frage, was als „sozial problematisch" bzw. als „potenziell sozial problematisch" bestimmt werden soll und kann. Bis in die 1970er Jahre schien diese Bestimmung als Negativfolie zum wohlfahrtsstaatlichen Integrationsanspruch relativ eindeutig: Soziale Arbeit hatte dann aktiv zu unterstützen und geplant zu beeinflussen, wenn soziale Integration *nicht, noch nicht oder nicht mehr* gegeben war. Dieser Anspruch ließ sich zu wohlfahrtsstaatlichen Zeiten zumindest aus dem geltenden Ideal ableiten, weshalb grundlegende Bestimmungsversuche Soziale Arbeit immer wieder als immanente Gesellschaftskritikerin (vgl. Mollenhauer 1964; Hornstein 1973/1988) bestimmten: Soziale Arbeit sei die Instanz, so lässt sich diese Einschätzung zusammenfassen, die die Gesellschaft an ihr wohlfahrtsstaatliches Integrationsversprechen erinnere.

Mit der grundlegenden Transformation des wohlfahrtsstaatlichen Arrangements seit den 1970er Jahren ist die Bezugsgröße „soziale Integration" zunehmend in Frage gestellt. Damit stellt sich die Frage, in welcher Weise die bisherige Bezugsgröße Sozialer Arbeit in dem entstehenden post-wohlfahrtsstaatlichen Arrangement verändert oder ersetzt wird: Was tritt an die Stelle des wohlfahrtsstaatlichen Integrationsanspruch, von dem aus Soziale Arbeit ihre Aufgabenstellung ableitete. Um diese Frage zu beantworten, kann die normative Bezugsgröße „soziale Integration" systematisch zur Diskussion gestellt werden, wie dies beispielsweise aktuelle gerechtigkeitstheoretische Arbeiten in der deutschsprachigen Forschung zur Sozialen Arbeit vorschlagen. Im Folgenden soll allerdings ein alternativer Weg ausgewiesen werden: Die empirische Rekonstruktion, wie die Akteure in den Feldern Sozialer Arbeit mit der geschilderten Situation alltäglich umgehen. Eine solche Empirie hat den Vorteil, dass sie den Blick wendet auf die konkreten Lebensführungsmuster, die von sozialpädagogischen Akteuren am Beginn des 21. Jahrhunderts als Ansatzpunkt bzw. als Zielgröße einer fachlichen Intervention angenommen werden. Aus diesen alltäglichen Entscheidungsprozessen von Fachkräften, Management, aber auch den politisch Verantwortlichen, wann sozialpädagogisch interveniert werden soll und mit welchem Ziel, lassen sich die Bezugsgrößen rekonstruieren, die inzwischen der aktiven Unterstützung und geplanten Beeinflussung subjektiver Lebensführung von Gesellschaftsmitgliedern ihre Richtung geben.

II. Von der Transformation des Sozialen und einer post-wohlfahrtsstaatlichen Modellierung praktisch-rationaler Lebensführung

Gegenwärtige wissenschaftliche Analysen sind sich relativ einig darüber, dass seit dem letzten Drittel des 20. Jahrhunderts eine grundlegende Veränderung bisher bestehender Logiken der Regulierung sozialer Zusammenhänge und der damit verbundenen Lebensführungsweisen zu beobachten ist (vgl. für den bundesdeutschen Kontext: Bütow/Chassé/Hirt 2008; Lessenich 2008; Kessl/Otto 2009; international: Clarke 2004; Garrett 2009; Gilbert 2002; Webb 2006).

Das bisherige wohlfahrtsstaatliche Arrangement, das seit dem zweiten Drittel des 19. Jahrhunderts implementiert wurde, verliert seither zunehmend an politischer Legitimität und wird in eine post-wohlfahrtsstaatliche Gestalt transformiert (vgl. Kessl 2011/i.E.). Dem wohlfahrtsstaatlichen Arrangement lag die Vereinbarung zugrunde, dass jedem Mitglied einer nationalstaatlich verfassten Gesellschaft eine *praktisch-rationale Lebensführung* (vgl. Weber 1995: 328) ermöglicht werden soll. Um dieses zu garantieren, wurde das wohlfahrtsstaatliche Arrangement in seinem zweifachen institutionellen Ausdruck als Sozialversicherungs- und Versorgungssystem auf der einen und den Fürsorgeinstanzen auf der anderen Seite implementiert (*soziale Sicherung* und *soziale Dienstleistungen*). Soziale Sicherungssysteme sind primär auf die Stabilisierung des erreichten Lebensführungsstandards ausgerichtet, Fürsorgeinstanzen werden dagegen dafür zuständig erklärt, im Fall abweichender Lebensführungsweisen deren Normalisierung zu realisieren bzw. eine Abweichung im Vorfeld zu verhindern.

Diese wohlfahrtsstaatliche Sicherungs- und Normalisierungsstruktur wird seit den 1970er Jahren von unterschiedlichen politischen Positionen aus grundlegend in Frage gestellt. Gemeinsam ist solchen Einwänden die Forderung nach einem höheren Grad an Wahlfreiheit, die den einzelnen Gesellschaftsmitgliedern für ihre individuelle Lebensführung eröffnet werden solle. Die Bereitstellung öffentlicher Leistungsangebote, wie sie im Bildungs-, im Gesundheitswesen oder dem Bereich Sozialer Arbeit seit dem 19. Jahrhundert aufgebaut wurden, erhöhe weder in signifikantem Maße die Wahlfreiheit des Einzelnen noch erreiche sie die „wirklich bedürftigen" Gesellschaftsmitglieder bzw. beschränke sich auf deren Unterstützung. Ganz im Gegenteil führe sie eher zu einer Freiheitsbeschränkung in der je individuellen Lebensführung, halte die Bedürftigen in Abhängigkeitsverhältnissen und bevorteile die Erbringungsinstanzen selbst. Derartige Argumente sind es, die sowohl (neo-)liberale/(neo-)konservative Autoren als auch alternativ-gegenkulturelle als wohlfahrtsstaatskritische Einwände seit den Hochzeiten des wohlfahrtsstaatlichen Arrangements Mitte des 20. Jahrhunderts formuliert hatten – und teilweise noch immer formulieren. Die konzeptionelle Amalgamierung dieser beiden, politisch an sich konträren Positionen ist einer der entscheidenden Gründe für den bemerkenswerten politischen Erfolg der Kritik am wohlfahrtsstaatlichen Programm einer praktisch-rationalen Lebensführung, wie er sich seit dem letzten Drittel des 20. Jahrhunderts durchgesetzt hat.

(Neo-)liberal/(neo-)konservativ inspirierte Einwände sehen im Ausbau wohlfahrtsstaatlicher Dienstleistungsangebote vor allem einen Prozess, in dem sich die Organisationsinteressen der Dienstleister (*freie und öffentliche Träger*) durchgesetzt hätten und damit eine „betreute Gesellschaft" (Helmut Schelsky; Paul Nolte; Udo di Fabio) installiert worden sei. Diese staatliche Überversorgung verhindere, dass sich der/die Einzelne um Veränderung und damit um Fortschritt bemühe. Friedrich Hayek, einer der einflussreichsten neo-liberal/-konservativen Vordenker, diagnostiziert mit Bezug auf den Einfluss der Gewerkschaften bereits am Ende der 1950er Jahre: „(W)ir sind nicht weit davon entfernt, daß die bewußt organisierten Kräfte der Gesellschaft jene spontanen Kräfte zerstören könnten, die den Fortschritt möglich machten". Gemeinschaftlichen Interessen sei daher viel besser durch private Vorsorge und private Entscheidungen gedient, die die Einzelnen bewusst und damit effizient kalkulierten bzw. zu kalkulieren hätten. Aktuelle Ausprägung finden solche Positionen in den Debattenbeiträgen von Peter Sloterdijk, der das bisherige wohlfahrtsstaatliche Arrangement als eine „institutionalisierte Kleptokratie" schilt, den daran anschließenden populistischen Stellungnahmen von Guido Westerwelle, der eine „spätrömische Dekadenz" als Ergebnis wohlfahrtsstaatlicher Unterstützungsstrukturen ausmacht, und schließlich Thilo Sarazin, der immer wieder die Bequemlichkeitsmethapher bedient, wenn er die Regelsätze des Arbeitslosengeldes II (*Hartz IV*) als absolut ausreichend beschreibt und dagegen ein Problem der „Mentalität" diagnostiziert.

Freiheitsforderungen von alternativ-gegenkulturellen Akteuren der 1970er und 80er Jahre basieren dagegen auf der Kritik eines „Mittelschichtsbias", der den wohlfahrtsstaatlichen Leistungen konstitutiv sei (*Erwerbsorientierung*), und deren Orientierung am „bürgerlichen Lebensideal" (*Heteronormativität, Kleinfamilie*). Gerade auch wohlfahrtsstaatliche Dienstleistungsangebote, wie die sozialpädagogischen, reproduzierten damit die (vor)herrschenden Lebensführungsmodelle und damit die dominierenden gesellschaftlichen Konfliktlinien (*kulturelle Hegemonie*) von Klasse, Rasse und Geschlecht. Demgegenüber wäre aber nötig, diese aufzubrechen, um die Marginalisierung einzelner Gruppen – beispielsweise der Erwerbslosen, der Alleinerziehenden, der Homosexuellen oder der MigrantInnen – wirklich zu verhindern. Der mit dem öffentlichen Schutzangebot des wohlfahrtsstaatlichen Arrangements verbundene Normalisierungszwang unterlaufe aufgrund seiner Fixierung auf spezifische Vorstellungen einer individuellen Lebensführung – männliche Erwerbsarbeit, weibliche Familienarbeit, Alltagsbewältigung im Rahmen der bürgerlichen Kleinfamilie und formalisierte wie entfremdete Arbeitsvollzüge – somit die subjektiv-autonomen Entwicklungsmöglichkeiten der Gesellschaftsmitglieder. Daher gelte es, diese (wohlfahrtsstaatliche) Formierung der individuellen Lebensführung zu überwinden, um subjektiv-autonome Gestaltungsmöglichkeiten für potenziell alle Gesellschaftsmitglieder zu eröffnen.

Diese Kritikstränge werden seit einigen Jahren in einem postwohlfahrtsstaatlichen Leitbild des *kreativ-unternehmerischen Subjekts* (vgl. Reckwitz 2006: 82; Bröckling 2007) amalgamiert: Dem Einzelnen soll ein möglichst hohes Maß an Selbstverwirklichung eröffnet werden (*subjektiv-autonome Gestaltungsmöglichkeiten*), um ihm oder ihr die Realisierung eines individuellen Lebensführungs-Profils zu ermöglichen, das aber zugleich zielgerichtet an den Anforderungen des Bildungs-, Gesundheits-, Arbeits-, Beziehungs- oder Wohnungsmarktes abgeglichen werden muss (*bewusste und effiziente Kalkulation*).

Ihren politisch-konzeptionellen Ausdruck finden diese neuen Lebensführungsprogramme vor allem in der Implementierung einer „staatlichen Aktivierungspädagogik" (Kessl 2006): Individuelle wie kollektive Subjekte werden angehalten, ihre subjektive Lebensgestaltungsverantwortung zu übernehmen – ohne sich dabei weiterhin auf öffentliche Dienstleistungen verlassen zu können. Vielmehr wird ihr Anspruch auf öffentliche Unterstützung im Fall einer Notlage von ihrer Bereitschaft zur Verantwortungsübernahme abhängig gemacht (*Responsibilisierung*). Alltagskulturell zeigt sich dieses neue Lebensführungsmodell in der Präsenz medialer Ratgeber, die dem Einzelnen das kalkulative Selbstmanagement vermitteln, der Implementierung selbstgesteuerter Lernarrangements, der Fokussierung auf informelle und nicht-formelle Bildungsorte, in der Installierung des unternehmerischen Modells als zukünftigem Arbeitsmodell, der Durchsetzung offen-kreativer Managementmethoden oder der Propagierung neobehavioristischer und verhaltenstherapeutischer Verfahren – aber auch einer administrativen Anerkennung neuer sozialer Ungleichheiten (*soziale Stratifizie-*

rung), die sich entlang von Milieu- und Habitusgrenzen manifestieren (sektorale Urbanität, Geschmacksgrenzen, Freizeitgestaltung).

Um diese Zeitdiagnose der Transformation des bisherigen – wohlfahrtsstaatlich verfassten – Modells einer praktisch-rationalen Lebensführung systematisch erfassbar zu machen und vor allem die Realisierung der entstehenden alternativen nach-wohlfahrtstaatlichen Lebensführungsmodelle zu analysieren, werden seit einigen Jahren in unterschiedlichen disziplinären Kontexten theoriekonzeptionelle Überlegungen und empirische Rekonstruktionen zu den veränderten Formen individueller Lebensführung vorgelegt: Ansätze einer *Lebensführungsforschung*. Im Mittelpunkt dieser Arbeiten steht die Forschungsfrage, in welcher Form Lebensführungsstrategien in welchen Zusammenhängen alltagspraktisch relevant werden. Eine derartige systematische Vergewisserung über die Realisierungsformate menschlicher Lebensführung ist für eine angemessene Einschätzung der skizzierten grundlegenden politischen, sozialen und kulturellen Veränderungen und die damit verbundenen Entscheidungen über zukünftige Interventionsstrategien unverzichtbar. Zugleich sind die vorliegenden sozial- und kulturwissenschaftlichen Ansätze zur Lebensführungsforschung bisher nicht systematisch aufeinander bezogen worden, sozialpädagogische Bezugnahmen liegen darüber hinaus bisher nur skizzenhaft vor und vor allem aber konzentriert sich die vorliegende Lebensführungsforschung auf die Ausgestaltungsformate der konkreten Lebensführungsmuster selbst. Für die hier aufgeworfene Frage nach dem Umgang mit dem veränderten Bezugskontext sozialpädagogischer Interventionsmuster interessiert allerdings, in welcher Weise die sozialpädagogischen Akteure sich für spezifische Lebensführungsmuster als Ansatzpunkt und Zielgröße einzelner Interventionspraktiken entscheiden.

Um dieses spezifische Forschungsinteresse systematisch zu verorten, wird im weiteren Text zuerst ein Vorschlag zur systematischen Bestimmung von Lebensführung formuliert, anschließend werden zentrale vorliegende Ansätze der Lebensführungsforschung skizziert und vor diesem Hintergrund das spezifische Interesse einer Empirie der Lebensführung diskutiert.

III. Zur Bestimmung von Lebensführung

Lebensführung meint im allgemeinsten Sinne die Form, in der Menschen ihren Alltag gestalten. In der sozial- und kulturwissenschaftlichen Diskussion und Forschung ist vor allem die Bestimmung einflussreich geworden, die Max Weber in seinen religionssoziologischen Arbeiten ausgearbeitet hat. Thema der Weberschen Überlegungen ist die spezifische „Rationalisierung" der modernenokzidentalen Kultur. Und diese prägt sich unter anderem in der von äußerlichen

Faktoren abhängigen und abhängig gemachten (Aus)Gestaltung des menschlichen Alltags aus: der *praktisch-rationalen Lebensführung*. In der Weberschen Analyse stellt diese Figur einen Idealtypus dar. Den historisch-spezifischen Realisierungsformen (Realtypen) haben sich im Anschluss an Weber Studien zur Lebensführungsforschung gewidmet, wie sie im deutschsprachigen Kontext vor allem soziologisch ausgearbeitet wurden.

Forschungsgegenstand dieser Lebensführungsforschung sind also die Alltagspraktiken der Gesellschaftsmitglieder, die Art und Weise, wie sie ihrem Leben eine Richtung geben, wie sie ihr Leben führen (vgl. Jurczyk/Rerrich 1993: 35). In den vorliegenden Arbeiten einer soziologischen Lebensführungsforschung ging es die vergangenen knapp 20 Jahre vor allem um die veränderten Lebensführungsmuster selbst – also beispielsweise um die Frage, wie sich der Alltag in der Erwerbsarbeit in den vergangenen Jahren verändert, also transformiert hat, oder wie sich Familienmodelle neu justieren. Lebensführungsforscher_innen sprechen daher beispielsweise von einem Muster des „Arbeitskraftunternehmers" (Voß/Pongratz 1998), das sich als Modell in der Erwerbsarbeit zunehmend durchgesetzt habe. Die und der Einzelne versteht sich demnach zunehmend als ein Unternehmer, bzw. eine Unternehmerin ihrer selbst (Winker 2007), nicht mehr per se als Angestellter oder Angestellt in einer klassisch-hierarchisch organisierten Arbeitsstruktur. Ähnliche Transformationsprozesse zeigen sich in veränderten Mustern der Familienorganisation, die nach den Erkenntnissen von Lebensführungsforscher_innen beispielsweise keineswegs mit weniger Betreuungsaufwand, aber mit völlig veränderten Bildungsanforderungen, die die Eltern beschreiben, verbunden sind (vgl. Projektgruppe „Alltägliche Lebensführung" 1995).

Insgesamt lassen sich innerhalb der vorliegenden Arbeiten zur Lebensführungsforschung drei grundlegende konzeptionelle Forschungsperspektiven explizieren: eine *handlungstheoretische*, eine *subjekt-wissenschaftliche* sowie eine *denksoziologische* Perspektive.

IV. Die wissenschaftliche Diskussion um Lebensführung

In kritischer Fortführung der Weberschen Analysen ist seit den 1980er Jahren im Umfeld der Münchner DFG-Sonderforschungsbereiche 101 und 333 und daran anschließend in der Chemnitzer Projektgruppe (Bolte; Kudera; Jurczyk; Voß) ein Forschungszusammenhang unter der Überschrift „Alltägliche Lebensführung" entstanden. Die forschungsleitende Annahme dieser Arbeiten ist, dass sich das Verhältnis von „Arbeit und Leben" – als gesellschaftliche (*Sozialsphären*) und alltagspraktische (*personale Tätigkeitsbereiche*) Grunderscheinungen – im Laufe gesellschaftlicher Modernisierungsprozesse grundlegend verändert hat. Auf Basis einer systematisch-empirischen Analyse dieses Verhältnisses wird seither eine „qualitativ-explorative Theoriegenese" befördert, deren Ziel die Präzisierung des Theoriekonzepts der alltäglichen Lebensführung ist. Methodischer Ausgangspunkt ist dabei das handelnde Subjekt und dessen Alltagsaktivitäten. Damit nimmt die Forschungsgruppe „Alltägliche Lebensführung" eine *handlungstheoretische Forschungsperspektive* ein, die Individuen und deren Handlungs- und Deutungsmuster als von gesellschaftlichen Strukturen geformte, aber auch Strukturen gestaltende Akteure betrachtet. Im Zentrum der in diesem Kontext entstandenen Forschungsarbeiten stehen drei zentrale Fragen, die sich (1.) der „Betroffenheit und Prägung von Individuen durch gesellschaftliche Strukturen, (2.) den Aktionen und Reaktionen von Individuen in und gegenüber diesen Strukturen und (3.) nach der dadurch erfolgenden Beeinflussung dieser Strukturen" (Bolte) widmen. So entstanden im Kontext der Chemnitzer Forschungsgruppe unterschiedliche empirische Arbeiten zum Thema „Erwerbsarbeit" und „Arbeitsteilung". Die Berufs- und Arbeitskräfteforschung stellt auch insgesamt den Schwerpunkt der Alltäglichen Lebensführungsforschung dar. Darüber hinaus werden aber, vor allem in jüngster Zeit, Studien mit den Schwerpunkten Lebensalter, Geschlecht und (Sozial)Raum vorgelegt. Die dennoch dominante Fokussierung auf Erwerbsarbeit und Arbeitsteilung innerhalb der handlungstheoretischen Forschungsarbeiten markiert zugleich den Ansatzpunkt kritischer Einwände.

Die Alltägliche Lebensführungsforschung blende nämlich, so wenden vor allem Vertreterinnen und Vertreter aus dem Umfeld der kritischen Psychologie ein, andere Dimensionen menschlicher Lebensführung aus und konzipiere den Menschen dadurch in erster Linie als ein in Abhängigkeit von gesellschaftlichen Strukturen handelndes Individuum. Damit werde aber der aktive Anteil der Personen an der Entwicklung und Einflussnahme struktureller Veränderung ausgeblendet. Vor dem Hintergrund dieser Kritik entwickelte Klaus Holzkamp Mitte der 1990er Jahre einen *subjektwissenschaftlichen Ansatz* der Lebensführungsforschung. Holzkamp plädiert hierbei für eine „Wissenschaft vom Subjektstandpunkt". Aufgrund der Tatsache, dass die Befragten nicht selbst bei der theoretischen Verarbeitung der Forschungsergebnisse einbezogen würden, gehe die handlungstheoretische Lebensführungsforschung nicht über das Erfassen und Deuten individueller Denk- und Handlungsweisen hinaus. Dadurch erhielten die Befragten lediglich den Status von ‚Datenlieferanten' bzw. „Forschungsobjekten". Demgegenüber würde der Einbezug von Befragten als Forschungssubjekte bedeuten, dass berücksichtigt wäre, „wer von welchem Standort aus bestimmt, was die Probleme sind bzw. welche Realität in den jeweiligen Begriffen verabsolutiert/ausgeblendet" werden. In dieser Stellungnahme wird der Anspruch einer subjektwissenschaftlichen Lebensführungsforschung deutlich: Ihr Interesse gilt den Versuchen, die Probleme „durch jene zur Sprache kommen zu lassen, die durch sie betroffen sind" und somit von Problemformulierungen seitens der Forscherinnen und Forscher Abstand nehmen. Die subjektwissenschaftlich orientierte Lebensführungsforschung setzt somit gleichermaßen an den unmittelbaren Erfahrungen und Handlungen der Individuen an und will zugleich über jene hinausgehen, indem die „gesellschaftliche Vermitteltheit" in den noch so persönlichsten Empfindungen, Denk- und Handlungsweisen der Individuen aufgezeigt wird.

Bereits in den handlungstheoretischen und den subjektwissenschaftlichen Ansätzen zur Lebensführungsforschung stellt die Dimension des „Alltags" ein zentrales Moment dar. Claudia Honegger, Caroline Bühler und Peter Schallberger rücken in ihren Arbeiten zu einer *denksoziologischen* Lebensführungsforschung das „Alltagsdenken" von Individuen an den Ausgangspunkt ihrer Analysen. In ihren Studien zur „Zukunft im Alltagsdenken" richten sie ihr Augenmerk auf die Milieu- und Berufsfeldspezifik alltags-weltlichen Denkens. Mit ihrem denk- und wissenssoziologischen Ansatz verfolgen sie das Ziel, die Sichtweise der „Laien" (im Gegensatz zu den „mehr oder weniger ausgewiesenen [wissenschaftlichen] Experten"), also derjenigen, die von den aktuellen Entwicklungen auf unterschiedlichen Ebenen ihrer Lebensführung betroffen sind und deren Deutungen hinsichtlich dieser Veränderungen, in den Mittelpunkt der Forschung zu rücken. Im Unterschied zu den subjektwissenschaftlichen Ansätzen geht es ihnen dabei allerdings nicht um den direkten Einbezug der Akteure in den Forschungsprozess selbst. Vielmehr positionieren sie sich mit ihrer Perspektive kritisch zu den verbreiteten „Großentwürfen" soziologischer Gegenwartsdiagnosen, die, so Honegger, Bühler und Schallberger, statt analytischer Schärfe und Differenziertheit häufig eine „sinnentleerte Indexikalität" präsentierten. Stattdessen gilt das forscherische Interesse der denksoziologischen Lebensführungsforschung dem „Agieren und Interagieren, dem Denken und Fühlen, dem Fragen und Werten real existierender Subjekte". In ihren rekonstruierten Szenarien machen Honegger, Bühler und Schallberger dazu einerseits die Heftigkeit, mit der Akteure auf die gegenwärtigen Transformationsprozesse reagieren, die sie als allumfassende Ökonomisierung erleben, systematisch erfassbar. Andererseits weisen sie zugleich auf die Heterogenität der (Re)Aktionsmuster der Akteure hin. Nicht weniger als das „Wechselverhältnis von Determination und Freiheit" ist es, dass Honegger, Bühler und Schallberger damit empirisch rekonstruktiv zugänglich zu machen suchen.

Gemeinsames Anliegen aller drei Ansätze der Lebensführungsforschung ist es, die Ebene individueller Lebensführung nicht nur mit der Ebene gesellschaftlicher Strukturiertheit zu verbinden, sondern dabei insbesondere die Akteursdimension forscherisch zu fokussieren. Dabei gilt ihr Interesse den Ausprägungsformen der konkreten Lebensführungsmuster.

Analoge Bemühungen lassen sich auch noch in anderen, verwandten Zugänge nachzeichnen, aus denen zudem methodologische Hinweise für eine Forschungsperspektive gewonnen werden können, wie sie hier mit Blick auf die sozialpädagogischen Rationalisierungsmuster interessiert. Ein erster solcher Zugang ist in der *Lebenslauf- und Biografieforschung* auszumachen. Hier lässt sich im Anschluss an das Konzept der „Biografie" unter anderem argumentieren, dass Lebensführung weder eine gegebene objektive Struktur beschreibt noch eine nur subjektive Konstruktion. Analog zur Figur der Lebensgeschichte ließe sich formulieren: Lebensführung ist keine frei erfundene Konstruktion, sondern ein historisch-spezifisches Muster, das einen hohen Grad der Handlungsorientierung ausweist. Im Anschluss an *sozialstrukturanalytische* Forschungsaktivitäten, wie sie unter anderem in den kritischen Gesundheits- und Bildungswissenschaften durchgeführt werden, kann – zweitens – die Dimension der (Re)Produktion habitueller Prägungen individueller Lebensführungsmuster in den Blick kommen. Der Ausweis, welche Prägekraft Milieuzugehörigkeiten entwickeln und damit wiederum zur Sicherung von Distinktionsgrenzen beitragen, erweist sich dabei nicht nur als ein zentraler Hinweis für die Weiterentwicklung der Lebensführungsforschung, sondern verweist mit seinem Fokus auf die Mentalität der Akteure bereits explizit auf die hier interessierende Rationalisierungsebene. Noch expliziter lässt sich diese Perspektive – drittens – im Anschluss an *diskursanalytische* Arbeiten ausarbeiten, in deren Fokus die Regelmäßigkeiten der dominierenden diskursiven Praktiken menschlicher Lebensführung stehen.

Ohne nun weiter auf die Details dieser methodologischen Korrespondenzen einzugehen, wird bereits deutlich, dass die Forschungsperspektive einer sozialpädagogischen Empirie der Lebensführung, politischen Rationalitäten und Strategien gilt – den Rationalisierungs- und Gestaltungsmustern also, mit denen sozialpädagogische Akteure die subjektive Lebensführung (potenzieller) Nutzer/innen ihrer Angebote geplant zu beeinflussen und aktiv zu unterstützen suchen.

V. Resümee: die Perspektive einer sozialpädagogischen Empirie der Lebensführung

Das Anliegen einer sozialpädagogischen Empirie der Lebensführung ist somit, die Gestaltung und Formierung der veränderten (sozialpolitischen) Anrufungen an die alltägliche Lebensführung im post-wohlfahrtsstaatlichen Kontext am Beispiel sozialpädagogischer Interventionen zu rekonstruieren. Diese geschieht dadurch, dass die Rationalisierungsmuster der beteiligten sozialpädagogischen Akteure im Feld Sozialer Arbeit empirisch sichtbar gemacht werden. Das Interesse einer sozialpädagogischen Empirie der Lebensführung ist somit also nicht primär die Ausprägungsform veränderter Alltagspraktiken, also der Lebensführungsmuster selbst, sondern der Regulierungs- und Gestaltungsanteil Sozialer Arbeit an diesen veränderten Lebensführungsmustern. Die Forschungsfragen einer sozialpädagogischen Empirie der Lebensführung lauten daher: Wie (re)produziert die Soziale Arbeit bestimmte Modelle der Lebensführung? Welche ermöglicht sie und welche verhindert sie eher? Wie positionieren sich also Organisationen und Fachkräfte als Transformationsagentinnen in Bezug auf die Lebensführungsmuster der direkten Konsument_innen sozialpädagogischer Angebote? Diese Fragen lassen sich konkretisieren über die Fragen nach den Anforderungen an die alltägliche Lebensführung, die sozialpädagogisch im post-wohlfahrtsstaatlichen Kontext realisiert werden bzw. nach den Formationen und Formen alltäglicher/methodischer Lebensführung, auf die Soziale Arbeit im post-wohlfahrtsstaatlichen Kontext zielt.

Während die Untersuchung sozialer Praktiken in den vergangenen Jahren in der Forschung zur Sozialen Arbeit deutlich zugenommen hat (vgl. das Berliner DFG-Projekt „Fallkonstitution in der Jugendhilfe" von Richard Münchmeier und Petra Bauer; das Kasseler Projekt „Brüche und Unsicherheiten in der sozialpädagogischen Praxis. Professionelle Umgangsformen im Falle familialer Gewalt gegen Kinder und Jugendliche" von Werner Thole oder die Arbeiten von Eva Nadai und Christoph Maeder im Schweizerischen Kontext), steht eine solche Analyse der Rationalitätspraktiken, wie sie die sozialpädagogischen Akteure (re)produzieren, noch aus. Denn die genannten Forschungen zu sozialen Praktiken konzentrieren sich zumeist auf die organisationalen und professionellfachlichen Formate und Deutungsmuster im Blick auf vorgegebene Programme oder Steuerungsvorgaben. Demgegenüber gilt das Interesse einer sozialpädagogischen Empirie der Lebensführung der fachlichen Rationalisierung subjektiver Lebensführung (individuell wie kollektiv).

Eine solche sozialpädagogische Empirie der Lebensführung wäre von größtem Interesse, würde sie doch auf die Orientierungsbedürftigkeit Sozialer Arbeit am Beginn des 21. Jahrhunderts nicht nur mit neuen Normativismen reagieren, sondern mit einem Diskussionsangebot auf Basis systematischer Rekonstruktionen der Ansatzpunkte bzw. Zielgrößen, die in der alltäglichen sozialpädagogischen Interventionspraxis (re)produziert werden. Auf dieser Basis wäre über die zukünftige Gestalt der Bezugsgrößen Sozialer Arbeit, an denen sie ihre aktive Unterstützung und geplante Beeinflussung subjektiver Lebensführung ausrichten kann, systematisch sinnvoll zu diskutieren.

Soziale Arbeit und Lebensführung

Literatur

Bröckling, U. (2007): Das unternehmerische Selbst. Soziologie einer Subjektivierungsform. Cover: Das unternehmerische Selbst. Frankfurt a.M.: Suhrkamp

Bütow, B./Chassé, K.A./Hirt, R.(Hg.) (2008): Soziale Arbeit nach dem sozialpädagogischen Jahrhundert. Entwicklungen im Post-Wohlfahrtsstaat. Opladen/Farmington Hills: Barbara Budrich.

Clarke, J. (2004): Changing welfare, changing states. London et al.: Sage.

Garrett, Paul (2009): 'Transforming' Children's Services: Social Work, Neoliberalism and the 'Modern' World. Maidenhead: Open University Press.

Gilbert, N. (2002): Transformation of the welfare state: the silent surrender of public responsibility. Oxford et al.: Oxford Univ. Press.

Hornstein, W. (1973/1988): Bildungsplanung ohne sozialpädagogische Perspektiven. In: Thole, W./Galuske, M./Gängler, H. (Hrsg.) (1988): KlassikerInnen der Sozialen Arbeit: sozialpädagogische Texte aus zwei Jahrhunderten – eine Lesebuch. Neuwied/Kriftel: Luchterhand, 383-396.

Jurczyk, K. & Rerrich, M. S. (Hrsg.). (1993). Die Arbeit des Alltags. Beiträge zu einer Soziologie der alltäglichen Lebensführung. Freiburg: Lambertus.

Kessl, F. (2011/i.E.): Erziehung im Wohlfahrtsstaat. Stuttgart: Kohlhammer.

Kessl, F./Otto, H.-U. (Hrsg.) (2009): Soziale Arbeit ohne Wohlfahrtsstaat? Zeitdiagnosen, Problematisierungen und Perspektiven. Weinheim/München: Juventa

Lessenich, S. (2008): Die Neuerfindung des Sozialen: der Sozialstaat im flexiblen Kapitalismus. Bielefeld: transcript

Mollenhauer, K. (1964): Einführung in die Sozialpädagogik – Probleme und Begriffe der Jugendhilfe. Weinheim: Beltz.

Projektgruppe „Alltägliche Lebensführung" (Hrsg.) (1995): Alltägliche Lebensführung. Arrangements zwischen Traditionalität und Modernisierung. Opladen: Leske + Budrich

Reckwitz, Andreas (2006), Das hybride Subjekt. Eine Theorie der Subjektkulturen von der burgerlichen Moderne zur Postmoderne. Weilerswist: Velbrück.

Voß, G.G./Pongratz, H.J. (1998): Der Arbeitskraftunternehmer. Eine neue Grundform der Ware Arbeitskraft? In: Kölner Zeitschrift für Soziologie und Sozialpsychologie, 50. Jg., Heft 1, 131-158

Winker, G.: Populäre Lesarten des Feminismus als Chance für gesellschaftskritische Debatten nutzen!, Beitrag vom 11. Oktober 2007 (Quelle: http://www.feministisches-institut.de/wp-content/uploads/2009/07/feminismus_winker.pdf; Stand: 13. März 2010)

Weber, M. (1920-21/1995): Gesammelte Aufsätze zur Religionssoziologie. In: ders.: Schriften zur Soziologie. Stuttgart: Reclam, 315-417

Webb, S. A. (2006): Social Work in a Risk Society: Social and Political Perspectives. London: Palgrave/Macmillan

Gerechtigkeit und Soziale Arbeit:
Capabilities als Antwort auf das Maßstabsproblem in der Sozialen Arbeit

Holger Ziegler

Gerechtigkeit, so der allgemeine Konsens in der Gerechtigkeitstheorie, sei ein Zustand, der dem „Suum cuique" Grundsatz entspreche. Ein Zustand sei dann gerecht, wenn jede oder jeder das bekommt, was ihr oder ihm zusteht. Diese, auf Ulpian zurückgeführte Formel ist jedoch zunächst nicht mehr als eine Leerformel, die eine Reihe von Variablen enthält, „die gefüllt werden müssen, um zu spezifischen Konzeptionen von Gerechtigkeit zu gelangen" (Gosepath 2009: 394-95). Was kommt wem aufgrund welcher Maßstäbe zu? Was ist eine begründbare Informationsbasis um Urteile über Zustände als gerecht oder ungerecht zu begründen? Dieses zentrale Problem in Gerechtigkeitsdebatten trifft auch die Soziale Arbeit.

Ich werde im Folgenden die intensiv zu diskutierende Frage nach unterschiedlichen Arten der Gerechtigkeit und ihrem komplexen Verhältnis zueinander übergehen. Stattdessen unterstelle ich, dass für die Soziale Arbeit die Verteilungsgerechtigkeit mit Blick auf die Lebensaussichten ihrer (potenziellen) AdressatInnen der zentrale Gegenstand der Gerechtigkeitsdebatte ist. Diese Lebensaussichten, so mein Argument, nimmt die Soziale Arbeit im Kern als die Frage nach dem Wohlergehen bzw. nach einem gelingenden Leben in den Blick. In diesem Sinne ist die Frage nach sozialer Gerechtigkeit für die Soziale Arbeit mit der Frage nach dem „guten Leben" verknüpft.

Doch wie ist das gute Leben in den Blick zu nehmen? Die wichtige Tradition des politischen Liberalismus argumentiert, dass sich Gerechtigkeitsurteile auf die Umstände menschlichen Lebens, d.h. auf die formalen und materiellen Bedingungen der Lebensaussichten konzentrieren sollten. Im Mittelpunkt steht dabei der „Einfluss institutioneller Umstände auf individuelle Lebensführungen", der normativ-politisch nur insofern bedeutsam ist, wie er „die Lebenschancen derjenigen bestimm[t ...], die in [...seinem] Schatten leben, wie [...er] also nicht individuell-biographisch, sondern standard-biographisch wirksam" ist (Kersting 1997: 76). Die standard-biografisch wirksamen Güter und Rechte werden als

Grundlage für alle möglichen individuellen Lebensentwürfe verstanden. Demgegenüber entspricht es dem Programm des politischen Liberalismus, eine starke Konzeption des Guten oder Versuche einer Perfektionierung von einzelnen Individuen abzulehnen. Eine solche Formulierung von Gerechtigkeit ist zwar in der Lage, die Basis für eine Beurteilung über die Absicherung „materieller Standardrisiken durch sozialversicherungsförmig organisierte Sicherungssysteme" (Olk/Otto 1987: 6) zu liefern und einen relevanten Teil der Lebensaussichten von AkteurInnen von den Zufälligkeiten ihrer sozialen Herkunft zu entkoppeln, dem Kerngeschäft der sozialarbeiterischen Wohlfahrtsproduktion, nämlich Motivationen, Orientierungen und Kompetenzen und d.h. Personen zu verändern, wird der – ohne Zweifel wichtige – Fokus auf formale und materielle Bedingungen menschlichen Lebens jedoch nur unzureichend gerecht.

Für die Soziale Arbeit wesentlich scheint vor allem die lebenspraktische Relevanz von Ungerechtigkeiten, Ungleichheiten und Unsicherheiten, die sich nicht nur am Ausmaß an Gütern und Ressourcen festmachen lässt, über die Individuen verfügen. Vielmehr rückt die Frage nach den Wirkungen dieser Güter und Ressourcen auf das Leben in den Mittelpunkt, das Menschen leben möchten und damit auch deren Wirkung auf die Dinge, Beziehungen und Praktiken, die Menschen mit guten Gründen wertschätzen.

Über die Verteilung von Gütern hinaus entspricht es der Sozialen Arbeit, die Tatsache anzuerkennen, dass individuelle Menschen unterschiedliche Möglichkeiten haben, ihre Mittel und Ressourcen effektiv zu nutzen, um ein Leben nach ihren Vorstellungen zu realisieren, als wichtigen Teil der Informationsbasis von Urteilen über Gerechtigkeit. Kann der durch Rechte und Ressourcen eröffnete Optionsraum von den je betroffenen konkreten Personen in ihren jeweiligen sozialen (Abhängigkeits-)Kontext auch tatsächlich effektiv genutzt werden?

Dieser sozialarbeiterische Fokus hat vielfältige Implikationen, ist aber gerechtigkeitstheoretisch zunächst gut zu begründen. Denn die Möglichkeiten von Menschen, formal gleiche Zugänge, Rechte, Ressourcen in ihrer Lebenspraxis zu verwirklichen, werden durch eine Reihe von personalen Konstitutionsbedingungen und außerpersonalen Kontexten und Verortungen mitbestimmt. Der ‚normalfunktionierende Bürger', der das Hintergrundkonstrukt darstellt[1], auf den die egalitär-liberale Güterverteilung zugeschnitten ist, trifft letztlich nur auf wenige Menschen für eine kurze Zeitspanne ihres Lebens zu (vgl. Nussbaum 2006). Menschen sind typischerweise (kulturell und interpersonal) unterschiedlich verortet und verfügen über unterschiedliche interne Fähigkeiten. Kinder, Alte,

---

1 Für David Gauthier (1986: 18) ist ein Teil der nicht normalfunktionierenden Bürgerinnen (u.a. zählt er dazu Behinderte) keine „party to the moral relationships grounded by a contractarian theory. Auch John Rawls' "Well Ordered Society" besteht zunächst aus "fully cooperating members of society over a complete life" (Rawls 1980: 546)

Kranke, Menschen mit Behinderungen etc. brauchen häufig mehr und andere Güter und Infrastrukturen um als Gleiche auftreten zu können. Daher reicht es als Informationsbasis von Gerechtigkeitsurteilen nicht aus lediglich die Mittel zur hypothetischen Realisierung von Lebensaussichten in den Blick zu nehmen (vgl. Oelkers et al. 2010). Das bedeutet aber auch, dass eine gerechte Verteilung von Lebensaussichten nicht nur auf standard-biografisch modellierbare politische und gesellschaftliche Institutionen verwiesen ist, sondern erst mit Blick auf konkrete, individuelle Biografien und Lebensführungen empirischer Individuen wirksam wird. Es spricht also viel dafür, auch Deutungen, Motive und Aspirationen sowie emotionale, praktische und kognitive Fähigkeiten als relevante Aspekte der Informationsbasis für Gerechtigkeitsurteile zu verstehen. Für die Soziale Arbeit impliziert dies, dass ihr eine gerechtigkeitsrelevante Rolle auch da zukommt, wo es weniger um eine „Umverteilung von Geld, sondern um die mittel- und langfristige Änderung einer Kultur, also von Haltungen, Einstellungen und symbolisch artikulierten Lebensentwürfen geht" (Brumlik 2007: 82). Damit ist nicht gesagt, dass Soziale Arbeit den Boden des politischen Liberalismus insofern verlässt, dass sie dazu legitimiert wäre, bestimmte Zustände und Lebensführungen über die moralische Autonomie ihrer AdressatInnen hinweg zu oktroyieren. Vielmehr geht es darum, dass Wohlergehen im Sinne der effektiven Möglichkeiten der Verwirklichung eigener Lebensentwürfe ein für die Soziale Arbeit stärker geeigneter Maßstab sozialer Gerechtigkeit ist, als ein Fokus aus der Verteilung von Ressourcen (Dworkin) oder Primärgüter (Rawls).

Wie lässt sich Wohlergehen, als Maßstab von Gerechtigkeit, im Einzelnen formulieren?

Zur Bestimmung von Wohlergehen finden sich zwei grundlegende Ansätze. Ein erster Ansatz richtet sich auf das subjektive Wohlergehen im Sinne des erlebten Wohlbefindens oder der Befriedigung subjektiver Präferenzen. Aus der Perspektive des zweiten Ansatzes wird Wohlergehen nicht als innere Zufriedenheit, sondern als ein Element praktischer Lebensführung verstanden und der Blick auf komplexe Zustände, Handlungsweisen und -ziele gerichtet, die die Grundlage eines objektiv erfüllten, gedeihlichen Lebens darstellen.

Aus der subjektiven Perspektive wird betont, dass Bestimmungen von Wohlergehen nicht allgemeingültig sein können, sondern nur die betroffenen Menschen selbst beurteilen können, welche Zustände und Lebensweisen sie als wünschenswert erachten. Der zentrale Maßstab, das subjektive Wohlbefinden, lässt sich verhältnismäßig einfach in einer validen Weise empirisch operationalisieren (dazu: Bucher 2009). Die Ergebnisse der vor allem in der Psychologie und Ökonomie verbreiten Glücksforschung legen nahe, dass die subjektive Zufriedenheit im Lebensverlauf von Individuen stabil bleibt und weniger von Einkommen und Wohlstand, sondern vielmehr von personalen Eigenschaften aber auch von sozialen bzw. intersubjektiven Beziehungsstrukturen abhängig ist (vgl. Layard 2005). Während das Ausmaß wohlfahrtstaatlicher Umverteilung bestenfalls marginalen Einfluss auf subjektives Wohlergehen hat (vgl. Veenhoven 2005), werden die Möglichkeiten therapeutischer Ansätze zur Steigerung subjektiven Wohlergehens vergleichsweise optimistisch eingeschätzt (vgl. Layard 2005). Angesichts der Tatsache, dass – insbesondere in westlichen Industriegesellschaften – Arbeitslosigkeit einen besonders starken negativen Einfluss auf subjektives Wohlergehen hat, (vgl. Winkelmann/Winkelmann 1998), werden darüber hinaus, ‚Welfare to Work' Politiken als probate Strategien zur Erhöhung von Wohlergehen proklamiert (vgl. BMFSFJ 2009, Layard 2005). An die sozialarbeiterischen Logiken des People-Changing ist der Rekurs auf subjektives Wohlergehen als Maßstab von sozialer Gerechtigkeit allemal anschlussfähiger als an eine Politik sozialer Gerechtigkeit, die sich auf eine Absicherung materieller Standardrisiken richtet.

Das zentrale Problem solcher subjektiven Konzeptionen von Wohlergehen als Maßstab sozialer Gerechtigkeit, besteht jedoch nicht darin, dass sie auf eine gerechtigkeitstheoretische Infragestellung der egalitaristischen Argumente für wohlfahrtsstaatliche Umverteilungen hinauslaufen. Problematisch ist vielmehr, dass die Informationsbasis der entsprechenden Gerechtigkeitsurteile alleine in subjektiven Bewertungsstandards, Präferenzen und Erwartungen besteht, die selbst sozialisatorisch erworben sind und insofern auch ein Ausdruck der lebenspraktischen Anpassung der AkteurInnen an ihre je eigenen Lebensbedingungen sind. Die Bewertungsstandards selbst sind also bereits durch soziale Privilegierungen und Benachteiligungen strukturiert. Die Formbarkeit subjektiver Wertmaßstäbe legt nahe, dass eine Bestimmung von Wohlergehen auf der Basis subjektiver Zufriedenheit Ungleichheiten, Ausbeutungs- und Unterdrückungsverhältnisse verschleiert.

Der Rekurs auf subjektives Wohlergehen ist mit dem gleichen Problem konfrontiert, wie der subjektivistische, klientenzentrierte Standpunkt in der Sozialen Arbeit, der die Interpretation und den Umgang mit Hilfsbedürftigkeit den Erfahrungen und Selbstdeutungen der KlientInnen überlässt. Da diese selbst auf Deutungen beruhen, die nach den Kategorien der soziokulturellen Lebenswelten der KlientInnen geformt sind, läuft dieser klientenzentrierte Standpunkt immer Gefahr „letztlich selbst affirmativ gegenüber den Resultaten gesellschaftlicher Repressions- und Ausbeutungsverhältnisse zu sein" (Brumlik/Keckeisen 1976: 248).

Das empirische Resultat, dass sich objektiv widrige Lebensumstände nur wenig in Bewertungen des subjektiven Wohlbefindens der Betroffenen widerspiegeln, überrascht vor diesem Hintergrund nicht. Erklärt wird dies durch Prozesse der Anpassungen von Ambitionen, Beurteilungsmaßstäben, Grundhaltungen, Empfindungen, Überzeugungen und ästhetischen Vorlieben an die eigenen objektiven Lebenssituationen und -möglichkeiten. Zielsetzungen und Bedürfnisse von Menschen sind nicht einfach nur ein individuell zurechenbarer Ausdruck individueller Freiheit, sondern durch objektive Chancenstrukturen und soziokulturelle Standards bedingt. Sie sind in soziale Kontexte eingebettet, die das Selbstverständnis, die Lebensentwürfe und die Lebensführungspraktiken der Betroffenen beeinflussen. Je stabiler und dauerhafter z.B. sozial und materiell deprivierende Situationen bestehen, desto stärker tendieren die Betroffenen dazu, ihre Aspirationen und Neigungen dieser Situation anzugleichen. Die betroffenen Menschen mögen dabei auch in marginalisierenden Lebenslagen ein beachtlich hohes Maß an Zufriedenheit und Aspirationsbefriedigung äußern, dies geschieht jedoch häufig auf der Basis von „preferences that have adjusted to their secondclass status" (Nussbaum 2003: 33).

Wird subjektives Wohlbefinden zum entscheidenden Evaluationskriterium erhoben, hätten soziale Programme und Interventionen, die die soziale Lage und Lebenschancen ihrer AdressatInnen nicht verbessern, aber deren soziale Erwartungen und Aspirationen senken, als ‚objektiv erfolgreich' zu gelten, während Programme, die Lebenschancen verbessern, aber zugleich auf (uneingelöste) Ansprüche verweisen und über verdeckt gebliebene Benachteiligungen aufklären, als erfolglos zu betrachten wären. Konsequent zu Ende gedacht legt der Maßstab subjektiven Wohlergehens also nahe, dass eine Verschleierung von Ungerechtigkeit und Unterdrückungsverhältnissen deren Aufhebung ethischpolitisch ebenbürtig sei. Sofern Soziale Arbeit einem kritisch-emanzipatorischen Selbstverständnis verpflichtet ist, führt ein solcher subjektivistischer Gerechtigkeitsmaßstab demnach in die Irre.

Eine alternative, objektive Bestimmung von Wohlergehen liefert der sogenannte Capabilities Ansatz, in dessen Mittelpunkt materiale und prozessuale Aspekte von Realfreiheiten stehen, die an gerechtigkeitstheoretische Grundfragen der Sozialen Arbeit anschlussfähig sind. Als Informationsbasis von Gerechtigkeitsurteilen richtet sich die Capabilities-Perspektive auf das spezifische Zusammenspiel der Eigenschaften und Fähigkeiten von Subjekten mit objektiven (sozialen) Gegebenheiten und konzipiert soziale Gerechtigkeit als Befähigungsgleichheit bzw. als Gleichheit an Verwirklichungschancen.

Für die öffentliche Wohlfahrtsproduktion geht es aus der Perspektive des Capabilities Ansatzes (CA) weder darum, Menschen zu einer bestimmten Form des Lebens und der Lebensführung zu drängen, noch darum ihre Glücks- und

Zufriedenheitsgefühle zu erhöhen. Die Aufgabe von öffentlichen Institutionen bestehe vielmehr darin, „jedem Bürger die materiellen, institutionellen sowie pädagogischen Bedingungen zur Verfügung zu stellen, die ihm einen Zugang zum guten menschlichen Leben eröffnen und ihn in die Lage versetzen, sich für ein gutes Leben und Handeln zu entscheiden" (Nussbaum 1999: 24).

Die Frage sozialer Gerechtigkeit wird aus der Perspektive des CA nicht mit der Verfügbarkeit über (un-)gleiche Ressourcen gleichgesetzt. Fokussiert wird vielmehr die Aussicht auf die Realisierung eines „guten Lebens", das Ressourcen einer Person eröffnen können. Mit dem Begriff der Capabilities rückt demnach die Autonomie von Handelnden in Form ihres empirisch zu ermittelnden Spektrums effektiv realisierbarer und hinreichend voneinander unterscheidbarer Handlungsalternativen (um das Leben führen zu können, das sie mit guten Gründen erstreben) in den Mittelpunkt.

Insbesondere in der beginnenden deutschsprachigen Debatte hat der Objektivitätsanspruch des CA teils Missverständnisse teils Unverständnis hervorgerufen. Der CA unterscheidet zwischen dem guten menschlichen Leben und dem individuell guten Leben. Das individuell gute Leben ist auch aus der Perspektive des CA die Sache der je einzelnen Individuen, das nicht nur kein Gegenstand von äußeren Eingriffen sein soll, sondern explizit vor paternalistischen Zugriffen zu schützen sei. Ziel der öffentlichen Wohlfahrtspolitik ist nicht dieses individuell gute Leben, sondern das autonomiekonstitutive gute *menschliche* Leben. Ein wesentlicher Gegenstand des guten *menschlichen* Lebens sind, vor allem in der von Martha Nussbaum begründeten Variante des CA, u.a. die objektiv bestimmbaren (sozialen) Bedingungen der allgemeinen personalen Eigenschaft ‚Autonomie'. Auf Basis dieser Unterscheidung kann der CA zum einen der Tatsache einer Pluralität von Werten und Lebensstilen Rechnung tragen und darauf verzichten, Wohlergehen inhaltlich festzuschreiben und so auf die Lebensführung Dritter zu dekretieren. Zum anderen kann er darauf bestehen, dass Wohlergehen im Sinne des realen Vermögens von Menschen, für die eigene Konzeption eines guten Lebens, wertvolle „Funktionen", d.h. Tätigkeiten und Seinsweisen, praktisch realisieren zu können, als eine objektive soziale Tatsache untersucht werden kann.

In der deutschen Diskussion wird der Begriff der Capability manchmal mit Kompetenzen oder Fähigkeiten übersetzt. Eine solche Übersetzung ist nicht falsch, aber sie droht in die Irre zu führen. Sachlich angemessener erscheinen Übersetzungen wie z.B. „Verwirklichungschancen", „Entfaltungsmöglichkeiten" oder „Befähigungsgerechtigkeit". Denn während die Rede von Kompetenzen in der Regel individualisierende Deutungen impliziert, die dem Capabilities Ansatz kaum gerecht werden können, besteht der CA in seiner theoretischen Begründung darauf, dass Verwirklichungschancen über individuelle Eigenschaften oder Dispositionen hinaus auf das komplexe Zusammenspiel von Infrastrukturen, Ressourcen, Berechtigungen und Befähigungen verweisen[2] (Andresen et al. 2007). Dieser Aspekt der ‚situatedness' ist ein konstitutiver Kernaspekt des CA (vgl. Corteel et al. 2009: 123), da Handlungsoptionen systematisch an verfügbare Optionen und Ressourcen zurückgebunden sind. Entfaltungsmöglichkeiten hängen von der individuellen Verfügbarkeit und Zugänglichkeit einer Menge und Komposition von Ressourcen ab, die nicht beliebig weit unterschritten werden kann. Nichtsdestoweniger sind Ressourcen lediglich Mittel zur Realisierung von Lebensentwürfen, deren Wert nur relativ zu sozialen, kulturellen und individuellen Umwelten bestimmt werden kann (vgl. Therborn 2001). Eine wesentliche Grundbedingung, aber eben nicht *alleine* dafür entscheidend, welche Lebenschancen und Entfaltungspotenziale unterschiedliche AkteurInnen lebenspraktisch realisieren können. Denn über die Verfügung von Ressourcen hinaus können institutionelle, kulturelle und gesellschaftliche aber auch personale Aspekte ebenfalls entscheidend dafür sein, welche Lebenschancen und Entfaltungspotentiale Individuen realisieren können. Anders formuliert werden Ressourcen nur in Form von „Capabilities" praktisch ungleichheitsrelevant.

Vor diesem Hintergrund kann der CA als Integration von drei Typen der Erfassung von Ungleichheit verstanden werden. Über eine Erfassung von sozialen Ungleichheiten als Ungleichverteilungen individueller Merkmale, wie z.B. Einkommen, Kompetenzen, Bildungsabschlüsse oder Humankapital hinaus, akzentuiert der CA auch soziale Strukturen und Prozesse, die Zugang zu Ressourcen und Chancen der Selbstachtung begrenzen. Jenseits seiner Anschlussfähigkeit an diese Perspektiven weist der CA mit seinem Fokus auf dem „Wirken strukturell verfestigter Machtpotentiale" (Kreckel 2006: 15) schließlich eine konstitutionstheoretische Nähe zu den materialistischen Traditionslinien von Ungleichheitstheorien auf, die Erik Ohlin Wright (2009) als ‚exploitation-domination approach' bezeichnet und in deren Mittelpunkt weniger Güterverteilungen als vielmehr Ausbeutungs- und Herrschaftsverhältnisse stehen. Aus dieser Perspektive ist es zu verstehen, wenn der CA darauf besteht, dass sich eine Kritik ungerechter Verhältnisse nicht auf Hinweise einer Ungleichverteilung gesellschaftlicher Güter und Status beschränken kann. Eine Ungleichheitsanalyse aus der Perspektive des CA richtet sich vielmehr auf die Analyse der Herstellung und Verfesti-

---

2 Vor diesem Hintergrund überzeugt es nicht, wenn z.B. der 13. Kinder- und Jugendbericht (2009) die Metrik der Verwirklichungschancen in einen Zusammenhang mit anderen Konzepten wie dem der Salutogenese, der Resilienz oder der Selbstwirksamkeit stellt. So sinnvoll die Konzepte im einzelnen auch sein mögen: sie beziehen auf die Frage, wie effektiv soziale Akteure in der Lage sind, sich an ungünstige Bedingungen anzupassen um handlungsfähig zu bleiben. Demgegenüber geht es der Capabilities-Perspektive nicht um solche Adaptionsfähigkeiten, sondern um das Ausmaß an Verwirklichungschancen, die bestimmte soziale Arrangements eröffnen oder verschließen.

gung von Privilegierungen und Benachteiligungen durch gesellschaftliche wie ökonomische (Re-)Produktionsverhältnisse sowie durch dominante Repräsentations-, Interpretations- und Kommunikationsmuster (vgl. Fraser 2003: 22f.), die nicht nur in Ungleichheit und Armut, sondern auch in Demütigung, Diskriminierung, Entfremdung, Entrechtung, Marginalisierung, Missachtung, Nicht-Repräsentanz und Ausbeutung münden können (vgl. Young 1990).

Der CA legt nahe nicht primär Ressourcen als solche – die im wesentlichen Mittel zur Zielerreichung sind – in den Blick zu nehmen, sondern die tatsächlich realisierbaren *Funktionsweisen* d.h. die Kombinationen jener Tätigkeiten und Zustände einer Person, die diese begründet wertschätzt in den Mittelpunkt der Analyse zu stellen (vgl. Sen 1992). Die Frage von Privilegierung und De-Privilegierung wird dabei mit Blick auf die Ungleichheit der Verteilung von tatsächlichen Handlungsbefähigungen und Verwirklichungschancen, d.h. von Capabilities, formuliert.

Dabei legt der CA nahe, den materiell und institutionell strukturierten *Raum gesellschaftlicher Möglichkeiten* zu einem *akteursbezogenen* Raum *individueller Bedürfnisse und Handlungsbefähigungen* mit Blick auf die Ermöglichung einer selbstbestimmten Lebenspraxis zu relationieren (vgl. Otto/Ziegler 2008).

In dieser Hinsicht ist der CA an die Soziale Arbeit insofern anschlussfähig, wie er über materielle Aspekte hinaus auch Anerkennungsverhältnisse und der Frage nach „Kultur" im Sinne von Haltungen, symbolisch artikulierten Lebensentwürfen und sinngebenden Praktiken eine systematische Bedeutung zuweist und sich dabei auf die Komplexität von Lebenswelten und Lebensführungen von leibhaftigen, affektiv-emotional verfassten und immer mehr oder weniger abhängigen, verwundbaren AkteurInnen bezieht.

Als evaluativer Rahmen für die Soziale Arbeit besteht die Grundidee des CA darin, die wohlfahrtsproduktive Qualität Sozialer Arbeit an ihrem Beitrag zur Erhöhung der Entfaltungsmöglichkeiten ihrer AdressatInnen zu bemessen.

Eine zentrale analytische Unterscheidung ist dabei die zwischen „Funktionsweisen" und „Capabilities". Funktionsweisen verweisen auf tatsächlich realisierte wertgeschätzte Zustände und Handlungen, die für das eigene Leben als wertvoll erachtet werden und die die Grundlagen der Selbstachtung nicht in Frage stellen. Mit Capabilities geht es hingegen um die reale praktische *Freiheit* sich für – oder gegen – die Realisierung von unterschiedlichen Kombinationen solcher Funktionsweisen *selbst entscheiden* zu können.

Zwar manifestiert sich ein gutes menschliches Leben menschlicher AkteurInnen nicht nur in hypothetischen, potenziellen Optionalitäten, sondern nur als tatsächlich realisiertes d.h. gelebtes Leben, aber „für politische Zielsetzungen ist es nichtsdestoweniger angemessen, dass wir auf die Befähigungen zielen – und nur auf diese. Ansonsten muss es den BürgerInnen freigestellt sein, ihr Leben

Gerechtigkeit und Soziale Arbeit

selbst zu gestalten. [... Denn] selbst wenn wir sicher wüssten, worin ein gedeihliches Leben besteht und dass eine bestimmte Funktionsweise dafür eine wichtige Rolle spielt, würden wir Menschen missachten, wenn wir sie dazu zwängen, diese Funktionsweise zu realisieren" (Nussbaum 2000: 87-88).

Mit Capabilities als Zielgröße wohlfahrtsproduzierender Praxis rückt das Ausmaß und die Reichweite des sozialpädagogisch eröffneten Spektrums effektiv realisierbarer und hinreichend voneinander unterscheidbarer Möglichkeiten und Handlungsbemächtigungen in den Mittelpunkt, über die AkteurInnen verfügen, um das Leben führen zu können, welche sie mit guten Gründen erstreben. Damit unterscheidet sich diese Perspektive deutlich von der konventionellen Wirkungs- und Evaluationsforschung, die in der Regel das Ausmaß misst, in dem pädagogische Interventionen ihre AdessatInnen zu inhaltlich fixierten Daseins- und Handlungsweisen hin verändert haben. Die Frage nach den eröffneten Freiheits- und Autonomiespielräumen rückt dabei methodisch in den Hintergrund, während sie aus Perspektive des CA den eigentlichen Wert Sozialer Arbeit darstellt.

Ein Problem der Capabilities Perspektive mag darin bestehen, dass der Raum potenziell förderbarer Möglichkeiten und Fähigkeiten überaus vielfältig ist. Allerdings lässt sich davon ausgehen, dass für ein gutes menschliches Leben nicht alle Möglichkeiten und Fähigkeiten gleichermaßen fundamental sind. Daher scheint es sinnvoll einen Kernbereich von Capabilities zu begründen, die öffentliche Wohlfahrts- und Bildungsinstitutionen fördern sollten (dieser Kernbereich bezieht sich auf ein gutes menschliches Leben; für das individuell gute Leben mögen je fallspezifisch andere Aspekte hohe Relevanz haben).

Ein viel beachteter Vorschlag für eine solche Eingrenzung ist eine Liste, dem Anspruch nach universeller Central Capabilities, die Martha Nussbaum (2000, 2006) begründet hat: Diese Liste von „Befähigungen", die für ein erfülltes menschliches Leben notwendig seien, umfasst folgende zehn Aspekte:

Liste der Central Capabilities nach Martha Nussbaum

1. *Leben*: Fähig zu sein, ein Leben von normaler Länge zu leben; nicht vorzeitig zu sterben oder vor jenem Zeitpunkt, an dem das Leben so reduziert ist, dass zu leben es nicht mehr wertvoll erscheint.
2. *Körperliche Gesundheit*: Fähig zu sein, über eine gute Gesundheit – inklusive der Reproduktionsfähigkeit – sowie über angemessene Ernährung und Unterkunft zu verfügen.
3. *Körperliche Integrität*: Fähig zu sein zur ungehinderten Ortsveränderung, zur Sicherheit vor Gewalt – einschließlich der Vergewaltigung und Gewalt-

tätigkeit in der Familie –, zur freien Befriedigung sexueller Bedürfnisse sowie zur freien Wahl in Bezug auf die Fortpflanzung.
4. *Sinne, Vorstellungen und Gedanken*: Fähig zu sein, die Sinne zu gebrauchen und zu denken, Ausdrucksmöglichkeiten zu besitzen, lustvolle Erfahrungen zu haben und unnötigen Schmerz zu vermeiden. Die Gelegenheit zu haben, den eigenen Verstand in einer Weise anzuwenden, die durch die Garantien der freiheitlichen Äußerungen der politischen und künstlerischen Rede sowie der freien Religionsausübung geschützt werden.
5. *Gefühle*: Fähig zu sein, emotionale Bindungen zu Gegenständen und anderen Menschen einzugehen und die Möglichkeit zur Entwicklung der eigenen Gefühle zu haben. Die Möglichkeit umfasst Formen der menschlichen Gemeinschaftsbildung, von denen sich nachweisen lässt, dass sie für die Gefühlsentwicklung wesentlich sind.
6. *Praktische Vernunft*: Fähig zu sein, sich eine Vorstellung vom Guten zu bilden und sein eigenes Leben daraufhin in kritischer Reflexion zu planen.
7. a. *Zugehörigkeit*: Fähig zu sein, für und mit anderen Menschen zu leben und für sie Sorge zu tragen. Fähig zu sein, sich in die Situation eines anderen hineinzuversetzen.
  b. *Zugehörigkeit*: Fähig zu sein, über eine soziale Basis für Selbstrespekt zu verfügen und frei von Demütigungen zu leben.
8. *Andere Lebewesen*: Fähig zu sein zu einer Beziehung zur Welt der Natur.
9. *Spiel*: Fähig zu sein, zu spielen, zu lachen und zur Erholung.
10 a. *Politische Kontrolle über die eigene Umwelt*: Fähig zu sein, an politischen Entscheidungen teilzuhaben, die das eigene Leben betreffen. Das Recht auf freie Rede und freie Assoziation zu besitzen.
  b. *Materielle Kontrolle über die eigene Umwelt*: Die Möglichkeit zu haben, über Eigentum zu verfügen. Das Recht besitzen, eine Beschäftigung auf Gleichheitsgrundlage zu erlangen; frei zu sein von Verfolgungen und Beschlagnahmungen.
(2006: 76ff. übersetzt von Ulrich Steckmann)

Sozialpädagogisch relevante Aspekte dieser Liste reichen von der Befähigung zur Ausbildung sensorischer Fähigkeiten und grundlegender Kulturtechniken über die Möglichkeit und Fähigkeit zu Bindungen mit anderen Menschen bis hin zur Befähigung zur Ausbildung praktischer Vernunft und einer eigenen revidierbaren Konzeption eines gelungenen Lebens im Wissen um die eigenen Umstände und Wahlmöglichkeit.

Nussbaum geht es mit dieser Liste um Berechtigungen, die sie als Aufgaben für öffentliche Institutionen formuliert. Diese Liste zielt explizit nicht darauf, in einer wertbezogenen Weise Wohlergehen verbindlich zu definieren. Vielmehr geht es darum, allgemeine Voraussetzungen für Wohlergehen vorzulegen. Diese sind in ihrer Konkretisierung an die kulturellen und sozialen Erfahrungsbereiche gebunden, in denen Menschen ihr Leben führen. Aus der Perspektive des Capabilities Ansatzes ist es die Aufgabe der öffentlichen Institutionen, sicher zu stellen, dass sich die Individuen unter vernünftigen und zumutbaren Konditionen für die Verwirklichung dieser Capabilities frei entscheiden können. Es ist aber *nicht* die Pflicht der Individuen sich für die Realisierung dieser Möglichkeiten auch tatsächlich zu entscheiden

Für moderne Gesellschaften präzisiert Elizabeth Anderson (2000) diese Liste, indem sie auf die Relevanz zweier weiterer Capabilities besteht, die AkteurInnen befähigen aus sozialen Unterdrückungs- und Marginalisierungsverhältnissen zu entkommen (vgl. Heite et al 2007). Anderson schlägt vor, politisch vor allem die Ermöglichung jener Capabilities zu fokussieren, die es Menschen erlauben, die Funktionsweise als gleichberechtigte TeilnehmerIn an einem System kooperativer Produktion zu realisieren und damit die materiellen Bedingungen ihrer Existenz beeinflussen zu können. Diese Ermöglichung einer Teilnahme an kooperativer Produktion ist nicht als die Legitimation von Welfare-to-Work-Maßnahmen zu verstehen. Es geht im Gegenteil um das, was Jean-Michel Bonvin (2007: 15) als „capability for work", als „Fähigkeit zu sinnstiftender Arbeit" beschreibt. Im Mittelpunkt steht dabei die reale Freiheit „jene Arbeit zu wählen, die man begründet als sinnvoll erachtet". Diese Capability beinhaltet sowohl „die Möglichkeit, eine Arbeit abzulehnen, die man als sinnlos erachtet (bei annehmbarer Exit-Option) [... als auch] die Möglichkeit, effektiv an der Festlegung der konkreten Arbeitsaufgaben, der Arbeitsorganisation und -bedingungen, der Entlohnung etc. mitzuwirken".

Eine zweite wesentliche Capability richtet sich darauf, die Funktionsweise als BürgerIn eines demokratischen Staates zu ermöglichen (vgl. Anderson 2000) und damit sicher zu stellen, dass die Betroffenen nicht von der Partizipation an kollektiven Entscheidungen ausgeschlossen sind, die sie selbst betreffen und den Rahmen ihrer Selbstbestimmung darstellen. Diese Möglichkeit, als BürgerIn eines demokratischen Staates zu fungieren, hat Bonvin (2009) als *capability for voice* elaboriert. Diese hebt die Realmöglichkeit hervor, der eigenen Meinungen und den eigenen Wünschen und Erwartungen im öffentlichen, politischen Prozess in einer Weise Gehör zu verleihen, dass sie als relevante Perspektive ernst genommen werden. Dabei geht es nicht nur darum, sich gemäß den je gültigen Diskursregeln – d.h. den bestehenden Regeln des Sagbaren und Gültigen – einbringen zu können, sondern vor allem auch um die Möglichkeit, auf diese Regeln und die informationale Basis der Beurteilung gerechtigkeitsrelevanter Sachverhalte selbst Einfluss zu nehmen. Dies beinhaltet auch die effektive Möglichkeit, die gewählte Methode oder die gewählte Informationsbasis für die Bewertung und Beurteilung des Gültigen und Relevanten in Frage zu stellen und zu beeinflussen. Zwar müssen sich die Perspektiven, Interessen und Erwartungen beispielsweise der AdressatInnen Sozialer Arbeit nicht immer durchsetzen, aber die Rede von *capabilities for voice* setzt voraus, dass die Akteure mit effektiven politischen Rechten und Ressourcen ausgestattet und Institutionen zumindest insofern responsiv sind, dass sie diese Perspektiven als informationale Basis von Entscheidungen ernsthaft berücksichtigen. Dies schließt eine enge technologische Ausrichtung Sozialer Arbeit aus, die sich ‚wirkungsorientiert' daran bemisst, vorab festgelegte Ziele möglichst ‚effektiv' und ‚effizient' zu erreichen. Neben der ‚technologischen' Effizienz richtet der CA insofern sein Augenmerk vor allem auf die *demokratische Effektivität* Sozialer Arbeit.

Diese Capabilities in Anlehnung an Martha Nussbaum und Elizabeth Anderson als Maßeinheiten zur Bestimmung des Nutzens Sozialer Arbeit zu formulieren legt demnach weder eine völlige Beliebigkeit und Willkür noch die standardisierte Festlegung sozialtechnologischer Interventionen nahe, die der Tatsache einer (konfliktuösen) Pluralität von Haltungen, Auffassungen und Lebensentwürfen wenig Aufmerksamkeit schenkt. Stattdessen erlaubt und erfordert es die Capabilities Perspektive auf individuelle, fallspezifische Konstellationen und soziale Einbettungen der AdressatInnen einzugehen und eröffnet eine relationale Alternative zu Ansätzen, die sich alleine auf Zufriedenheit und subjektives Wohlbefinden richten, aber auch zu Ansätzen die eine bestimmte Form von Lebensführung oktroyieren. Insofern bietet der CA eine gerechtigkeitstheoretische Fundierung eines klassischen Motivs Sozialer Arbeit: Die Ermöglichung von Autonomie der Lebenspraxis, die jedoch als objektiv bestimmbare und empirisch zugängliche Dimension eines guten menschlichen Lebens bestimmt wird und damit einen zentralen Gegenstand sozialpädagogischer Professionalität fundiert.

Literatur

Anderson, E. 2000: Warum eigentlich Gleichheit? In: Krebs, A. (Hg.): Gleichheit oder Gerechtigkeit. Frankfurt a. M.
Andresen, S./Otto, H.-U./Ziegler, H. 2008: Bildung as Human Development: An educational view on the Capabilities Approach. In: Otto, H.-U./Ziegler, H. (Hg.): Capabilities – Handlungsbefähigung und Verwirklichungschancen in der Erziehungswissenschaft. Wiesbaden
Bonvin, J-M. 2009: Der Capability Ansatz und sein Beitrag für die Analyse gegenwärtiger. Sozialpolitik. In: Soziale Passagen, Heft 1/2009, S. 8-22

Bonvin, J-M. 2007: Entspricht die Europäische Beschäftigungsstrategie dem Ansatz der Verwirklichungschancen? Eine ??????????????????????????????
Brumlik, M. 1999: Selbstachtung und nationale Kultur. In: Treptow, R./Hörster, R. (Hg.): Sozialpädagogische Integration. Weinheim/München
Brumlik, M. 2007: Soll ich je zum Augenblicke sagen ... Das Glück: Beseligender Augenblick oder erfülltes Leben? In: Kessl, F. et al. (Hg.): Erziehung zur Armut? Soziale Arbeit und die ‚neue Unterschicht'. Wiesbaden
Brumlik, M./Keckeisen, W. 1976: Etwas fehlt. Zur Kritik und Bestimmung von Hilfsbedürftigkeit für die Sozialpädagogik. In: Kriminologisches Journal, 4: 241-262.
Bucher, A. 2009: Psychologie des Glücks. Ein Handbuch. Weinheim
Bundesministerium für Familie, Senioren, Frauen und Jugend (BMFSFJ) 2009: Wissenschaftliche Bestandsaufnahme der Forschung zu ‚Wohlbefinden von Eltern und Kindern'. Monitor Familienforschung Nr. 19. Berlin
Bundesministerium für Familie, Senioren, Frauen und Jugend (BMFSFJ) (Hg.). 2009: Bericht über die Lebenssituation junger Menschen und die Leistungen der Kinder- und Jugendhilfe. 13. Kinder und Jugendbericht: Mehr Chancen für gesundes Aufwachsen. Gesundheitsbezogene Prävention und Gesundheitsförderung in der Kinder und Jugendhilfe. Berlin
Corteel, D./Lambert, M./Vero, J./Zimmermann, B. 2009: Capability for learning in French companies. In: Sen-sitising life course research? Net.doc no. 50: 115-154
Fraser, N. 2003: Soziale Gerechtigkeit im Zeitalter der Identitätspolitik, Umverteilung, Anerkennung und Beteiligung. In: Fraser, N./Honneth, A. (Hg.): Umverteilung oder Anerkennung. Frankfurt a. M.
Gauthier, D. 1986. Morals By Agreement. New York: Oxford University Press.
Gosepath, S. 2009: Zum Ursprung der Normativität. In: Forst, R./Hartmann, M./Jaeggi, R./Saar, M. (Hg.): Sozialphilosophie und Kritik. Frankfurt a. M.
Heite, C./Klein, A./Landhäußer, S./Ziegler, H. 2007: Das Elend der Sozialen Arbeit – Die „neue Unterschicht" und die Schwächung des Sozialen. In: Kessel, F.; Reutlinger, C.; Ziegler, H.: Erziehung zur Armut? Soziale Arbeit und die „neue Unterschicht", Wiesbaden
Kersting, W. 1997: Gleiche gleich und Ungleiche ungleich: Prinzipien der sozialen Gerechtigkeit, in: Dornheim, A. et al.(Hg.): Gerechtigkeit. Opladen, Wiesbaden
Kreckel, R. 2006: Soziologie der sozialen Ungleichheit im globalen Kontext. Der Hallesche Graureiher 2006 – 4 Martin-Luther-Universität Halle-Wittenberg, Institut für Soziologie. Halle
Layard, R. 2005: Happiness. London
Nussbaum, M. 2006: Frontiers of Justice. Disability, Nationality, Species Membership. Cambridge/London
Nussbaum, M. 1999: Gerechtigkeit oder das gute Leben. Frankfurt a. M.
Nussbaum, M. 2000: Women and Human Development. The Capabilities Approach. Cambridge
Nussbaum, M. 2003: Capabilities as fundamental entitlements: Sen and social justice. In: Feminist Economics, 2/3, S. 33–60
Oelkers, N./Schrödter, M./Ziegler, H. 2010: Capabilites und Grundgüter als Fundament einer sozialpädagogischen Gerechtigkeitsperspektive. In: Thole, W. (Hg.): Grundriss Soziale

Arbeit. 3. vollständig überarbeitete Auflage. Wiesbaden: VS (im Erscheinen)

Olk, Th./Otto, H.-U. 1987: Institutionalisierungsprozesse sozialer Hilfe – Kontinuitäten und Umbrüche. In: Olk, Th./Otto, H.-U. (Hg.): Soziale Dienste im Wandel. Band 1: Helfen im Sozialstaat. Neuwied/Frankfurt a. M.

Otto, H.-U./Ziegler, H. (Hg.) 2008: Verwirklichungschancen und Befähigungsgerechtigkeit in der Erziehungswissenschaft. Zum sozial-, jugend- und bildungstheoretischen Potential des Capability Approach. Opladen.

Rawls, J. 1980: Kantian Constructivism in Moral Theory: The Dewey Lectures. In: The Journal of Philosophy 77: 515-571

Sen, A. 1992: Inequality Re-examined. Oxford: Oxford

Therborn, G. 2001: Globalization and Inequality. Issues of Conceptualization and Explanation. In: Soziale Welt, 52: 449- 476

Veenhoven, R. 2005: Return of inequality in modern society? Test by dispersion of life-satisfaction across time and nations. In: Journal of Happiness Studies, 6, S. 457-487

Winkelmann, L./Winkelmann, R. 1998: Why are the unemployed so unhappy? Evidence from panel data. In: Economica 65, 1–15

Wright, E. 2009: Understanding class: Towards an integrated analytical approach. In: New Left Review, 60: 101-116

Young, I. M. 1990: Justice and the Politics of Difference. Princeton

Kinderarmut und Wohlfahrtsproduktion

Matthias Grundmann

Einleitung

Folgt man den aktuellen Armutsstudien und dem Armuts- und Reichtumsbericht der Bundesregierung, dann ist der Anteil der Kinder, die in Armut leben, in den letzten Jahren drastisch gestiegen, auch wenn die Zahlen aufgrund unterschiedlicher Berechnungsmodalitäten von Armutsgrenzen schwanken (Groh-Samberg 2009). Eindeutig ist jedoch, dass die Fürsorgebedürftigkeit bei Kindern in den letzten Dekaden generell, insbesondere aber bei Kindern aus Armutsmilieus deutlich angestiegen ist. Sozial- und wohlfahrtsstaatspolitisch betrachtet ist diese Entwicklung skandalös, weil gerade Kinder und Jugendliche auf Schutz und Fürsorge angewiesen sind und sie die „Zukunftsträger" unserer Gesellschaft sind. Daher gebühren ihnen auch besondere Aufmerksamkeit und Schutz. In diesem Zusammenhang stellt sich aber die Frage, ob und inwieweit die Umstellung von einem „fürsorgenden" zu einem „aktivierenden" Sozialstaat (Lessenich, 2005) gerade jene Deprivationszirkel verschärft, denen Kinder aus Armutsmilieus ausgesetzt sind. Und: Wie kann die Soziale Arbeit auf die Anforderungen reagieren, die sich aus der Perspektive eines aktivierenden Sozialstaats für ihre Arbeit mit Kindern aus Armutsmilieus ergeben? Diese Fragen zielen auf die sozialpolitische Verankerung der Wohlfahrtspflege und der Wohlfahrtsproduktion. Inwieweit, so könnte man die gestellten Fragen ergänzen, gelingt es dem Sozialstaat noch, die Wohlfahrt breiter Bevölkerungsschichten zu sichern und hier insbesondere den besonders Bedürftigen wie den Kindern in Armutsmilieus jene basalen Verwirklichungschancen zu garantieren, die ihnen ein lebenswertes Leben ermöglichen? Kann die personale Wohlfahrt gerade auch bei extrem Deprivierten überhaupt durch Selbstaktivitäten und Selbsthilfe gefördert werden, wie es im Modell des aktivierenden Sozialstaats gefordert wird?

Um auf diese Fragen zu antworten, werde ich in diesem Beitrag zunächst die spezifischen Ausprägungen von Armut für Kinder und Jugendliche darstellen und danach differenzierter das Armutsrisiko skizzieren, das sich für Kinder Alleinerziehender und für Kinder aus Familien ergibt. Dabei werden schließlich auch milieuspezifische Risiken sichtbar die es berechtigt erscheinen lassen, von

Armutsmilieus zu sprechen, in denen Kinder in besonders hohem Maße einem Deprivationszirkel ausgesetzt sind, die ihre Verwirklichungschancen enorm einschränken. Um das herauszuarbeiten stelle ich zunächst sozialisationstheoretische Überlegungen darüber an, wie sich soziale Ausgrenzungen und Lebensführungspraktiken in Armutsmilieus vollziehen und wie die mit den gesellschaftlichen Vorstellungen von Wohlfahrtsproduktion und Wohlfahrtspflege verbunden sind. Im Anschluss daran skizziere ich die Konsequenzen, die sich aus den milieuspezifischen Armutserfahrungen für Kinder und Jugendliche ergeben. Dabei geht es auch darum, jene Deprivationszirkel nachzuzeichnen, die zu einer fatalen Einschränkung von Verwirklichungschancen in bestimmten Armutsmilieus führen. Schließlich werde ich auch die Möglichkeiten der Sozialen Arbeit ansprechen, die Lebensführung der Betroffenen zu unterstützen. Ich frage also danach, wie die negativen Konsequenzen des Aufwachsens in Armut aufgefangen und in positive Handlungsstrategien überführt werden können.

Die Bestimmung von Armutsmilieus

Sollen die Deprivationen bestimmt werden, die mit Armut zusammen hängen, dann ist zunächst anzumerken, dass Armut nicht nur eine ökonomische Größe ist. Sie zeigt sich vielmehr in den vielfältigen Einschränkungen, die sich indirekt aus einer finanziellen Notlage ergeben können, wenn diese von Dauer ist. Es sind vor allem Benachteiligungs- und Ausgrenzungsprozesse, wie sie sich z.B. im Bildungssystem ergeben, die zu einer Verstärkung von Armutserfahrungen führen (Groh-Samberg 2009): Neben ökonomische Deprivationen treten Bildungsarmut, Teilhabearmut und Erfahrungen des persönlichen Versagens (also Erfahrungsarmut; siehe dazu Edelstein 2006). Diese vielfältigen Facetten von Armut werden in der Armutsforschung u.a. durch die ökonomische, soziale, kulturelle und gesundheitliche Lage von Kindern und Jugendlichen erfasst (Groh-Samberg 2009). Für die Soziale Arbeit bedeutet das, die politisch-ökonomischen, lebensführungspraktischen, symbolischen und sozio-moralischen Aspekte von Armut genauer zu betrachten.

Wenn also von Armut die Rede ist, dann sind damit nicht nur die Einschränkungen gemeint, die sich aus mangelnden ökonomischen Ressourcen ergeben[1]. Gerade für Kinderarmut gilt, dass sie ihre Wirkung nicht allein oder gar primär über das Fehlen ökonomischer Ressourcen, sondern über die einge-

---

1 Vor allem für Kinderarmut gilt, dass sie mehr ist als nur wenig Geld zu haben. Daher ist eine ressourcenorientierte Armutsforschung gerade auch für das Thema Kinderarmut unzureichend, weil sich diese im Wesentlichen darauf beschränkt, die ökonomischen Härten, die Einkommensarmut hervorruft, z.B. durch Sozialhilfezuwendungen zu mildern.

Kinderarmut und Wohlfahrtsproduktion 169

schränkten Zugänge zu gesellschaftlichen Lebensbereichen und Aktivitäten entfaltet, über eingeschränkte Teilhabechancen z.b. an Bildung, Arbeit, Freizeit und Wohnen also, und anhand der Risiken, die sich für die kulturelle Teilhabe, das soziale Miteinander und die Gesundheit ergeben (Holz 2002, 2006; Joos 2001). Allerdings sind diese „Wirkungsfelder" von Armut nicht für alle Betroffenen gleichermaßen relevant. So führt eine vorübergehende Armut nicht zwangsläufig zu einer Einschränkung der Lebensführung und kann zudem meist leicht aufgefangen werden (Holz 2006: 6). Problematischer für die Soziale Arbeit sind hingegen Deprivationszirkel, die sich über einen langen Zeitraum entfalten und ihre Wirkung mitunter sogar über Generationen hinweg verstärken (Walper 1999; 2008). Um diese jedoch zu identifizieren sind zunächst die Armutsrisiken für Kinder und Jugendliche zu spezifizieren, die sich aus den unterschiedlichen *Ausprägungen* von Armut ergeben. Zudem sind jene Lebensverhältnisse in den Blick zu nehmen, die zu einer Multiplikation von Armutsrisiken beitragen.

Zunächst zu den Ausprägungen von Armut. Nach Auswertung des sozioökonomischen Panels trägt ein Viertel der Bevölkerung ein aktuelles sozialpolitisches Risikopotenzial, d.h. sie sind mehr oder weniger, kurz- oder langfristiger von Armut bedroht (Groh-Samberg/Grundmann 2006: 13f). Dabei ist jedoch noch einmal danach zu unterscheiden, ob sich diese Bedrohung allein auf eine längere Arbeitslosigkeit bezieht oder ob weitere Deprivationsrisiken vorliegen. Im ersten Fall kann dann von einseitiger, im zweiten Fall von multipler oder extremer Armut gesprochen werden. Zudem sind auch jene Bevölkerungsgruppen zu berücksichtigen, die aufgrund prekärer Beschäftigungsverhältnisse einem Armutsrisiko unterliegen. Auf diese Gruppe gehe ich jedoch nicht besonders ein, weil deren Armut nur vorübergehend ist.

Armutsrisikogruppen	Insgesamt	Kinder (0-16)	Jugendliche (16-25)
extrem	7,9	12,1	10,9
kurzfristig oder einseitig*	8,6	6,9	13,8
Prekariat	10,1	13,8	15,2
Insgesamt	26,6	32,8	40,2

Tabelle 1: *Armutsrisikogruppen bei Kindern und Jugendlichen* (Quelle: SOEP, Wellen 2000-2004; balanciertes Panel (N=20775); modifizierte Darstellung nach Groh-Samberg/Grundmann 2006; * ökonomische Deprivationen, die allein durch Einkommensarmut hervorgerufen werden.)

Betrachtet man das Ausmaß von Armut bei Kindern und Jugendlichen (Tabelle 1) dann zeigt sich folgendes Bild (vgl. dazu Groh-Samberg & Grundmann 2006): Kinder haben mit 12,1% ein deutlich höheres Risiko, in extremer Armut aufzuwachsen als die Gesamtbevölkerung, von der lediglich 7,9% in extremer Armut leben. Aber auch Jugendliche weisen mit 10,9% ein deutlich höheres Risiko auf, in extremer Armut aufzuwachsen als der Durchschnitt der Bevölkerung. Jugendliche sind allerdings in besonderem Maße von kurzfristiger und einseitiger Armut betroffen.

Das Ausmaß dieser altersspezifischen Betroffenheit von Armut wird noch deutlicher, wenn man weitere Armutsrisiken, wie z.B. Anzahl der Kinder und den Erziehungsstatus „alleinerziehend" heranzieht (siehe Tabelle 2). Dabei werden auch milieuspezifische Risiken deutlich, unter extremer Armut aufzuwachsen. So zeigt sich – allerdings in sehr verkürzter Art und Weise – wie viel höher das Armutsrisiko im Falle „multiplikativer" Risikofaktoren ist als bei jenen, die nur einseitig bzw. gar nicht von Armut betroffen sind. Konkret: 60 % von Alleinerziehenden aus dem Arbeitermilieu leben unter extremer Armut während es bei Alleinstehenden aus den höheren Klassen lediglich 20% sind. In Familien mit drei und mehr Kindern sieht die Situation zwar nicht ganz so extrem aus. Gleichwohl ist der Anteil derjenigen, die in extremer Armut leben erschreckend hoch. Insgesamt sind fast 50% aller Familien irgendwie von Armut bedroht, Familien aus dem Arbeitermilieu sogar zu 83%. Dass insbesondere Kinder unter extremer Armut zu leiden haben zeigt sich daran, dass mehr als 19% dieser Familien in extremer Armut leben. Wenn diese noch aus dem Arbeitermilieu stammen sind es bereits mehr als 41%. Im Vergleich dazu: Nur 4% der Familien mit mehreren Kindern aus höheren sozialen Schichten leiden unter extremer Armut.

Armutsrisikogruppen	extreme Armut	bedingt von Armut betroffen*	zusammen
Insgesamt	7,9	18,7	26,6
Alleinerziehende, davon	38,3	30,1	68,4
- aus einfachen Arbeitermilieus	*60,3*	21,6	81,9
- aus höheren Klassen	22.0	36,4	58,4
Familien mit 3+ Kindern, davon	19,2	30,7	49,9
- aus einfachem Arbeitermilieu	41,1	41,9	83,0
- aus höheren Klassen	0,4	24,8	28,8

Tabelle 2: *Von Armut besonders betroffene Bevölkerungsgruppen* (Quelle: SOEP, Wellen 2000-2004; balanciertes Panel (N=20775); modifiziert nach Groh-Samberg/Grundmann 2006)

Die Zahlen belegen, dass Armut vor allem ein alters-, milieu- und lebenslagenspezifisches Problem darstellt, wobei sich die Risiken in bestimmten Milieubzw. Bevölkerungsgruppen potenzieren[2]. Die Daten lassen also eine Multiplikation von Armutsrisiken (Einkommen, Anzahl der Kinder, Beschäftigungsrisiko) erkennen. Was aber bedeutet das für das Erleben von Armut?

Sozialisationstheoretische Rahmung: Lebensführung in Armutsmilieus

Um nachzuvollziehen, wie sich die Deprivationserfahrungen in Armutsmilieus aufschichten und zu Prozessen der Stigmatisierung, der Diskriminierung und der Ausgrenzung führen, greife ich sozialisationstheoretische Überlegungen auf, nach denen Sozialisationspraxen als Erfahrungsräume definiert werden, über die sich sowohl Handlungsspielräume bzw. -restriktionen als auch Prozesse der Selbstidentifikation mit vorgefundenen Lebensverhältnissen bestimmen lassen (Grundmann 2006). Aus ihnen lassen sich dann auch systematisch Einschränkungen in den Verwirklichungschancen herleiten, die z.B. für Kinder aus Armutsmilieus gelten (Grundmann 2008). Diese Verwirklichungschancen sind jedoch nicht allein durch die Lebensverhältnisse in den Armutsmilieus selbst definiert. Sie werden in hohem Masse auch von den Vorstellungen einer „gelin-

---

[2] Daher kann man auch von unterschiedlichen Armutsmilieus sprechen. Der Milieubegriff bietet sich deshalb an, weil Armut eine ökonomische, soziale und kulturelle, ja sogar eine persönliche Dimension hat (Grundmann et al 2006).

genden" Lebensführung durch die Mehrheitsgesellschaft und durch die ökonomischen, kulturellen sowie politischen Rahmenbedingungen der Wohlfahrtspflege, also die gesellschaftliche Wohlfahrtsproduktion bestimmt. Dabei ergeben sich Wechselwirkungen zwischen den Lebensverhältnissen vor Ort (in den Armutsmilieus) und den Organen sowie den Trägern der Wohlfahrtspflege (also den Akteuren der Sozialen Arbeit). Diese sind in Abbildung 1 dargestellt.

Im oberen Feld der Abbildung sind zentrale Erfahrungsmerkmale der alltäglichen Lebensführung angedeutet, die in Armutsmilieus vorherrschen. Neben den beschriebenen Handlungsrestriktionen, die sich durch die multiplen Deprivationen ergeben sind idealtypisch die damit verbundenen Wirksamkeitserfahrungen angesprochen, die sich für die Betroffenen ergeben. Mit dem Begriff der Solidarität soll angedeutet werden, dass sich bei den Betroffenen häufig spezifische Formen der wechselseitigen Unterstützung finden, die mitunter auch durch Unterstützungen der Sozialen Arbeit erreicht werden können. Schließlich sind aber auch die Konfliktfelder berücksichtigt, die mit restriktiven Lebensverhältnissen einhergehen (z.B. Partnerschaftskonflikte, Familienstreitigkeiten).

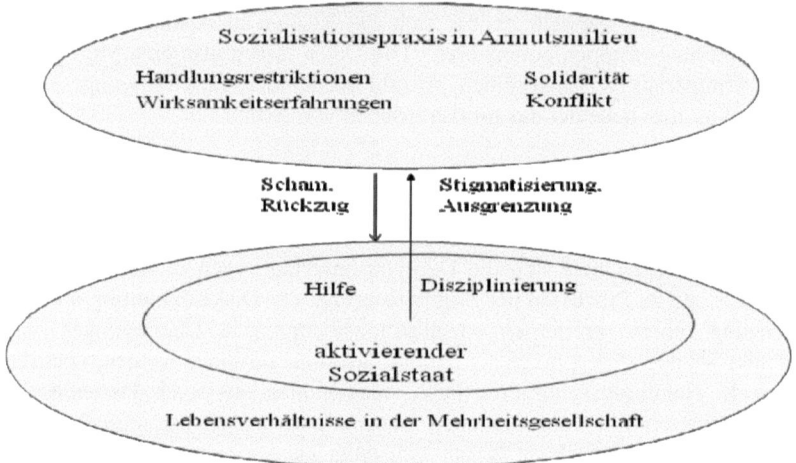

Abbildung 1: *Soziale Deprivationserfahrungen und Sozialisationsprozesse in Armutsmilieus*

Im unteren Teil der Abbildung ist mit dem Feld Mehrheitsgesellschaft angedeutet, dass Armut immer bezogen auf die gesellschaftlichen Verhältnisse, also die Ausprägung der allgemeinen Wohlfahrt zu bestimmen ist. Vor diesem Hintergrund ist dann auch die Wohlfahrtsproduktion zu bewerten, die mitunter selber an der Definition von Armut beteiligt ist (Groh-Samberg 2009) aber auch bei der Bewertung dessen mitwirkt, wie denn den Betroffenen zu helfen sei. So bestimmen die Wohlfahrtsproduktion und die Träger der Wohlfahrtspflege auch im aktivierenden Sozialstaat maßgeblich, wie die Armutsverhältnisse im Einzelfall zu bewerten sind und ob den Betroffenen Zuwendungen zu teil werden und welche Auflagen sich daraus für deren Lebensführung ergeben. Dabei wirken die Organe der Wohlfahrtspflege mitunter durchaus auch disziplinierend. Gerade an der Schnittstelle der wohlfahrtsstaatlichen Unterstützung in der Lebensführung Deprivierter zeigen sich dann auch die Grenzen des Modells eines aktivierenden Sozialstaats. Der nämlich setzt Bürger voraus, die tatsächlich handlungsfähig und eben nicht handlungsbedürftig sind. Damit aber wird das Problem der Armut, insbesondere der Kinderarmut noch verstärkt. Denn das Verständnis der Mehrheitsgesellschaft von gelingender Lebensführung und Wohlfahrt wird durch die Institutionen und Organe der Wohlfahrtsproduktion und –pflege vertreten. Sie treten den Betroffenen also als Boten einer Gesellschaft gegenüber, zu der die Betroffenen gerade nicht mehr gehören bzw. an dessen Teilhabe sie ausgeschlossen sind. Daraus ergeben sich dann auch Reaktionen der Betroffenen in Hinblick auf die ihnen angebotenen Hilfen. Diese äußern sich nicht selten in Scham und sozialem Rückzug. Wie wir weiter unten sehen werden, lässt sich das in Hinblick auf die Deprivationserfahrungen in Armutsmilieus relativ genau nachzeichnen.

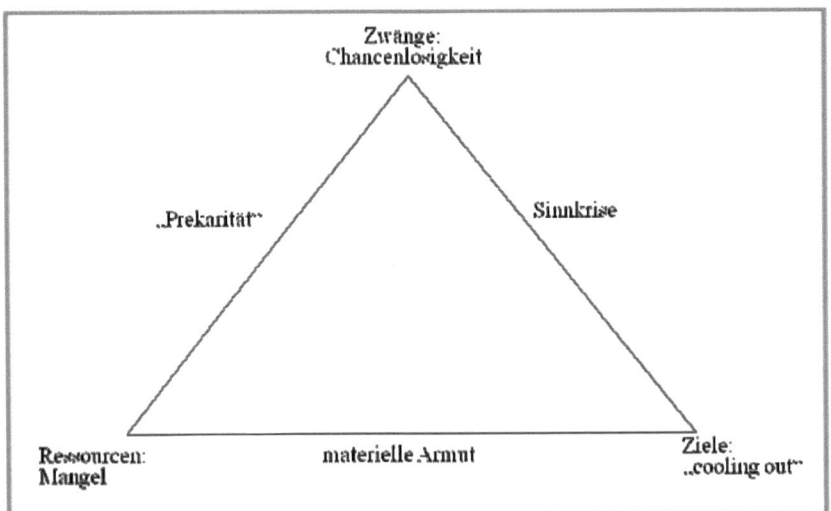

Abbildung 2: *Lebensführung in Armutsmilieus*

Die Konsequenzen für die Lebensführung, die sich durch das Leben in Armut ergeben, lassen sich zunächst jedoch noch ganz allgemein in Form eines Lebensführungsdreiecks bestimmen. Sie resultieren nämlich aus drei zentralen Einflussgrößen: aus den zur Verfügung stehenden (hier: mangelnden) Handlungsressourcen, aus den Handlungszwängen, die sich aus Ressourcenmangel ergeben (und die sich in geringen Teilhabechancen äußern) und aus den Handlungszielen, die sich mehr oder weniger an den allgemein Lebenszielen ausrichten, die in der Mehrheitsgesellschaft gelten und nicht selten zu einem „cooling out" bzw. zu Selbstexklusion führen. Damit sind zugleich die oben beschriebenen Facetten von Armut mit benannt: ‚materielle Armut", „relative Armut" (hier definiert als Prekarität) und Erfahrungsarmut (hier definiert über Sinnkrise). Was ist mit einem solchen Lebensführungsmodell für unsere Frage nach dem Verhältnis von Kinderarmut und Wohlfahrtsproduktion gewonnen? Nun, zunächst die Einsicht, dass Armut und auch die Möglichkeiten des Umgangs mit Armut relativ zu den gesellschaftlichen Rahmenbedingungen zu sehen sind. Zudem lassen sich daraus auch Annahmen darüber herleiten, wie von Armut Betroffene gerade auch in Hinblick auf die politische Programmatik der Wohlfahrtspflege, nämlich Selbstaktiv zu werden, eher mit Hilflosigkeit reagieren dürften. Und tatsächlich lässt sich zeigen, dass das gerade für Kinder und Jugendliche in extremen Armutsmilieus zutrifft.

Milieuspezifische Deprivationserfahrungen

Für die so skizzierten Sozialisationspraxen und Lebensführungszirkel in Armutsmilieus lassen sich nun anhand vorliegender Befunde über das Aufwachsen in Armutsmilieus konkretere Deprivationserfahrungen nachzuzeichnen. Das soll im Folgenden anhand von zwei grob gefassten Armutsmilieus skizziert werden: an extrem bzw. bedingt von Armut betroffene Milieus. Die sie auszeichnenden Armutsmerkmale lassen sich tabellarisch folgendermaßen zusammenfassen:

Bedingtes Armutsmilieu

- kurzfristige oder einseitige Armut (z.B. durch vorübergehende Erwerbslosigkeit)
- Kompensationsmöglichkeiten der Armut (Informiertheit, Netzwerke)
- persönliche Bewältigungspotenziale (Handlungsbefähigungen)
- Bescheidenheitsethik, improvisierende Alltagsstrategien, und pragmatische Notwendigkeitsorientierung

Kinderarmut und Wohlfahrtsproduktion 175

Extremes Armutsmilieu

- Multiple und dauerhafte Armut
- Mangelerfahrungen (Konsum) und Ausgrenzungen im Freizeit- und Bildungsbereich
- Erfahrung dauerhafter Abhängigkeit von Sozialleistungen und Entmündigung
- Erfahrung der Kompetenzarmut und biographische Verfestigung von Defiziterfahrungen
- Zuschreibung von Unvermögen und Unwille durch staatliche Organisationen
- systematische und langfristige Entwurzelung und Erfahrung der Aussichtslosigkeit

Betrachten wir zunächst die *kurzfristig bzw. einseitig von Armut betroffenen Milieus*, die ich als bedingte Armutsmilieus bezeichnen möchte. Diese Armutsmilieus rekrutieren sich zumeist aus Bevölkerungsschichten, die ein geringeres Erwerbslosigkeitsrisiko aufweisen, als die der Alleinerziehenden oder der einfachen Arbeiter. Sie sind zunächst also eher von vorübergehender denn von extremer Armut betroffen. Zudem können die vorübergehenden finanziellen Engpässe durch die Verfügbarkeit sozialer und kultureller Ressourcen und aufgrund spezifischer sozialer Handlungsbefähigungen – z.B. Informiertheit über staatliche Unterstützungsmöglichkeiten – und die Mobilisierbarkeit von sozialen Beziehungsnetzwerken aufgefangen werden. In diesen Armutsmilieus kann die Soziale Arbeit auch auf gute Unterstützungserfolge verweisen. Denn dort können die *Bewältigungspotenziale* der Betroffenen unmittelbar gestärkt, die vorhandenen Zugänge zum Arbeitsmarkt aktiviert und auf die aktive Beteiligung der Betroffenen selbst Bezug genommen werden. Diese kümmern sich nämlich auch selbstständig um einen Ausweg aus der Misere. Hinzu kommt, dass gerade in den mittleren sozialen Milieus die Unterstützungslogik der Sozial- und Arbeitsagenturen auch dem Selbstverständnis der Betroffenen nach selbstständiger Lebensführung entspricht.

Milieutheoretisch lassen sich die Bewältigungspotenziale von Armut in diesen Milieus mit einer Bescheidenheitsethik oder aber improvisierenden Alltagsstrategien erklären, die sich vor allem in den Facharbeiter- und gehobenen Arbeitermilieus nachweisen lassen (Bourdieu 1982/1979; Vester et al 2001). Hinzu kommt, dass diese Milieus sich am „Geschmack des Notwendigen" orientieren. Das versetzt sie in die Lage, ihren Alltag pragmatisch – und maßvoll – den eingeschränkten Lebensbedingungen anzupassen. Auf diese Weise bleiben sie „vermittelbar" und sind aktiv an der Gestaltung ihrer zwar bescheidenen aber nicht aussichtslosen Lebenssituation beteiligt. Dem entsprechend finden sich in diesen Milieus deutlich geringere psychosoziale Dissonanzen, die durch Armut hervorgerufen werden.

Was aber ist, wenn es nur wenig Aussicht auf Milderung oder gar Beendigung der Armutssituation gibt, wie das in den extremen, durch multiple Deprivationsrisiken betroffenen Armutsmilieus gilt? Was, wenn die Betroffenen bereits dauerhaft in Armut leben und neben die vielfältigen sozialen und kulturellen Deprivationen noch ein soziales und ein psychisches Leiden tritt, weil keine Aussicht auf Rückkehr in ein bürgerliches Leben besteht?

Mit diesen Fragen komme ich auf die *Deprivationsdynamiken in extremen Armutsmilieus* zu sprechen. In einer aktuellen Armutsstudie in Münster, einer relativ reichen und wohlhabenden Stadt, berichteten Experten aus der Soziale Arbeit, dass gerade in Arbeiterfamilien mit mehreren Kindern eine Teilhabe der Betroffenen am sozialen Leben kaum noch möglich sei, die Wohnverhältnisse so eng, dass die Kinder weder Platz zum Spielen noch zum Lernen hätten, diese in ihrem Freundeskreis sozial ausgegrenzt würden und sich selber auch nicht mehr mit Gleich-altrigen treffen, weil sie über mittlerweile gängige Erfahrungen z. B. der Computer- und Internetnutzung nicht verfügen (Hoffmeister 2008: 94f). Hinzu kommt die schulische Ausgrenzungsproblematik, also die Gefahr der Bildungsarmut (Edelstein 2006). Zentral jedoch ist die Beobachtung, dass sich in diesen Familien die Erfahrung verfestigt, dass dauerhafte Abhängigkeiten von staatlichen Unterstützungsleistungen quasi normal seien, sich die Betroffenen also selbst entmündigen und als nicht handlungsfähig erleben. Gerade damit aber wird der Armutszirkel verschärft. Denn die generative Transmission von Ausgrenzung und Perspektivlosigkeit, gepaart mit der Erfahrung von Hilf- und Machtlosigkeit untergräbt jegliche Fähigkeit der Selbstorganisation und einer aktiven Lebensführung. Hier verhindern z.B. wirtschaftliches Unvermögen und die Tendenz zu unkontrolliertem Konsum eine der Situation angemessene Lebensführung.

Der damit benannte Deprivationszirkel ist besonders auch für Kinder und Jugendliche fatal. Denn das Leben in Armut kann auch eine Form des sozialen Lernens hervorbringen, das geradewegs ins Abseits führt. Das hat mitunter nachhaltige Folgen für die Entwicklung der Handlungsbefähigungen der betroffenen Kinder und Jugendlichen. Denn wenn sich Eltern aufgrund von Resignation in die innere Emigration zurückziehen und sich nach langjähriger Arbeitslosigkeit mit ihrer Situation abgefunden haben, ist es für deren Kinder völlig normal, ebenfalls eine Perspektive zu entwickeln, die durch mangelnde Eigenenergie gekennzeichnet ist (Hoffmeister 2008: 111). Damit aber ist eine weitere Deprivationserfahrung vorprogrammiert: Denn in diesem Fall wird ihnen von der Umwelt ein Unvermögen bescheinigt, sich selbst um das eigene Leben zu kümmern, sich wirtschaftlich, kulturell und sozial „normal" zu verhalten. Armut wird dann auch als persönliches Defizit der Kinder und Jugendlichen selbst thematisch. Hier wird also eine – vor allem institutionell und systemisch angelegte – Umdeutung von Armut vollzogen: Die primäre *Einkommensarmut* der Eltern verwandelt sich durch das Versagen der Kinder z.b. in der Schule zu einer *Zertifikatsarmut*, die sich schließlich auch in der Unterstellung von *Kompetenzarmut* niederschlägt (Edelstein 2006). Die Armut erhält dadurch – neben ihrer faktischen Seite – eine biographische Bedeutung, in der sich die Lebensverhältnisse mit persönlichen „Defiziterfahrungen" vermischen. Diese *Zuschreibungslogik* von ökonomischen, kulturellen und sozialen Defiziten auf Persönlichkeitseigenschaften zeigt sich auch in der Tendenz, Jugendlichen aus Armutsmilieus die Verfügbarkeit bestimmter Schlüsselqualifikationen wie Pünktlichkeit, Teamfähigkeit und Zuverlässigkeit abzusprechen. Die Entwicklung solcher Kompetenzen setzt jedoch Lebensbedingungen voraus, die unter extremer Armut nicht gegeben sind: Kontinuität in den Lebensverhältnissen und basale Grundversorgung.

Die Zuschreibung von Unvermögen jedoch verwandelt den Prozess der sozialen Ausgrenzung aufgrund von Ressourcenmangel in einen Prozess der Desintegration und psychischen Leidens (Hoffmeister 2008: 115). Denn das unterstellte „Unvermögen" wird in der Schule, den Arbeitsagenturen und den Arbeitsplätzen als persönliches Defizit wie mangelnde Kompetenz, mangelnde Informiertheit, mangelnde Schlüsselqualifikationen umgemünzt und so von den Betroffenen selbst als „Versagen" interpretiert. In der Münsteraner Armutsstudie zeigte sich dem entsprechend, dass eines der zentralsten Probleme der Arbeit mit von Armut und sozialer Ausgrenzung betroffenen Familien darin besteht, dass die äußeren Bedingungen des Lebens in Armut sich mit individuellen und persönlichen Problemen der Lebensführung und Lebensbewältigung verschmelzen. Vor allem in solchen Fällen, die durch Langzeitarbeitslosigkeit und soziale Entwurzelung durch erzwungenen Umzug in ein armes Quartier oder Obdachlosigkeit gekennzeichnet sind, verstärkt sich das Problem nicht nur deshalb, weil dort die – mittelschichtsorientierten – Unterstützungslogiken der Jugendhilfe nicht mehr greifen. Hinzu kommen auftretende Zielkonflikte, die sich durch Orientierung an „normalen" Konsumbedürfnissen, an sozialen Bildungsaufstiegen und „normalen" Arbeitsfamilien ergeben. Sie erst lassen die Situation der Betroffenen so aussichtslos erscheinen. Und diese Aussichtslosigkeit wird schließlich auch noch institutionell durch die Zuschreibung von Zertifikats- und Kompetenzmangel verfestigt.

Die Komplexität der mit extremer Armut einhergehenden Deprivationserfahrungen lässt sich tabellarisch nur unvollständig darstellen. Gleichwohl lassen sich die zentralen und miteinander verwobenen und sich potenzierenden Deprivationserfahrungen skizzieren, wenn die zentralen Aspekte von Armut (die finanzielle, kulturelle und soziale Armut) und deren Konsequenzen für die Lebensführung in der Familie und für die Persönlichkeitsentwicklung von Kindern und Jugendlichen in den Blick genommen werden (siehe Tabelle 3)

Armutsaspekt	direkte Konsequenzen	Verstärkungsmechanismen
Finanzen - Arbeitslosigkeit - Sozialhilfebezug	- Knappheitserfahrungen - Umzug in andere Wohnquartiere	- geringe Teilhabe - sozialer Ausschluss - Minderwertigkeitsgefühle
Kulturelles - fehlende kognitive Anregungspotenziale - eingeschränkte kulturelle Teilhabe	- Beeinträchtigung der kognitiven und intellektuellen Entwicklung - Vernachlässigung von Pflege und Zuwendung	- schulische Selektion - geringe Informiertheit - eingeschränkter Zugang zu kulturellen Veranstaltungen
Soziales - Stress und - Beziehungskonflikte - Sozialer - Rückzug	- mangelnde elterliche Zuwendung - Bindungsunsicherheit - Abbau von - Sozialkontakten - negatives Selbsterleben	- sozialer Rückzug/ Isolation - weniger Freizeit- und Vereinsaktivitäten - Armut als Schicksal

Tabelle 3: *Zentrale Konsequenzen von Armutserfahrungen bei Kindern und Jugendlichen*

- So zeigt sich z.B., dass aus der rein *ökonomischen Deprivationen* (Zeile 1) bereits Knappheitserfahrungen und Veränderungen im Lebensumfeld (z.B. durch Umzug) resultieren können, was langfristig gesehen die gesellschaftliche Teilhabe aber auch das Selbsterleben – hier z.B. Minderwertigkeitsgefühle – annoncieren kann.

Kinderarmut und Wohlfahrtsproduktion

- Die *kulturellen Deprivationen* führen nicht nur dazu, dass die Teilhabe an kulturellen Veranstaltungen eingeschränkt wird. Bei Kindern kann das unmittelbar ihre kognitive und intellektuelle Entwicklung und damit langfristig ihre Bildungslaufbahn beeinflussen.
- Die *soziale Deprivation* geht zumeist mit Spannungen im Beziehungsgefüge der Familie einher und mit sozialem Rückzug, was auf Seiten der Betroffenen zu Beziehungsunsicherheiten, mangelnder Zuwendung und langfristig auch zu sozialem Ausschluss bzw. zu Problemen der Beziehungsgestaltung (auch unter Freunden) führen kann.

Möglichkeiten der gezielten Unterstützung durch die Soziale Arbeit

An den dargestellten multiplen Konsequenzen von Armut lässt sich zeigen, dass und wie sich Deprivationserfahrungen wechselseitig bedingen bzw. verstärken. In dieser Verwobenheit von Armutsbedingungen und multiplen Deprivationserfahrungen liegt ein Hauptproblem des Lebens in Armut und eine der Hauptschwierigkeiten, den Betroffenen zu helfen. So können Experten der Sozialen Arbeit häufig nur punktuell auf die Lebenssituation bzw. persönlichen Belange der Betroffenen eingehen. Zudem erschweren die milieuspezifischen, kulturellen und ethnischen Lebenspraktiken der Betroffenen eine direkte Förderung, die sie mitunter auch als Bevormundung bzw. Entmündigung erleben. Daher erfordern Interventionen eine hohe Sensibilität für die spezifische Lebenssituation der Betroffenen. Schließlich kann die Soziale Arbeit gegen die skizzierten Verstärkungsmechanismen von Armutserfahrungen, wie sie z.B. durch das Bildungssystem hervorgerufen werden, nur wenig ausrichten.

Was aber ist angesichts dieser Befundlage zu tun? Wie kann Armut von den Betroffenen bewältigt werden? Wie können sie dazu befähigt werden, mit den multiplen Armutserfahrungen umzugehen? Zunächst ist wohl festzuhalten, dass neben einer finanziellen Unterstützung vor allem die Alltagsbewältigung unter restriktiven Lebensbedingungen zu fördern ist. Das gilt vor allem für jene Armutsmilieus, die nur kurzfristig oder einseitig von Armut betroffen sind. Hier kann die Soziale Arbeit ja auch auf beachtliche Erfolge verweisen. Dabei hat sich die finanzielle und administrative Unterstützung der Betroffenen bewährt, kombiniert mit einer Stärkung der milieuspezifischen Bewältigungspotenziale, wie ich sie skizziert habe. Diese Strategien helfen im Falle extremer Armut jedoch nur bedingt (Kessl, Reutlinger, Ziegler 2008). Dort ist zudem eine Stärkung nahräumlicher, nachbarschaftlicher Solidaritätsnetzwerke hilfreich um den sozialen Zusammenhalt und die gegenseitigen Unterstützungsleistungen im Milieu selbst zu fördern. Zudem sind vor allem Maßnahmen sinnvoll, die die Personen stärken, wie z.B.:

- Förderung von Haushaltskompetenzen
- Regulierung des Konsumverhaltens
- Die Vermeidung einer Zuschreibung von persönlichem Unvermögen
- Stärkung der Selbstwirksamkeitserfahrungen
- Verweis auf persönliche Einfluss- und Gestaltungsoptionen trotz „Mangellage"
- Hinführung zu „realistischen" Optionen der Lebensführung

Die von mir dargestellten Unterstützungsmöglichkeiten von Armutsmilieus entsprechen den Vorstellungen einer akteurszentrierten Wohlfahrts- und Sozialpolitik, wie sie gegenwärtig vor allem in der Sozialen Arbeit diskutiert werden. Diese ermöglicht es, die advokatorische Stellvertreterperspektive – wie sie leider immer noch häufig zu beobachten ist – mit einer „Akteursperspektive" zu verbinden. Auf diese Weise kann zum einen einer Entmündigung von Betroffenen und andererseits der Zuschreibung persönlichen Versagens begegnet werden.

Im Zusammenhang mit Kinderarmut bedeutet das, die milieuspezifischen Verwirklichungschancen in den Blick zu nehmen (Homfeldt, Schröer, Schweppe 2008; Otto/Ziegler 2008; Ziegler in diesem Band). Wohlfahrtsförderung von Kindern und Jugendlichen in Armutsmilieus bedeutet dann zum einen Stärkung der Handlungsressourcen, nicht nur ökonomisch sondern auch sozial und kulturell und zum anderen Stärkung der Selbstwirksamkeitserfahrungen und Handlungsbefähigungen, also der Personen (Grundmann 2008). So allerdings lassen sich dann die Bedingungen des Aufwachsens nachhaltig im Sinne der Betroffenen gestalten (Oelkers, Schrödter 2008: 145). Damit wiederum kann die Soziale Arbeit ihrer Aufgabe gerecht werden, die Ermöglichungsbedingungen zur Ausbildung von Fähigkeiten zu schaffen, die in den unterschiedlichen Armutsmilieus benötigt werden. Das wiederum bedeutet eine Abkehr von Interventionsmodellen, die sich an der Realisierung bestimmter Fähigkeiten (wie z.B. Pünktlichkeit oder Schulleistungen) orientieren, also an einem Bürgerschaftsmodell, das bestimmte persönliche Handlungsbefähigungen gleichsam normativ festschreibt.

Literatur:

Bourdieu, P. (1982/1979): Die feinen Unterschiede. Kritik der gesellschaftlichen Urteilskraft. Frankfurt/M.: Suhrkamp

Edelstein, W. (2006): Bildung und Armut. Der Beitrag des Bildungssystems zur Vererbung und zur Bekämpfung von Armut. In: Zeitschrift für Soziologie der Erziehung und Sozialisation, 26: 120-134
Groh-Samberg, O., Grundmann, M. (2006): Soziale Ungleichheit im Kindes- und Jugendalter. In: Aus Politik und Zeitgeschichte, 26: 11-18
Groh-Samberg, O. (2009). Armut, soziale Ausgrenzung und Klassenstruktur. Zur Integration multidiemsnionaler und längsschnittlicher Perspektiven. Wiesbaden: VS.
Grundmann, M. (2006): Milieuspezifische Handlungsbefähigung sozialisationstheoretisch beleuchtet. In: Grundmann, M., Dravenau, D., Bittlingmayer, U., Edelstein, W. (Hrsg.). Handlungsbefähigung und Milieu. Zur Analyse milieuspezifischer Alltagspraktiken und ihrer Ungleichheitsrelevanz. Münster: Lit-Verlag: 57-73.
Grundmann, M. (2008). Handlungsbefähigung – eine sozialisationstheoretische Perspektive. In: Otto, H.-U., Ziegler, H. (Hrsg.). – Capabilities – Handlungsbefähigung und Verwirklichungschancen in der Erziehungswissenschaft. Wiesbaden: VS: 131-141
Grundmann, M., Dravenau, D. & Bittlingmayer, U., Edelstein, W. (Hrsg.) (2006): Handlungsbefähigung und Milieu. Zur Analyse milieuspezifischer Alltagspraktiken und ihrer Ungleichheitsrelevanz. Münster: Lit-Verlag
Hoffmeister, D. (Hg.) (2008): Von Bettlern und Business-Menschen. Städtische Armut am Beispiel Münster. Münster: Lit-Verlag
Hoffmeister, D. (Hg.) (2009): Armut unter den Arkaden. Münster: Lit-Verlag
Holz, G. (2002): Armut hat auch Kindergesichter. Zu Umfang, Erscheinungsformen und Folgen von Armut bei Kindern in Deutschland. In: Zenz, W.M., Bächer, K., Blum-Maurice, R. (Hrsg.).: Die vergessenen Kinder. Vernachlässigung, Armut und Unterversorgung in Deutschland. Köln: PapyRossaa: 24-38
Holz, G. (2006): Lebenslagen und Chancen von Kindern in Deutschland. In: Aus Politik und Zeitgeschichte, 26: 3-10
Homfeld, H. G., Schroer, W., Schweppe C. (Hrsg) (2008): Vom Adressaten zum Akteur. Soziale Arbeit und Agency. Opladen: Verlag Barbara Budrich.
Joos, M. (2001): Die soziale Lage der Kinder. Sozialberichterstattung über die Lebensverhältnisse von Kindern in Deutschland. Weinheim: Juventa
Kessl, F., Reutlinger, Ch., Ziegler, H. (Hrsg.)(2008): Erziehung zur Armut? Soziale Arbeit und die „neue" Unterschicht. Wiesbaden: VS
Lessenich, S. (2005): Den Sozialstaat neu denken. Hamburg: VSA-Verlag
Oelkers, N. & Schrödter, M. (2008): Kindeswohl und Kinderwille. Zum Wohlergehen von Kindern aus der Perspektive des Capability Approach. In: Otto, H.-U., Ziegler, H. (Hrsg.). Capabilities – Handlungsbefähigung und Verwirklichungschancen in der Erziehungswissenschaft. Wiesbaden: VS: 143- 163
Otto, H-U., Ziegler, H. (2008): Capabilities – Handlungsbefähigung und Verwirklichungschancen in der Erziehungswissenschaft. Wiesbaden: VS
Vester, M., Oertzen, P., Geiling, H., Herrmann, T., Müller, D. (2001): Soziale Milieus im gesellschaftlichen Strukturwandel. Zwischen Integration und Ausgrenzung. Frankfurt/M.: Suhrkamp

Walper, S. (1999): Auswirkungen von Armut auf die Entwicklung von Kindern. In: Lepenies, A., Nunner-Winkler, G., Schäfer, G. E., Walper, S. (Hrsg). Kindliche Entwicklungspotenziale. Normalität, Abweichung und ihre Ursachen. München: DJI: 291-360

Walper, S. (2008): Sozialisation und Armut. In: Hurrelmann, K. Grundmann, M., Walper S. (Hrsg.). Handbuch Sozialisationsforschung. Weinheim, Basel: Beltz: 203-216

Autorinnen und Autoren

Böllert, Karin, Prof. Dr., Professorin für Erziehungswissenschaft mit dem Schwerpunkt Sozialpädagogik am Institut für Erziehungswissenschaft, Abtlg. II: Sozialpädagogik der Westfälischen Wilhelms-Universität Münster, Arbeitsschwerpunkte: Theorien der Sozialen Arbeit, Soziale Arbeit/Sozialpolitik und sozialer Wandel, Kinder- und Jugendhilfe, Disziplin- und Professionspolitik
Kontakt: kaboe@uni-muenster.de

Finkeldei, Miriam, Dipl. Psych., M.A., wissenschaftliche Hilfskraft am Institut für Erziehungswissenschaft, Abt. II: Sozialpädagogik an der Westfälischen Wilhelms-Universität Münster. Arbeitsschwerpunkte: psychosoziale Unterstützungssysteme, Beratungsansätze, Kriseninterventionskonzepte im Kontext von prä- und perinatalen Verlusten
Kontakt: miriam.finkeldei@uni-muenster.de

Grundmann, Matthias, Prof. Dr., Professor für Soziologie mit dem Schwerpunkt Sozialisation, Bildung, Schule und geschäftsführender Direktor des Instituts für Soziologie an der Westfälischen Wilhelms-Universität Münster. Arbeitsschwerpunkte: Sozialisationsforschung, Empirische Bildungsforschung, Gemeinschaftsforschung, Vermögensforschung, Lebensverlaufsforschung
Kontakt: matthias.grundmann@uni-muenster.de

Günnewig, Nadine, Wissenschaftliche Mitarbeiterin am Institut für Soziale Arbeit und Sozialpolitik an der Universität Duisburg-Essen, Institut für Soziale Arbeit und Sozialpolitik, Fachbereich Bildungswissenschaften der Universität Duisburg-Essen; Arbeitsschwerpunkte: Qualitative Sozialforschung, Hilfen zur Erziehung
Kontakt: nadine.lauer@uni-due.de

Heite, Catrin, Dr., akademische Rätin an der Westfälischen Wilhelms-Universität Münster, Institut für Erziehungswissenschaft, Abtlg. II: Sozialpädagogik, Arbeitsschwerpunkte: Professionalisierung Sozialer Arbeit, Gendertheorien, Diversity und Anerkennung
Kontakt: catrin.heite@uni-muenster.de

Karsunky, Silke, Dipl. Päd., wissenschaftliche Mitarbeiterin am Institut für Erziehungswissenschaft, Abt. II: Sozialpädagogik an der Westfälischen Wilhelms-Universität Münster. Arbeitsschwerpunkte: Kinder- und Jugendhilfe, geschlechtsbezogene Pädagogik, Gender Mainstreaming
Kontakt: s.karsunky@uni-muenster.de

Kessl, Fabian, Prof. Dr., Professor für Theorie und Methoden der Sozialen Arbeit am Institut für Soziale Arbeit und Sozialpolitik, Fachbereich Bildungswissenschaften der Universität Duisburg-Essen, Arbeitsschwerpunkte: Diskursanalyse, Machtanalyse (Gouvernementalität), Sozialpädagogische Transformationsforschung, Empirie der Lebensführung
Kontakt: fabian.kessl@uni-due.de

Oelkers, Nina, Prof. Dr., Lehrgebiet Soziale Arbeit und Devianz an der Hochschule Vechta, Institut für Soziale Arbeit, Bildungs- und Sportwissenschaften (ISBS). Arbeitsschwerpunkte: Wohlfahrt und Wohlergehen, Punitivität und Devianzkontrolle, Transformationsprozesse Sozialer Arbeit
Kontakt: nina.oelkers@uni-vechta.de

Peter, Corinna, Dipl. Päd., Diplom-Sozialarbeiterin (FH), Wissenschaftliche Mitarbeiterin am Institut für Erziehungswissenschaft, Abteilung II: Sozialpädagogik an der Westfälischen Wilhelms-Universität Münster. Arbeitsschwerpunkte: Kinder- und Jugendhilfe, Hilfen zu Erziehung und familiale Transformationsprozesse
Kontakt: corinnapeter@uni-muenster.de

Roters-Möller, Sören, freiberuflicher Dipl. Päd., Leiter der Fortbildungsinitiative „Den Ruhestand gestalten LERNEN": Impulse, Organisationsentwicklung und Forschungstransfer für einen selbstbestimmten Ruhestand von Menschen mit Behinderung
Kontakt: ruhestand-gestalten@web.de

Wazlawik, Martin, Dipl. Päd., wissenschaftlicher Mitarbeiter am Institut für Erziehungswissenschaft, Abt. II: Sozialpädagogik an der Westfälischen Wilhelms-Universität Münster. Arbeitsschwerpunkte: Kinderschutz und Schutz von Jugendlichen, Evaluation pädagogischer Maßnahmen, Jugendhilfeforschung, Partizipation von Kindern und Jugendlichen
Kontakt: martin.wazlawik@uni-muenster.de

Ziegler, Holger, Prof. Dr., Professor an der Fakultät für Erziehungswissenschaft, AG 8 – Soziale Arbeit der Universität Bielefeld. Arbeitsschwerpunkte: Devianz und Soziale Probleme, Ungleichheit und Wohlergehen, Capabilities Approach
Kontakt: holger.ziegler@uni-bielefeld.de

Programm Soziale Arbeit

Gertrud Oelerich / Hans-Uwe Otto (Hrsg.)
Empirische Forschung und Soziale Arbeit
Ein Studienbuch
2010. ca. 300 S. Br. ca. EUR 24,95
ISBN 978-3-531-17204-0

Bettina Paul / Henning Schmidt-Semisch (Hrsg.)
Risiko Gesundheit
Über Risiken und Nebenwirkungen der Gesundheitsgesellschaft
2010. 289 S. Br. EUR 24,95
ISBN 978-3-531-16544-8

Lotte Rose / Benedikt Sturzenhecker (Hrsg.)
‚Erst kommt das Fressen ...!'
Über Essen und Kochen in der Sozialen Arbeit
2009. 316 S. Br. EUR 24,90
ISBN 978-3-531-16090-0

Friederike Heinzel / Werner Thole / Peter Cloos / Stefan Köngeter (Hrsg.)
„Auf unsicherem Terrain"
Ethnographische Forschung im Kontext des Bildungs- und Sozialwesens
2010. 274 S. Br. EUR 34,95
ISBN 978-3-531-15447-3

Bernd Dollinger
Reflexive Sozialpädagogik
Struktur und Wandel sozialpädagogischen Wissens
2008. 265 S. Br. EUR 29,90
ISBN 978-3-531-15975-1

Roland Becker-Lenz / Stefan Busse / Gudrun Ehlert / Silke Müller (Hrsg.)
Professionalität in der Sozialen Arbeit
Standpunkte, Kontroversen, Perspektiven
2. Aufl. 2009. 352 S. Br. EUR 39,90
ISBN 978-3-531-16970-5

Erhältlich im Buchhandel oder beim Verlag.
Änderungen vorbehalten. Stand: Juli 2010.

www.vs-verlag.de

VS VERLAG

Abraham-Lincoln-Straße 46
65189 Wiesbaden
Tel. 0611.7878-722
Fax 0611.7878-400

Soziale Passagen –
Journal für Empirie und Theorie Sozialer Arbeit

Soziale Passagen

– sind ein interaktives Projekt, das sich den durch gesellschaftliche Veränderungen provozierten Herausforderungen stellt und sich dezidiert als wissenschaftliche Publikationsplattform zu Fragen der Sozialen Arbeit versteht.

– stehen für eine deutlich konturierte empirische Fundierung und die ‚Entdeckung' der Hochschulen, Forschungsprojekte und Forschungsinstitute als Praxisorte. Sie bieten einen diskursiven Raum für interdisziplinäre Debatten und sind ein Forum für empirisch fundierte und theoretisch elaborierte Reflexionen.

– enthalten in jeder Ausgabe einen Thementeil und ein Forum für einzelne Beiträge. Einen weiteren Schwerpunkt bilden Kurzberichte aus laufenden Forschungsprojekten. Die inhaltliche Qualität ist über ein peer-review-Verfahren gesichert.

– richten sich an Mitarbeiterinnen, Mitarbeiter und Studierende an Universitäten, Fachhochschulen und Instituten sowie an wissenschaftlich orientierte Leitungs- und Fachkräfte in der sozialpädagogischen Praxis.

2. Jahrgang 2010 – 2 Hefte jährlich
www.sozialepassagen.de

Abonnieren Sie gleich!
vs@abo-service.info
Tel: 0611. 7878151 · Fax: 0611. 7878423

Erhältlich im Buchhandel oder beim Verlag.
Änderungen vorbehalten. Stand: Juli 2010.

VS-JOURNALS.DE

Abraham-Lincoln-Straße 46
65189 Wiesbaden
Tel. 0611.7878-722
Fax 0611.7878-400

MIX
Papier aus verantwortungsvollen Quellen
Paper from responsible sources
FSC® C105338

If you have any concerns about our products,
you can contact us on
ProductSafety@springernature.com

In case Publisher is established outside the EU,
the EU authorized representative is:
**Springer Nature Customer Service Center GmbH
Europaplatz 3, 69115 Heidelberg, Germany**

Printed by Libri Plureos GmbH
in Hamburg, Germany